广东省优秀社会科学家文库（系列一）

梁桂全自选集

梁桂全 ◎ 著

中山大学出版社

·广州·

版权所有　翻印必究

图书在版编目（CIP）数据

梁桂全自选集/梁桂全著. —广州：中山大学出版社，2015.11
［广东省优秀社会科学家文库（系列一）］
ISBN 978-7-306-05422-7

Ⅰ.①梁…　Ⅱ.①梁…　Ⅲ.①社会科学—文集　Ⅳ.①C53

中国版本图书馆 CIP 数据核字（2015）第 205919 号

出 版 人：徐　劲
策划编辑：嵇春霞
责任编辑：刘学谦
封面设计：曾　斌
版式设计：曾　斌
责任校对：王　璞
责任技编：何雅涛
出版发行：中山大学出版社
电　　话：编辑部电话 020-84111996，84113349
　　　　　发行部 020-84111998，84111981，84111160
地　　址：广州市新港西路 135 号
邮　　编：510275　传　真：020-84036565
网　　址：http://www.zsup.com.cn　E-mail：zdcbs@mail.sysu.edu.cn
印 刷 者：广州家联印刷有限公司
规　　格：787mm×1092mm　1/16　17.25 印张　283 千字
版次印次：2015 年 11 月第 1 版　2015 年 11 月第 1 次印刷
定　　价：60.00 元

如发现因印装质量问题影响阅读，请与出版社发行部联系调换

梁桂全

1951年1月生,广东广州人。经济学硕士,经济学二级研究员,广东省人民政府参事。曾任广东省社会科学院院长、国家社会科学基金项目评审专家、马研工程课题组首席专家。获得国务院政府特殊津贴专家、广东省首届优秀中青年社会科学家、广东省首届优秀社会科学家、广东省"五一劳动奖章"等荣誉(称号)。主要研究发展理论与现代化理论、战略决策与发展规划,特别是发展经济学和可持续发展。独著、主笔、合著20多部著作,发表论文100多篇;主持、主笔各类研究报告、发展规划100多篇,其中有30多项分别获国家、省、市优秀社会科学成果奖。

"广东省优秀社会科学家文库"（系列一）

主　任　慎海雄

副主任　蒋　斌　王　晓　李　萍

委　员　林有能　丁晋清　徐　劲

　　　　魏安雄　姜　波　嵇春霞

"广东省优秀社会科学家文库"（系列一）

出 版 说 明

哲学社会科学是人们认识和改造世界、推动社会进步的强大思想武器，哲学社会科学的研究能力是文化软实力和综合国力的重要组成部分。广东改革开放30多年所取得的巨大成绩离不开广大哲学社会科学工作者的辛勤劳动和聪明才智，广东要实现"三个定位、两个率先"的目标更需要充分调动和发挥广大哲学社会科学工作者的积极性、主动性和创造性。省委、省政府高度重视哲学社会科学，始终把哲学社会科学作为推动经济社会发展的重要力量。省委明确提出，要打造"理论粤军"、建设学术强省，提升广东哲学社会科学的学术形象和影响力。2015年11月，中共中央政治局委员、广东省委书记胡春华在广东省社会科学界联合会、广东省社会科学院调研时强调："要努力占领哲学社会科学研究的学术高地，扎扎实实抓学术、做学问，坚持独立思考、求真务实、开拓创新，提升研究质量，形成高水平的科研成果、优势学科、学术权威、领军人物和研究团队。"这次出版的"广东省优秀社会科学家文库"，就是广东打造"理论粤军"、建设学术强省的一项重要工程，是广东社科界领军人物代表性成果的集中展现。

这次入选"广东省优秀社会科学家文库"的作者，均为广东省首届优秀社会科学家。2011年3月，中共广东省委宣传部和广东省社会科学界联合会启动"广东省首届优秀社会科学家"

评选活动。经过严格的评审，于当年7月评选出广东省首届优秀社会科学家16人。他们分别是（以姓氏笔画为序）：李锦全（中山大学）、陈金龙（华南师范大学）、陈鸿宇（中共广东省委党校）、张磊（广东省社会科学院）、罗必良（华南农业大学）、饶芃子（暨南大学）、姜伯勤（中山大学）、桂诗春（广东外语外贸大学）、莫雷（华南师范大学）、夏书章（中山大学）、黄天骥（中山大学）、黄淑娉（中山大学）、梁桂全（广东省社会科学院）、蓝海林（华南理工大学）、詹伯慧（暨南大学）、蔡鸿生（中山大学）。这些优秀社会科学家，在评选当年最年长的已92岁、最年轻的只有48岁，可谓三代同堂、师生同榜。他们是我省哲学社会科学工作者的杰出代表，是体现广东文化软实力的学术标杆。为进一步宣传、推介我省优秀社会科学家，充分发挥他们的示范引领作用，推动我省哲学社会科学繁荣发展，根据省委宣传部打造"理论粤军"系列工程的工作安排，我们决定编选16位优秀社会科学家的自选集，这便是出版"广东省优秀社会科学家文库"的缘起。

本文库自选集编选的原则是：（1）尽量收集作者最具代表性的学术论文和调研报告，专著中的章节尽量少收。（2）书前有作者的"学术自传"或者"个人小传"，叙述学术经历，分享治学经验；书末附"作者主要著述目录"或者"作者主要著述索引"。（3）为尊重历史，所收文章原则上不做修改，尽量保持原貌。（4）每本自选集控制在30万字左右。我们希望，本文库能够让读者比较方便地进入这些岭南大家的思想世界，领略其学术精华，了解其治学方法，感受其思想魅力。

16位优秀社会科学家中，有的年事已高，有的身体欠佳，有的工作繁忙，但他们对编选工作都非常重视。大部分专家亲自编选，亲自校对；有些即使不能亲自编选的，也对全书做最后的审订。他们认真严谨、精益求精的精神和学风，令人肃然起敬。

在编辑出版过程中，除了16位优秀社会科学家外，我们还得到中山大学、华南理工大学、暨南大学、华南师范大学、华南农业大学、广东外语外贸大学、广东省社会科学院、中共广东省委党校等有关单位的大力支持，在此一并致以衷心的感谢。

广东省优秀社会科学家每三年评选一次。"广东省优秀社会科学家文库"将按照"统一封面、统一版式、统一标准"的要求，陆续推出每一届优秀社会科学家的自选集，把这些珍贵的思想精华结集出版，使广东哲学社会科学学术之薪火燃烧得更旺、烛照得更远。我们希望，本文库的出版能为打造"理论粤军"、建设学术强省做出积极的贡献。

"广东省优秀社会科学家文库"编委会
2015年11月

目录

学术自传 / 1

关于坚持和发展马克思主义的思考 / 1

探索和创新现代化之路
　　——当前广东现代化发展的四个重要问题 / 14

有中国特色社会主义和可持续现代化 / 20

民营经济问题研究 / 27

完善社会主义市场经济体系若干问题研究 / 51

六论解放思想 / 75

中国现代化创新与人文社会科学的使命
　　——兼论人文社会科学期刊的责任 / 109

清溪镇农村城市化社会发展综合实验规划大纲 / 116

附：东莞市清溪镇社会发展综合实验区重点工程计划要点 / 147

深圳率先实现现代化构想（1999—2010年）/ 166

科学推进我国城乡二元结构转换
　　——建设社会主义新农村带根本性的战略选择 / 195

广东区域发展战略定位问题
　　——从被动接受国际分工到主动参与国际分工的战略转换 / 203

广东经济国际化战略转型研究 / 214

提速或降速转型：区域竞争新格局下的挑战
　　——粤苏发展比较 / 226

广东应对经济紧缩，提速发展的潜力与对策
　　——存量挖潜倒逼转型升级分析 / 243

附录　梁桂全主要著述目录 / 255

学术自传

◎ 梁桂全

新中国成立不久的1951年1月,我出生在广州市西关一个清贫的劳动者家里。童年是在社会主义革命凯歌式前进中成长的,少年则在共和国的曲折前行中度过。在我的依稀记忆中,我经过了社会主义工商业改造、三面红旗"大跃进",以及后来的经济困难时期和"文化大革命"。这一切都在我的生命中打下了烙印。所幸的是我基本可以做这一年龄段应当做的事:读书,虽然不是太正常。其中包括小学、初中、高中、中专、大学。恢复高考后,我又考上了经济学研究生,成了卓炯等老先生的学生,得到了继续深造的机会,为以后的社会科学研究打下了基础。1984年,到广东省委政策研究室工作,为我超越书斋、投身改革开放大潮打开了一扇大门,改变了研究的路向和风格。

作为一介书生,我始终坚持笨鸟先飞,以勤补拙,得以独著、合作、主编20多部书,撰写了100多篇论文,主持、撰写了100篇研究报告,其中有30多项获得国家、省、市各种优秀成果奖。1992年被评为享受国务院政府特殊津贴专家;1994年,被授予广东省首届"优秀中青年社会科学家";2011年,被授予广东省首届"优秀社会科学家"。在我的教学生涯中,我教过哲学、国际共运史、科学社会主义、政治经济学、西方经济学、发展经济学等课程,让我拓展了知识面,为以后的研究工作打下了较坚实的理论基础。我的研究主要是应用研究、决策研究,涉及经济、科教、文化、社会等领域,但主要是现代化理论与战略研究、经济发展(特别是可持续发展)理论和区域发展规划研究。由于我的"草根"出身,以及在"文化大革命"停课闹革命期间干了近两年的搬运工,养成了求实的天性,不喜欢书斋式的研究,偏好面对实践挑战的应用研究与决策研究,乐于接受实践对理论的检验,形成研究的"实践风格",也有一些体会和感悟。

一、人类历史命运与个人的研究选择

人的社会本质决定人不应是自私的,人需要把自己的生命融入人类、国家、人民的命运中。一个从事社会科学研究的学者,更需要有对人类命运终极关怀的情怀和民族复兴的使命感,才会超越狭隘的私利和殚精竭虑研究中的艰辛与苦恼,才有取之不竭的源泉动力、坚持正确方向的自觉。正如马克思在其中学毕业论文中谈到的:"在选择职业时,我们应该遵循的主要指针是人类的幸福和我们自身的完美。……人类的天性本来就是这样的:人们只有为同时代人的完美、为他们的幸福而工作,才能使自己也达到完美。……如果我们选择了最能为人类福祉而献身的职业,那么,我们就不会被它的重负所压倒,因为这是为人类而献身!那时我们所感到的就不是可怜的、有限的、自私的乐趣,我们的幸福将属于千百万人。"每当读到马克思这段感言,心中就会有一种对生命的庄严感。一个人是渺小的,生命是短暂的,但可以选择对人类文明的进步、人类幸福的增进最有意义,同时也是自己兴趣所在的工作。我有意无意中选择了社会科学研究作为我毕生的主业。这是命运的机缘,这是一项最符合人类本性、充满创造空间又很有意义的工作。在刚刚结束"文化大革命",社会科学研究的严冬寒气未消时,选择了社会科学,是需要点思考的。凡经历过极"左"时代的人,都知道选择社会科学研究作为人生职业的风险。但是,当时看到人类文明发展、中华民族发展正处在新的历史关口上,面临着一系列严峻挑战,就预见社会科学的春天一定会很快到来。科学有哲学、社会科学与自然科学,自然科学对人类文明进步非常重要,但在某些时候,社会科学对人类文明进步更关键。从事社会科学研究,首先需要正确的价值取向,即探索人类命运的本质、文明进步的规律,服务人类文明进步的伟大实践。当人超越了狭窄私利的羁绊,在他面前展现的是无限广阔的世界和无比纵深的历史,就有将自己汇入人类文明历史长河的冲动。马克思关于为人类幸福工作的崇高思想,是从事社会科学研究的灵魂。当你下定决心以社会科学研究作为自己人生主业时,就需要立下服务人类社会和推动文明进步的意愿。

作为一个学者,有一个研究领域选择的问题。年轻时,曾经对哲学、科学社会主义、历史等都产生过浓厚兴趣,至今兴趣依然。读研究生时

(1979—1982年），曾经对中国的改革倾注了巨大的研究热情，我的毕业论文就是《从控制论看计划产品经济的矛盾与改革趋向》，但凭自己对人类历史发展主题的感悟和中国将很快卷入人类现代化大潮的预感，认为"发展"将是未来整个中国历史的主题，决定国家命运和人民福祉的关键，也是中国社会科学研究的第一主题、主流和前沿。因此，在研究生未毕业时就确定了自己未来的研究领域：研究"发展"，特别是经济发展。此后，就投入了毕生热情，研究以经济发展为重点的"发展"，特别是中国的经济发展。我撰写的第一部著作就是《发展战略学》，讲授的主要课程是发展经济学。特别是20世纪80年代末涉猎了可持续发展理论后，更把"可持续发展"思想注入对"发展"的思考和研究中，认为中国的发展面临双重挑战，即追赶发达国家的发展和超越发达国家发展模式的创新性发展，由此成为广东省最早关注可持续发展的少数学者之一。1994年，发表了《可持续发展战略：迈向21世纪的广东》（《新南方》1994年第1期），1996年发表了《有中国特色社会主义与可持续现代化》（《岭南学刊》1996年第5期），2000年发表了《广东率先基本实现现代化的历史选择与战略对策》，等等，并强调要确立"新的发展观"，即马克思主义的以人为主体的、经济与社会协调发展、物质文明与精神文明共同进步、人与环境和谐共生、可持续发展的人本主义发展观。在1994年为东莞市清溪镇做的可持续发展战略规划中，提出了要用"科学的发展观"指导清溪镇未来的发展，系统扼要地阐述了新的"发展思想纲领"。20世纪90年代以来，我努力把新的发展观、可持续发展思想贯穿到不少地方党委政府的战略决策研究中（见《走向战略时代》），如1991年至1995年的顺德桂洲镇、中山大郎镇、东莞沙田镇、东莞清溪镇的经济社会发展规划，以及1999年的《深圳率先实现现代化构想（1999—2010年）》等一批发展战略研究报告。

二、理论研究必须服务于实践、国家与人民的需要

理论必须源于实践、面向实践、服务实践并用实践检验，理论的根本意义在于提升人们实践的理性品格及精神境界，体现实践主体，即人的发展、能力的发挥和人格的升华。我的研究课题大多数都是源于实践，以应用研究、决策研究为主。一些人认为应用研究不能体现学术水平，我始终

认为能用理论科学认识现实，提升实践的预见性和科学性，提升人的实践的理性品格，是最重要的学术水平，而且要勇于让实践去检验理论的真理性。20世纪80年代末90年代初，可持续发展思想还未在我国引起关注，许多学者和官员以我国仍很落后为由，拒绝可持续发展思想和发展道路。我当时怀着对人类文明发展面临不可持续巨大危机的忧虑，怀着可持续发展思想和道路是21世纪人类文明发展必由之路的坚定信念，不遗余力地研究、宣传这一信念，并着意寻找可持续发展的社会试验点，通过局部突破，用实践结果说话。我当时留心寻找实践的知音，先是在国家科委和广东省科委的支持下，在当时的顺德桂洲镇建立了广东省第一个可持续发展试验镇，接着于1993年在东莞清溪镇找到真正的知音、镇委书记殷顺喜，建立了广东省第二个可持续发展试验镇，并取得了初步成效，引起了国家和省有关方面的关注，开始改变了人们的看法。《广州日报》曾以《把可持续发展写在大地上》一文作了介绍。2009年初，时任中共广东省委书记的中共中央政治局委员汪洋同志到清溪视察，给予了高度评价：你们在十几年前就提出可持续发展思想，而且不仅想了，还做了，坚持下来了，难能可贵。陪同视察的另一位省委领导也赞叹地说，你们十几年前制定的可持续发展规划里，科学发展观的关键词没漏一个，不简单。这是对理论服务实践的最高奖赏。在这本自选集里，我特意把东莞市清溪镇可持续发展试验规划收录进来。

三、关注世界变革动态和大趋势，着意改革、创新

科学研究的一个重要任务是关注时代的变化，创新理论，作出前瞻性判断和预见。事后诸葛亮是社会科学研究的耻辱。因此，社会科学研究要敢于认识未知，敢于预见，理论要争取走在实践的前面，指导实践，提升实践的可预见性和理性品格。这是理论研究的基本功能。所以，在我的研究中，特别强调用世界视野和历史眼光观察、分析问题，努力把所研究的问题和对象放到大时空、大系统、大关联中研究，使研究尽可能全面，尽可能产生前瞻性判断，尽可能经得起历史的检验，而不人云亦云，做概念的搬运工。对这种研究境界的追求，也体现在这本集子里。如20世纪90年代初、中期，我就提出"新的发展观"、可持续发展战略和经济增长方式转变；2005年提出警惕广东"未老先衰"；2008年提出"太平洋西岸

新月形经济带"和经济国际化战略转型升级。当然,敢于预见、敢于创新,就面临挑战,就可能说错话。但我十分喜欢泰戈尔说的一句话:"与其重复一句不会错的话,不如试着讲一句错话。"我想这也是搞研究所需要的勇气和品格。由此,我们也应当营造一个允许、鼓励别人说错话的文化氛围,鄙弃鹦鹉学舌式的所谓研究。本集子特别收进了《六论解放思想》《广东经济国际化战略转型研究》《广东区域发展战略定位问题》《广东应对经济紧缩,提速发展的潜力与对策》等文章。

四、不断提升决策研究的理论品格

注重实践、面向实践的研究,不是轻视理论;相反,更加关注理论及其与时俱进的创新发展,更需要有扎实的理论功底和科学的思维方法。如对经济社会发展趋势的预见性判断,就源于对经济社会发展的本质及规律和人类社会需求发展的把握。因此,科研的一个基本任务就是创新、发展对经济社会本质、规律、趋势的新认识。这就是所谓的基础理论研究。基础理论研究回答"是什么""为什么",应用研究回答"怎么看""怎么办"。理论服务实践,理论本身就必须与时俱进。所以,我虽然热衷于应用研究,但一直关注理论的时代使命(2004年我在《广东社会科学》发表了《中国现代化创新与人文社会科学的使命》),对理论探索倾注着巨大的热情,并常常为一些重大理论问题的挑战而兴奋不已。本集子也收进了一些重大理论问题探索的成果,如《关于坚持和发展马克思主义的思考》《民营经济问题研究》《完善社会主义市场经济体系若干问题研究》等等。

实践提出的问题,总是互相关联的,可以从不同角度考察,所以需要专博融合的知识结构。在研究中坚持知识结构的开放性,广泛涉猎哲学、经济、社会、文化、历史、政治理论、方法论(特别是系统理论、控制理论、信息理论)等,还包括其他自然科学知识。但博的知识需要根据自己选定的研究方向进行系统动态整合,并变成自己的思维方法和知识体系,不断与时俱进,更新发展。所以,在我的研究生涯中,从来不拒绝别的知识领域,从来尽量吸纳各领域的知识,进行知识大综合,用开放的知识体系去创新性思考面对的问题。

五、创新科研方法与手段,推动社会科学研究的科学化,特别是研究方法、手段的科学化

创新科研方法,如大系统方法、控制论方法、信息论方法,也包括尽量运用科技进步带来的新的科研手段,并借此创新研究方式。20世纪80年代以来发生的信息革命,为社会科学研究方式的创新带来了新的技术条件。我借助当广东省社会科学院院长的特殊条件,以一个院的研究方式信息化、现代化为对象,推动了"基于计算机和网络技术的人机结合集群研究方式""科研信息支持系统"和"科研全过程动态管理系统"的探索、创新,打破了传统社会科学研究个体孤立化,促进社会科学研究过程的群体化、细分化、程式化、协同性和系统化,为社会科学研究的效率创新提供了有益的借鉴和经验。广东省社会科学院也成为我国社会科学研究机构中研究与管理信息化、系统化程度最高的机构,并与一些兄弟院分享了这些探索成果。

以上既是我几十年研究的体会,也是一幅自画像。小时候,我并没有想到这一辈子会成为一个书生,一个搞研究、写文章、写书的学者。作为学者,也经历了种种风风雨雨,感受了顺境的喜悦与逆境的苦恼,也更体会到了"思想的快乐"。这是上天赠予人生的最宝贵礼物。如禅的"缘说",人生经历的一切人与事皆为缘,积极地、发自内心喜悦地接纳它,焕发生命的正能量去不断努力工作,才可以让生命丰富、精彩、有意义。所以,我始终感恩时代、感恩国家、感恩人民,感恩一直支持、鼓励着我的师长、朋友、亲人。多了感恩,生命就会淡然,充满喜悦,就会充满爱,爱人类、爱祖国、爱人民,就会让内心的愧疚倒逼自己更加努力地学习、工作、探索,去回报时代、回报国家、回报人民,去回报亲人朋友。

我始终相信,人类文明不会停下她进化的脚步。人类一方面在其进化中不断创造属于类的幸福,促进类的升华;同时也进一步融入宇宙进化中,成为大千宇宙由混沌走向理性的关键链环(宇宙进化是熵与反熵的辩证统一过程)。信息革命已经为其打开了大门。为此,我们一直梦想一个科技持续进步,人文精神持续提升,没有冲突,友爱和谐,人人都可以体面而有尊严地生活、都可以自由全面发展的人类大同社会的到来。我也

相信，人类将走向后人类、宇宙人，不断由必然王国走向自由王国。这不仅给哲学、自然科学，也给社会科学展现了无比广阔的发展空间，并赋予特殊的使命。社会科学应无愧于人类，无愧于时代，无愧于未来。

关于坚持和发展马克思主义的思考

一、坚持马克思主义基本原理，加快马克思主义理论创新是我党一项紧迫的理论任务

马克思主义是中国共产党的灵魂，是指导我们思想的理论基础。马克思主义诞生150多年来，经历了严峻的历史考验。世界上没有哪一种理论像马克思主义这样与人类命运和中国人民命运息息相关。今天，人类社会发生了与19世纪相比较翻天覆地的巨大变化：世界经济正在由工业文明向知识文明过渡；资本主义由18、19世纪野蛮的资本主义走向20世纪成熟、文明的资本主义；社会主义经历了20世纪上中叶凯歌式前进后，在20世纪下半叶遭受巨大挫折进入低潮；社会主义将与资本主义长期共存，时代主题已由20世纪上中叶的战争与革命转向和平与发展；中国经历了前30年社会主义建设实践的挫折后，通过改革开放，由传统的以单一公有制为基础的计划经济转向以公有制为主体、多种所有制经济共同发展的社会主义市场经济。当代人类社会发展的新情况、新变化、新趋势和中国社会主义的大变革，向马克思主义提出了严峻的挑战。

无需讳言，现在在党内和社会上已经出现了马克思主义的信仰危机、社会主义的信念危机和共产党执政的信心危机。在理论上、社会上和党内存在着对马克思主义的思想混乱现象：或是怀疑马克思主义的真理性，否定马克思主义在社会主义、共产主义实践中的理论指导地位；或是把马克思主义变成僵化的教条，用教条主义束缚活生生的实践。对马克思主义的认识分歧直接影响着党的思想统一，影响着党在马克思主义指导下与时俱进调整、创新党的政治战略、政治策略和一系列路线、方针、政策。20世纪90年代苏联解体和苏共下台的一个极其重要的教训，是党内和社会上出现的对马克思主义的思想混乱。避免苏联悲剧在中国重演,在新世纪把有中国特色社会主义事业顺利推向前进,必须要科学地、准确地理解和坚持马克思主义基本原理和思想精髓,从时代特征和发展实践出发,丰富和发展马克思主义,由此坚定我们的马克思主义信念,全面提高全党干部,特别是高级领导干部的马克思主义理论修养和科学地运用马克思主义指导、驾驭中国发展大局的能力。这是党在新世纪理论建设的极为紧迫的任务。这个任务包括纠正对马克思主义的歪曲或错误认识,恢复马克思主义的本来面目,真正坚持和深化马克思主义基本原理;扬弃历史的新发展证明已经过时的马克思主义的某些具体原理、理论结论;从新情况、新任务出发创新和发展马克思主义,使马克思主义理论永葆青春,始终指导社会主义革命和建设的伟大事业不断地从胜利走向新的胜利。

江泽民总书记的"七一"重要讲话,系统地阐述了"三个代表"重要思想,在邓小平理论基础上进一步恢复了马克思主义本来面目,既是与马克思主义、列宁主义、毛泽东思想和邓小平理论一脉相承,又是对马克思主义的丰富和发展,为我们进一步解放思想,与时俱进把马克思主义全面推向21世纪,进一步实现党的思想统一奠定了科学基础。

二、按照马克思主义本来面目科学、准确地把握马克思主义的基本原理和思想精髓

什么是马克思主义的基本原理和思想精髓?在国际共产主义运动史上一直存在认识分歧,形成了马克思主义、修正主义、教条主义三种基本的态度。产生这些分歧除了利益立场的差别,认识上的重要原因是如何正确把握马克思主义的理论体系。马克思主义是关于人类社会发展规律和人类解放的学说,从而也是关于"无产阶级解放的条件的理论概括"。马克思主义作为一个"完备而严整"的理论体系,可以区分为三个层次(见下图)。

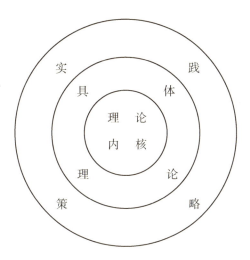

第一层次是马克思主义的理论内核。她是马克思主义的基本原理、基本立场、基本方法。如马克思主义的世界观、人类社会发展的价值目标和基本规律等。第二层次是马克思主义基本原理在具体时代、具体国家、具体条件、具体问题上的运用或展开，如对资本主义灭亡和社会主义革命具体条件的分析。第三层次是马克思主义关于无产阶级革命和社会主义建设实践的战略与策略的分析。如无产阶级暴力革命、社会主义可以在一国首先胜利以及对社会主义社会的具体设计等（如公有制具体形式、计划经济、按劳分配等论述）。当然，不能把马克思主义理论体系的三个层次划分绝对化。

马克思主义的理论内核，即马克思主义基本原理和思想精髓由五个最重要的方面构成：

第一，马克思主义的哲学原理。马克思主义哲学是关于自然、人类社会和思维的运动和发展的普遍规律的科学，包括物质与意识的唯物辩证关系、物质运动的三大规律、相对真理与绝对真理的辩证认识规律、人的本质与社会基本矛盾运动规律等原理。马克思主义哲学原理是我们按照世界本来面目和规律认识世界、改造世界的唯一科学的认识武器。

第二，马克思主义的价值原理。即关于人类社会发展的性质及价值目标。马克思主义认为，人类发展史就是人类通过调整人与自然、人与社会以及人与自身的关系，不断创造人类解放的条件，最终实现人作为真正的人而自由全面发展的历史。共产主义就是创造人作为真正的人而自由全面发展条件的社会。过去相当长的一段时期里，我们只强调无产阶级的解放，讳言人的解放和人的自由而全面的发展，这是对马克思主义核心价值观的偏误，从根本上曲解了马克思主义学说的思想精髓。无产阶级是人类解放的最重要的社会力量，只有解放无产阶级才能解放全人类，但是无产阶级也只有解放全人类才能最后解放自己。马克思主义价值原理是人类普遍解放原则与无产阶级党性原则的统一。江泽民总书记在"七一"讲话中，重新恢复和强调了"每个人自由而全面发展"这一马克思主义命题，具有重要的理论意义。

第三，马克思主义的实践原理。马克思主义认为，批判的武器不能代替武器的批判，人民群众的历史实践是创造历史的根本动力。人民群众通过生产实践、社会实践和科学实践不断推动人类文明的进步。必须把马克思主义与人民群众的利益结合起来，必须用科学的理论教育和武装广大人民群众，通过无产阶级政党的领导，把人民群众的自发的历史实践转变为自觉的历史实践，通过人民群众自觉的历史实践，实现广大人民的根本利益和最终解放。

第四，马克思主义的社会发展原理。马克思主义第一次科学地揭示了人类社会发展规律，认为生产力与生产关系、经济基础与上层建筑的矛盾运动的基本规律和基本趋势，决定着人类社会发展的方向和进程；必须把我们的社会实践建立在社会发展基本规律基础上。马克思主义的这一发现，第一次把对人类社会发展的认识建立在科学的基础上。

第五，马克思主义的世界性原理。马克思主义认为，人类走向解放的历史是世界性历史。现代大工业打破了各国、各民族的孤立性，形成了统一的世界体系。人类的解放是全人类的共同事业，全世界无产阶级必须团结起来，坚持国际主义，在世界范围内消除社会的对立、人与自然的对立，才能创造人类解放的条件。

上述五个方面不是孤立的，而是互相关联，互相融合，构成马克思主义基本原理的逻辑体系，是马克思主义的理论精髓。马克思主义的理论内核体现了马克思主义理论三大原则的统一：科学原则，即辩证唯物主义和历史唯物主义的科学的思想路线，这是马克思主义的哲学基础；价值原则，即人的解放和自由全面发展的历史价值观，这是马克思主义的思想灵魂；实践原则，马克思主义把无产阶级和广大人民群众的实践作为推动社会发展的最根本动力。

纵观今天的世界，虽然与19世纪相比已经发生了巨大变化，马克思主义理论体系中第二、第三层次的许多具体分析、具体结论已经过时或被证明是理论失误，但是她的理论内核，即马克思主义基本原理所指出的人类社会发展的价值目标和基本规律没有变，而且人类社会的新发展愈益证明马克思主义的真理性；生态危机、社会矛盾、国际冲突的深化更加证明马克思主义关于在世界范围内用共产主义代替资本主义论断的合理性；经济全球化和人类利益的相互依存性的空前提高，更加证明马克思主义关于人类解放世界性的分析；人类的生产实践、社会实践、科学实践的发展，愈加证明马克思主义的辩证唯物主义、历史唯物主义哲学观在人类由必然王国不断走向自由王国过程中的理论指南意义。

由此可见，马克思主义的基本原理与思想精髓从根本上反映了人类文明发展的本质与基本趋势，具有宏大的历史适应性和理论兼容性，依然是指导我们科学认识客观世界、自觉改造客观世界、不断提高主观世界的理论基础。我们越是放开视野看世界，越是通观整个人类文明史，越是深究当代人类文明面临的矛盾及其出路，越是感到马克思主义的真理性意义。经过近一个世纪的革命与建设实践，马克思主义已经成为我国社会主义的主流意识形态的理论基础，任何动摇马克思主义在我国社会生活中的指导地位，必然导致整个社会主流意识形态的崩溃从而导致社会动荡和分裂。因此，中国共产党人一刻也不能抛弃马克思主义。

三、在实践中扬弃马克思主义的若干具体理论、具体观点

实践是检验真理的唯一标准。在我们充分肯定马克思主义基本原理真理性的同时，也必须看到由于时代条件和历史任务的变化，马克思主义的许多具体理论、具体原则，特别是关于社会主义革命与建设的具体战略、策略已经过时了，或不再适用了。如果我们继续把这些具体理论、具体原则作为实践的教条抱住不放，理论就会变成实践的桎梏，最后也会导致马克思主义自身的衰亡。因此，我们必须进行必要的理论清理。从当今世界文明发展变化的新条件、新趋势和建设有中国特色社会主义的特殊条件、特殊任务和新的认识出发，需要扬弃或可以不提的重大理论、重要观点主要有：

第一，马克思、列宁关于社会主义代替资本主义的历史时机和历史机制的分析。马克思、恩格斯早在19世纪就依据当时资本主义阶级矛盾的激化和经济危机的周期性爆发，断定资本主义生产关系已经不再适应生产力发展要求，上层建筑不再适应经济基础发展需要，必须通过无产阶级暴力革命消灭资本主义。列宁也在《帝国主义论》中提出资本主义总危机的判断。其实，马克思、列宁当时发现的不是资本主义进入暮年时代的矛盾，而是资本主义青少年时代的矛盾，低估了资本主义的自我调节能力，过早宣布资本主义灭亡，不能不是一个重大理论失误。与此相关，把马克思、列宁关于无产阶级暴力革命的思想绝对化，也要正本清源。

第二，淡化马克思原来对社会主义的具体设想。马克思主义原来设想的社会主义是资本主义生产力高度发展后的社会主义，即后资本主义的社会主义。这种社会主义还远远没有出现。现存的社会主义是在落后国家发生的社会主义；她与马克思原来设想的社会主义完全不一样，她是与资本主义并存的类资本主义的社会主义。因此，原来马克思提出的后资本主义的社会主义的一些原则性设想（这主要是公有制＋计划经济＋按劳分配）现在可以淡化或不提，以免把两种不同的社会主义混淆起来，引起理论上的混乱，从而导致政策上的混乱。

第三，与第二点相适应，可以淡化马克思主义关于无产阶级历史地位、阶级斗争、无产阶级专政的理论。从理论上和事实上看，无产阶级仍然是今天社会主义发展一个极其重要的阶级力量；阶级矛盾和阶级斗争仍然存在，仍然需要坚持无产阶级专政。但由于我党已经由革命党转变为执政党，我们面临的任务已由主要是革命的任务转向主要是建设的任务、发展的任务，扩大党的阶级基础和社会基础，推动阶级合作，保障社会稳定，是建设和发展社会主义的客观要求。强化阶级差别、阶级斗争和无产阶级专政意识，不利于推动阶级合作与社会稳定。相反，要强化现代法治意识、阶级合作意识和执政党执政意识。江泽民总书记在"七一"讲话中提出研究执政党执政规律，是十分重要的。

第四，由于在世界上社会主义将与资本主义长期共存；即使在我国国内，由于我们现在搞的社会主义是类资本主义的社会主义，也必然存在社会主义因素与资本主义因素并存、各种经济成分互补合作的局面，而且在相当长时期内社会主义在世界上处于守势。因此，我们应由对抗思维转向兼容思维，淡化社会主义与资本主义对立的一面，强化社会主义与资本主义和平共处、相互合作的一面，为社会主义的长期发展建立一个和平稳定的环境和条件。当然，在共产党内部，特别是高层领导集团，在战略上仍要对社会主义与资本主义的根本对立性，以美国为首的西方国家打压中国、妄图在全世界消灭社会主义的既定图谋保持清醒的认识，用"两手"对"两手"。但不必在社会上和国际上予以强化。在相当长时期内我们需要"卧薪尝胆""韬光养晦"。

四、以"三个代表"重要思想为指导，与时俱进发展马克思主义

江泽民总书记在"七一"讲话中系统阐述了"三个代表"重要思想，是马克思主义基本原理与中国当代社会主义实践相结合的新发展，为我们解放思想、与时俱进创新和发展马克思主义开辟了新的认识道路。从世界发展新格局、新趋势以及当前和今后相当一段时期内建设有中国特色社会主义实践的新条件、新情况、新任务出发，我们需要围绕江总书记提出的"三大规律"，着重从九个方面创新与发展马克思主义。

第一，要在对时代的认识上发展马克思主义。进入 21 世纪，时代的性质没有发生根本变化，但是世界的格局、时代的特征已发生重大变化。最主要的变化是，工业文明走向相对衰落，知识文明正在崛起成为强势体系；资本主义体系由 20 世纪中叶处于守势转变为处于强势，国际共产主义运动由兴盛转向低潮；在经济全球化背景下，各国之间的矛盾性与相互依存性的冲突更加突出；美国一极支配世界格局的瓦解与多极均衡世界格局的形成还需要相当长的时间。我们在相当长的时期内仍将受到以美国为首的西方势力的围堵、打压。因此，我们必须对世界格局作出有利于社会主义生存发展的判断。要继续坚定地由"战争与革命"的时代观转向"和平与发展"的时代观，并坚定地由对抗思维模式转向兼容思维模式，在此基础上确立正确的国际政治战略，争取用多极均衡格局化解美国一极支配世界格局，推动和建立世界的持久和平环境，保障社会主义的长期生存和发展、壮大。

第二，要在对资本主义的再认识上发展马克思主义、列宁主义。马克思主义关于资本主义的性质、历史地位及社会主义必然要代替资本主义的分析依然是正确的。但是，马克思在资本主义的自动调节能力、资本主义

生产方式对社会生产力发展的容纳能力、社会主义代替资本主义的历史转折时机、资本主义向更高级社会过渡的方式等分析上，都存在明显的局限性或失误。现在我们需要依据世界新的发展情况，从历史逻辑上作出新的判断：资本主义制度在一定程度上具有自我调节能力，资本主义生产方式容纳生产力发展的可能性远远超出马克思、列宁的估计。因此，在马克思宣布资本主义丧钟敲响后100多年来，资本主义仍然具有勃勃生机。可以预见，在相当长一段时期内，资本主义还能继续容纳生产力的发展，欧美发达资本主义仍可能在21世纪处于人类文明发展的"领跑"地位；资本主义的自我调节，使资本主义由19世纪野蛮的资本主义转变为文明的资本主义，资本主义世界将在相当长时期内处于稳定状态；资本主义为更高级社会形态取代的历史临界点是由劳动时间为中心的经济向自由时间为中心的经济的过渡，目前，资本主义的不断发展正在向这一历史临界点迫近；随着科学技术的新发展，产业构成的高度化，原来意义上的产业无产阶级队伍趋于不断缩小，中产阶级队伍趋于不断扩大，使在发达资本主义国家发生暴力革命的基础逐渐消失；发达资本主义有可能通过自我扬弃的方式向更高级社会和平过渡。因此，无产阶级政党需要依据新情况制定新的政治战略和策略。中国共产党人也需因应资本主义发展的新情况调整社会主义国际政治战略。社会主义难以通过激发社会主义革命特别是无产阶级暴力革命推翻资本主义统治；更大的可能是通过社会主义自身的发展超越资本主义，即通过取得文明竞争优势激发资本主义的自我扬弃。因此，现时需要积极学习和吸纳发达资本主义的发展成果，加快社会主义的成长和壮大。

第三，要在对社会主义的再认识上创新和发展马克思列宁主义。中心是要从过去传统的"后资本主义的社会主义"认识转向"类资本主义的社会主义"认识上来。现在存在的社会主义不是马克思所设想的资本主义高度发达后建立起来的后资本主义的社会主义，而是在资本主义还未充分发展起来，落后的发展中国家发生的类资本主义的社会主义。这种社会主义不是要马上按社会主义原则把社会主义社会建设起来，而是要为以后按照社会主义原则全面建设社会主义社会创造条件和基础；她首先要完成本来要由资本主义完成的发展生产力和实现现代化的历史任务。因此，这种社会主义不仅与马克思原来设计的社会主义很不一样，而且必然采取发展生产力所必需的类资本主义的方式、机制、形式，如市场经济、资本、私有制、雇佣劳动、国家资本主义、利润、竞争等等。把马克思设想的后资本主义的社会主义与客观存在的类资本主义的社会主义混淆起来，这是我们在改革开放后在社会主义理论与社会主义实践问题上引起思想混乱和思想分歧的重要原因。邓小平同志提出了社会主义初级阶段的概念，在一定程度上缓解了传统社会主义概念与现实社会主义实践的矛盾，但没有彻底解决理论与现实的矛盾。如果我们明确地把实践中的类资本主义的社会主义与马克思设想的后资本主义的社会主义区别开来，我们就可以从马克思的传统社会主义概念和模式中解放出来，为有中国特色社会主义理论的深化和路线、方针、政策的设计开辟更广阔的空间。在类资本主义的社会主义，不是要马上全面实行社会主义原则，而是为将来实行社会主义原则创造条件；不是要马上消灭私有制，而是要利用私有制的优势发展社会生产力；不是要消灭个人利益原则，而是要把社会经济发展建立在对个人利益的关心上；不是要马上实行计划经济，而是要借助市场经济加强国民经济的组织能力和活力；不是要马上实现社会主义分配的公平原则，而是要平衡效率与公平的关系，"效率优先，兼顾公平"。列宁关于国家资本主义概念和邓小平同志关于社会主义市场经济概念的提出，为我们创新社会主义概念提供了重要的示范。北欧模式对我们创新社会主义具有积极的借鉴意义。今天，我们的国家叫作社会主义国家，是表明我国是在马克思主义指导下向着社会主义方向前进，而不是已经建成社会主义社会。

第四，与第三点相联系，要在对"资本"范畴在我国当前社会主义经济运动中的地位的再认识上发展马克思主义。传统的马克思主义认为，资本是资本主义的特定范畴，是资本主义生产关系的最基本概括。在社会主义不存在资本范畴。但是，今天我们所建立的是类资本主义的社会主义，由于社会生产力发展的客观要求，生产力的发展必然继续采取资本的形式。马克思认为，资本是社会生产力发展到一定历史阶段的历史形式；资本家不过是资本的人格化。今天我国社会主义依然实行市场经济，发展社会生产力是这一阶段的根本任务。因此，现阶段我国社会主义市场经济仍然存在资本，各种经济成分的生产经营仍然采取资本形式，并受资本运动规律的支配。既然仍然存在资本，作为资本人格化的资本所有者（如民营企业主）的存在和一定程度的发展就不可避免。

第五，与第三、第四点相关联，要重新认识马克思主义劳动价值理论与当今社会主义实践的关系，创新有中国特色社会主义分配理论。马克思的劳动价值理论是对商品经济规律的最抽象分析，他是以对生产资料私人占有的否定为前提的。而且他的理论演绎本身就有逻辑缺陷。为什么商品的使用价值要有"父亲"（劳动）和"母亲"（土地）共同创造，商品的价值就只需"父亲"（劳动）单独创造呢？马克思没有交代。而且马克思在写作《资本论》时已发现劳动价值论及价值规律不能直接解释资本主义的经济运动，所以在第三卷分析资本主义分配过程时，专门提出了生产价格理论。在那里，价值转化为生产价格，价值规律转化为生产价格规律。这是以资本为基础的商品生产的必然规律。类资本主义的社会主义的商品生产也是以资本为基础的，因此支配和调节社会主义商品生产、交换、分配过程的直接规律不是价值规律，而是生产价格规律。然而，理论界与决策者对此都没有给予必要的关注，依然陷于劳动价值论的误区中。我们认为，考虑社会主义分配理论和分配政策时，可以淡化劳动价值理论，重新恢复生产价格理论。生产价格理论反映了等量资本获取等量利润的要求，也就是全要素分配原则。相应地，我国现阶段的分配体制应分为三个层次：第一层次，国民收入首先按要素分配，即按要素贡献分配，等量资本（要素）获取等量利润；第二层次，在劳动者中按劳分配，即按劳动贡献分配，多劳多得，多贡献多得；第三层次，通过政府财政税收政策和社会保障政策进行国民收入再分配，主要是按国家与社会需要分配。在社会主义初级阶段，社会分配的社会主义政策主要体现在第三层次上，即通过国民收入再分配按照社会主义原则调节全社会的收入分配。因此，不应把按劳分配原则作为现阶段社会主义市场经济国民收入分配的基本原则。现阶段社会主义分配体系是按要素分配、按劳分配、按需分配三者的统一。

第六，纠正过去对社会主义发展价值目标的误解，恢复马克思主义关于社会主义发展目的的思想。过去我们把手段作为目的，即把建立公有制、计划经济、按劳分配等作为社会主义目的，而讳言提社会主义发展目的是实现人的自由全面的发展，由此引起社会主义发展目的认识上的混乱。今天我们需要恢复马克思主义在这个问题上的原本思想。马克思主义认为，社会主义运动的根本目标，是促进人的自由全面的发展，实现人的解放。公有制、计划经济、无产阶级专政等等只是实现目的的手段。"人的自由而全面发展"至少包括人的自由、自觉的主体意识的觉醒和成熟，人的才能的全面发展，人的才能的自由发挥，个人与社会关系的高度和谐，人的精神世界的丰富和道德人格的高尚，社会的高度发达和文明。实现人的自由全面的发展是一个漫长的历史过程。我们今天主要还是为实现人的自由全面的发展创造条件。

第七，重新认识社会主义政治发展规律与共产党执政规律，发展马克思主义社会主义政治理论与共产党执政理论。原来马克思列宁主义毛泽东思想的社会主义政治理论是建立在阶级对立和阶级斗争分析基础上的，围绕着阶级统治的无产阶级专政展开的。但是，这样的分析明显不适应于社会主义政治发展和共产党执政实践的需要。我国在相当长时期内仍将处于传统社会向现代社会过渡的现代化进程中。社会主义的政治发展必然纳入社会主义现代化进程中，即推进社会主义政治现代化。而在国际上，社会主义与资本主义的长期共存，客观上要求社会主义政治具有国际兼容性。这就需要我们由传统的、斗争的、对抗的政治观转向现代的、发展的、建设的政治观，就需要研究近代以来社会政治现代化的一般进程、一般规律和一般趋势，吸纳世界上特别是发达国家政治现代化中一切积极的成果、经验、形式，创新社会主义政治现代化。由此，需要从中国特殊国情出发，面向世界，面向未来，面向现代化，研究社会主义政治现代化规律，研究共产党执政的条件与规律，创新社会主义政治理论，使我党对我国社会主义政治发展的指导建立在科学的基础上。社会主义政治发展除了必须遵循社会主义性质和方向，还应体现四个重要的政治现代化原则：一是理性原则。社会主义的政治建设不能单纯从一时一地的阶级利益出发，而必须是建立在对现代社会政治的性质、结构的科学认识基础上，按照现代社会政治运行的规律建设法治制度。二是民主原则。确立主权在民的政治理念，逐步建立和完善可以吸纳广大人民参与国家管理的民主政体。三是发展原则。政治制度发展必须服务于经济发展与社会进步的需要，而不是成为少数利益集团争权夺利的"政治专利"。四是开放原则。现代政治是开明的、开放的政治，同时具有很强的自我革新机制和能力。在社会主义政治发展与共产党执政过程中，应当正确处理好五大关系：一是坚持政治发展的社会主义方向和政治现代化要求的关系。社会主义的政治是共产党领导下人民当家做主的政治，同时又必须按照现代社会政治现代化要求不断改革和完善。二是正确处理共产党政治领导地位不可动摇性与共产党必须依法执政的关系。三是正确处理共产党作为执政党的阶级先进性与社会基础广泛性的关系。党既首先代表无产阶级和农民阶级的利益，又同时代表包括各社会阶层利益在内的社会主义社会整体利益。四是正确处理共产党的政治领导与人民群众当家做主的关系。五是正确处理实现党的最高纲领和实现党的最低纲领的关系。

第八，从发展的观点出发重新认识社会主义社会的阶级关系与社会结构，创新和发展马克思主义的阶级分析学说。一个社会的阶级结构或社会结构及其变动，是由社会生产力状况及其发展趋势决定的。马克思、列宁关于社会主义社会阶级分析的理论是建立在19世纪和20世纪初生产力水平上的。20世纪下半叶以来，社会生产力发生了巨大变化，引起了社会阶级结构的新变动。在发达国家，随着社会生产力的高技术化和产业结构的高度化，原来的金字塔形阶级结构已经转变为两头小、中间大的橄榄形阶级结构，传统意义上的农民阶级，特别是产业无产阶级正在迅速缩小，而掌握专业知识的相对较富裕的中产阶级迅速扩大。这一趋势还在继续发展。可以预见，发达国家的今天就是中国的明天。随着改革开放和生产力的高技术化、产业结构的高度化，中国的阶级结构或社会结构也会出现发达国家已经发生的趋势，即传统意义上的产业无产阶级、农民阶级将不断萎缩，掌握专业技能和管理知识的富裕的中产阶级将不断扩大，成为社会的主体。阶级关系在变动中，人们的社会身份也在变动中。因此，我们需要摒弃非此即彼的绝对的阶级分析方法和阶级对抗思维，确立发展的兼容的阶级分析方法和思维方式，努力推动各阶级或各阶层的融合、合作，而不是推动阶级分裂和阶级对抗。为此，我们在社会政策上需要有两手结合，一方面尽可能发挥强势群体在经济发展与社会进步中的主导作用和推动作用；另一方面，努力维护和保障弱势群体的基本利益，把这两方面有机结合起来，是我们在社会主义初级阶段的基本的阶级政策。同时，通过加快社会生产力的变革和产业结构的高度化，促进社会结构由金字塔形转向橄榄形，建立社会主义社会的稳定的社会基础。此外，当前我们还需要研究和回答四个重大现实问题：一是社会主义社会的主导阶层问题。现代社会的主导阶层应该是国家与社会管理者阶层、经理人阶层、企业家阶层和专业技术人员阶层。二是社会中间阶层在社会稳定和发展中的作用问题。三是在新的历史条件下产业工人阶级的主人翁地位问题。四是在新的历史条件下"工农联盟"问题。

第九，创新和发展社会主义先进文化理论。江泽民总书记在"三个代表"重要思想中，提出了代表先进文化的前进方向。这是对马克思主义文化建设理论的重大发展。今天我们要代表先进文化的前进方向，促进先进文化的成长和发展，必须要进一步调整传统的社会主义文化观念。主要是由过去单纯强调文化的阶级性和政治性转向人类文化的阶级性与共同性相统一的思维上来，统一到文化的先进性上来。先进文化的发展既是生产力发展和社会进步的结果，又是人类文明进步的重要动力。进入 21 世纪，国际竞争首先反映在文化的竞争上。实现中华民族在 21 世纪的伟大复兴，必须依靠先进文化的同步发展。文化的先进性必须反映在科学理性精神的高度发展，人文价值精神的广泛弘扬，人类精神家园的丰富发达，人们综合素质的全面提高，社会伦理道德的高尚健全上。她一方面反映人的自由全面发展的精神境界的逐步形成，另一方面反映促进人的自由全面发展的社会文化环境的迅速成长。因此，先进文化既具有鲜明的无产阶级党性，同时又具有人类文明发展的共性。在社会主义社会，先进文化的发展将经历一个长期的历史过程，是人的文明进步和社会的文明进步的统一。江总书记提出的代表先进文化的前进方向，既反映了共产党人历史使命与人类文明发展趋势的统一，也提高了社会主义文化形态与其他文化形态的兼容能力，将对社会主义今后的发展产生深远的影响。

（2002 年 4 月 23 日）

探索和创新现代化之路
——当前广东现代化发展的四个重要问题

20世纪80年代以来,广东成为改革开放、探索有中国特色社会主义现代化之路的先行地区。经过20多年的探索,基本形成了有中国特色社会主义市场经济基本框架、在多种社会制度并存的国际环境下社会主义对外开放的新格局,并初步完成了现代化的原始积累。进入21世纪,广东开始了全面建设富裕小康社会,率先基本实现现代化的新的发展时期。这一时期,对于建设有中国特色社会主义现代化具有极为重要的奠基意义。建设现代化新社会,是一个极其复杂的社会系统工程,涉及广泛而大量的理论问题和实践问题。但从今天的实践现状看,有四个问题对于探索有中国特色社会主义现代化具有特别重要的奠基性意义。

一、发挥后发优势问题

这是考虑我们的现代化发展时首先要把握的问题。在现代化的世界潮流中,中华民族落后了数百年,经过新中国成立后的追赶,特别是改革开放后的高速发展,至今仍落后数十年。今天西方国家依然处于现代文明的领先地位。在此格局下,对于中国现代化来说,可能出现的最可怕的历史失误,就是只看到自己落后、西方先进的一面,以西方现代化之是为是,亦步亦趋,把西方的现代化照搬照抄到中国来。这就放弃了一个极为重要的历史机遇和历史权利,即后发优势。纵观世界各国各民族兴衰沉浮史,对于落后国家和民族而言,落后,是一种历史发展方向再选择的权利,是在百舸争流中争取后来者居上的机遇。西方国家现代化走在前面,既有巨大的发展成就,也日显其历史局限性。我们走在后面,既可以吸收西方国家的现代化文明成果,同时又可以避免西方国家现代化走过的弯路及其历史局限性,从人类文明发展的本性和新的历史台阶出发,确立高于西方现代化的文明定位,实施后发现代化战略,立足于赶超。这有可能使我们只用数十年至100年的时间走完西方国家300年多的历史进程,用低得多的成本实现现代化并超越西方文明。这是历史赋予中华民族的又一次千载难逢的机遇，是中华民族实现伟大复兴的机遇。因此，我们应当十分珍惜这次历史机遇，面向世界，面向未来，发挥后发优势，力争后来者居上。

现在，在实践中存在的一个偏误或有可能错失重大历史机遇的失误是，片面地过多看到发展落后的一面，忽视或不重视因落后而给予我们后来者居上的历史机遇。因此往往出现决策、规划缺乏必要的历史前瞻性，看不远，只盯着3年、5年做决策、做规划，造成决策缺乏远见、开发建设水平低、发展质量不高的情况。结果是不断地对已形成的建设、发展成果进行改造（如一年一小变、三年一中变）。对缺乏远见、搞不好的发展结果进行改造是必要的，但我们能否总结经验教训，在做决策时眼光看得远一点，在开发建设时起点或标准高一点，在规范管理时严一点，力求把事情做好。能否做一件事，就要做好一件事，就要做成一件事，经得起历史的检验呢？能否力避做半温水、等待以后重新改造的事呢？答案应当是肯定的。否则，这会大大提高现代化建设的成本，浪费纳税人的血汗钱；关键是裁改已做好的衣服永远不如开头就裁好一次做好的衣服。更重要的是，我们作为后发现代化国家，完全有先行国家的经验教训可供借鉴，为什么不把别人的经验吸收过来，避免别人的失误呢？别人的经验教训就是巨大的资源和财富。在现代化建设中最忌的是小农意识、小家子气，在这里可以用得上列宁的一句话"宁肯少些，但要好些"。同时，也要力避单纯经济观点，缺乏全局战略意识。例如，按照发达国家的经验，中国正开始进入汽车消费加速扩张的阶段，我们是昏头昏脑地重蹈发达国家的经历，还是从长远的将来考虑和选择一种更低成本的、更能综合提高人们生活质量的、保护环境减少能耗的"行"的模式呢？为了追逐GDP的增长率而把中国变为一个汽车王国，将可能是中国文明的灾难、世界文明的灾难。从社会主义精神出发，我们完全可以创造一个优于西方的、更有利于提高人们生活质量的、更适于长远发展的、以公共交通为主体的"行"的模式。

因此，争取后来者居上无需等待未来，必须从今天开始，从现代化起步开始，在进行发展规划决策、经济的开发与文明的建设、城市化及其重大工程建设等等时，都必须面向未来，寻找和把握后来者居上的机遇，力争后来者居上。

二、把握现代化方向问题，即有中国特色社会主义现代化的历史定位

什么是现代化？为什么要搞现代化？现代化发展方向的历史规律是什么？这不能说是已经解决了的问题。即使在理论界，至今对"现代化"仍没有权威统一的理论判断。况且人类的现代化进程在自发状态下已往往进入了历史误区：或是为了财富、富裕而追逐现代化，或是为了强大而追逐现代化，甚至是为了现代化而追逐现代化。西方工业文明造成的生态危机、社会危机和精神危机，已使人类文明发展背离了人类发展的本质，变为反人类、反自然的文明异化过程，面临不可持续的发展危机。对于我国的现代化，或广东省的现代化来说，一个最易犯而又最糟糕的错误就是放弃历史的批判，以西方现代化之是为是，照搬照抄西方现代化。这将使我们中华民族丧失一次文明追赶与超越的千载难逢的历史机遇。西方的现代化创造了人类巨大的文明成果，包括推动科学技术进步，促进生产力发展，创造巨大的物质文明，建立理性的法制社会，等等。但是，西方的现代化文明并不是天然合理的，它本身就具有巨大的历史局限性，它的局限性不仅在于没有自觉的方向，离开了人的真实意义而盲目追逐物质财富和个人私利，而且已在客观上造成了巨大的生态危机、社会危机和精神危机。现在，以美国为首的西方国家正在以"强权政治"为杠杆，强行把他们的自私、狭隘、违背人类文明发展历史本质的价值观和发展模式强加给全世界，并不断引发和激化国际冲突，加深世界性发展危机。这就要求我们重新反思现代化的性质和人类意义。

现代化的历史本质是什么？纵观300年来形成的思想、学术宝库，只有马克思主义为我们提供了解答这个历史难题的钥匙或方向。马克思主义是既继承，又批判、超越资产阶级思想体系的科学的彻底的革命的人本主义。马克思主义始终从人类出发，深切地关怀人类的历史命运，揭示人类文明发展的基本规律和基本趋势，指明人类文明演进的本质和目的，提出了自觉驾驭人类文明发展的条件和道路。从马克思主义的发展价值观来看，现代化的真正的历史本质是人类的发展和解放，是人类不断由必然王国走向自由王国，实现人作为真正的人而自由全面的发展。资本主义生产方式解放和发展了生产力，为这目标的实现准备了物质基础。但只有马克

思主义才能突破资产阶级思想体系的理论局限性，只有社会主义或共产主义才能突破资本主义制度的历史局限性，为实现人类伟大目标开辟广阔的道路和可能性。对此，资产阶级的狭隘的社会本性和自私的阶级意识是无以理解的；这也是资本主义现代化历史局限性的价值根源。因此，任何放弃马克思主义在我们的现代化事业中的理论指导地位，放弃现代化的社会主义方向，都会使我们从根本上丧失超越现代化的基础。

我们有马克思主义理论的指导，有具有巨大的协调、整合能力的社会主义制度，拥有现代化发展的后发优势，完全可以从自己国情和马克思主义历史价值观出发，全面创新现代化文明。这是实现后来者居上伟大历史飞跃的关键。广东省要贯彻江总书记的指示，在全国率先基本实现现代化，这不仅是一个发展水平和发展模式问题，更重要的是从中国国情出发，探索、把握有中国特色社会主义现代化的基本方向，把现代化建设置于先进的现代化目标的引导下。这就是以人为本，以促进人的自由全面发展为根本目的，推动环境、经济、社会、文化与人的协调发展，建设最符合人类发展本质的先进的现代化文明。因此，现代化的先进性需要体现在是否最有效地全面提升人的综合素质，全面提高整个文明的创新、发展能力，全面提高人民的物质和文化福利，努力促进人的自由全面发展上。因此，必须强调现代化的人道性、先进性、全面性。我们的现代化进程具有两重性，即一方面追赶发达国家的现代化，另一方面在追赶中创新现代化文明，努力在创新中实现现代化的文明超越。

把握正确的现代化方向，创新现代化文明，也不需要等待遥远的将来，需要从今天开始。我们需要把理想主义与现实主义结合起来。例如，我们必须摒弃为发展经济而发展经济的单纯经济观点，而是从促进人的全面发展，广泛实现人的社会福利，全面推进社会文明进步出发，我们就有可能更好地协调经济发展与环境、社会、文化、人的关系，就有可能制定更符合人类文明发展本质的经济、社会、文化发展政策。

三、文化发展和文明创新问题

创新有中国特色社会主义现代化，关键是文化创新。一定的文化是一定的现代化的基本的个性规定。没有自己的文化个性，就没有具有自身特色的现代化。没有文化优势，就不可能有优势竞争力，就不可能有优势发展能力。现在我们依然存在的一个重大问题是忽视文化的发展，往往口头重视，实际忽视；或者仅仅从意识形态的角度关注文化发展，使文化单纯地意识形态化、政治化，而忽视了从现代化的角度审视、把握和发展文化，推动文化现代化。必须注意，忽视文化的发展和优势文化的培育，我们将可能犯下不可弥补的历史失误。战后日本曾经创造了巨大的经济辉煌，但在20世纪末却无可奈何地衰落了。其中一个重要的教训是，日本创造了优于西方的东方工业文明，却不能与时俱进创造适应于知识经济时代的新的东方文明。我们必须在现代化过程中与时俱进，不断创新以人为本，具有巨大自我创新、自我超越能力的先进文化体系，能够不断促进我们由必然王国走向自由王国的文化制度，坚持具有巨大的历史兼容性的社会主义发展精神。在创新现代化文明中，必须高度重视用马克思主义的人本思想，不断启迪和觉醒人们的主体意识，使人们成为自由自觉的现代化文明的创造者。

发展文化、创新现代文明，不仅仅是学者的事，她将渗透在我们的经济、社会、城市、文化、政治、意识发展的各个方面。其中我们需要特别注意在城市化的社会变迁中，承传中华民族文化的优良传统，吸纳世界先进文明成果，面向未来创新现代文明。现代城市是现代化文明的最集中、最重要的承载体。我们应当以推进城市化为龙头，全面推进符合人类文明发展本质的现代文明的再造。

四、提高发展能力问题

对于一个地区、一个国家、一个民族来说，发展能力始终具有决定性意义。我们过去在发展中往往特别关注发展的结果，如国民生产总值的增长。这在一定发展阶段是必需的。但是对于广东省下一步的发展来说，如果仅仅只是关注发展的结果而不更多地关注发展的能力，将使我们的发展陷于短期行为模式中而丧失前瞻能力和驾驭发展战略全局的能力，错失我们正在面临的千载难逢的中华民族崛起的历史机遇。我们必须高度重视增强发展能力，包括科技竞争力、产业竞争力、制度竞争力、文化竞争力；必须使我们的发展由只关注发展的结果转向既关注发展的结果，更重视持续发展的能力的强化上；由只重视发展的规模、速度转向既关注发展的规模与速度，更关注发展的效能与质量上；由只关注经济的发展转向既关心经济的发展，更重视经济与环境、社会、文化和人的协调发展上；由过去靠拼资金、资源的发展转向依靠知识、智慧和科技创新、制度创新上来，归根到底是转向依靠人的综合素质和人的发展能力的提高上。

尽快构建与知识经济时代相适应的学习型社会、学习型企业、学习型群体，是发展和提高持续发展能力的基础。需要继续打破教育领域的计划经济残余，建立开放的、社会化的、全民参与的新型教育体系，变革教育理念，改革教育体制与方式，是迎接知识经济挑战的重要任务。这是广东省下一步发展应当引起高度关注的领域。继续加大教育投入、开放全民教育、推动教育现代化，这是广东省率先基本实现现代化的重大战略任务和基础保障。

提高发展能力或竞争力，必须再次提出重视企业家队伍发展问题。发展社会生产力，是社会主义初级阶段的根本任务。但是，谁是社会生产力发挥、发展的基本的或主要的组织者和运用者？不是工人、农民，也不是政府，而是企业家。我们谈创新，但谁是创新的主要组织者？也是企业家。我们提出要解决下岗工人再就业问题。谁提供就业岗位？也是需要企业家组织扩大生产、投资项目来增加就业岗位。我们谈提高农民收入，但什么才是不断提高农民收入的根本途径？事实已经说明，光发展农业是不行的，必须不断发展第二、第三产业，扩大第二、第三产业吸纳劳动力的能力，不断把过剩农业劳动力转移出来，同时推动农业企业化、现代化。不把农业劳动力从第一产业转移到第二、第三产业，农业越发展，农民将越贫困。这叫作"谷贱伤农"，现在是"农业发展伤农"。而由谁来发展第二、第三产业，扩大就业机会，推动农业产业化？也是企业家。我们要解决科技与产业的结合，加速国民经济技术进步。由谁来解决技术与产业的结合，也是企业家。企业家是创新的基本组织者。可以说，发展企业家队伍，发挥企业家队伍作用，是我们解决所面临各种矛盾、问题总链条中的基本环节。因此，必须要有这样的意识：企业家队伍是21世纪中华民族生存、发展、强大的脊梁。培育现代企业家队伍，创新良好的制度环境，让企业家发挥组织生产、发展经济的作用，是经济发展战略的重中之重。因此，各级政府和全社会必须尊重企业家、支持企业家，一定要把广东省各地区变为企业家生长发展的沃土、投资兴业的乐园。

(2002年9月23日)

有中国特色社会主义和可持续现代化

现代化,是当代人类文明发展的共同道路。把马克思主义普遍真理与中国实际相结合,建设有中国特色社会主义,是实现中国经济、社会、科技、文化现代化的必由之路。改革开放后,中国走上了现代化道路,面对着社会主义发展和现代化发展的双重挑战。把建设有中国特色社会主义与推进可持续现代化结合起来,是实现中华民族伟大复兴的关键。

一、两大挑战:发展与可持续发展

社会主义不仅是一个政治概念和理论概念,更是一个发展概念。邓小平同志指出,和平与发展是当代世界的两大主流。社会主义必须在全球发展竞赛中夺取胜利,才能得到伟大的复兴。

我国社会主义发展正在经历着两大挑战:

首先是发展的挑战。第二次世界大战后,有两个发展浪潮,一是发达资本主义国家的以技术创新为先导的经济社会发展高度化,其结果是人类现代化进入高技术时代和信息化时代。二是一部分发展中国家和地区开始了追赶发达国家的现代化起飞,其结果是出现了一批新兴工业国。于是,形成了发达国家不断创新现代化,发展中国家紧随追赶的百舸争流的全球发展竞争新格局。全世界的社会主义都不可避免地承受这一发展的压力。由于传统社会主义计划经济模式的致命弊端,导致了20世纪80年代末的社会主义体制的"大雪崩"。改革开放前,由于缺乏经验,以及极"左"思潮的干扰,我国经济发展也很缓慢,在全球经济大发展的大潮中,我国经济发展相对落伍了,国民经济到了崩溃的边缘。这是20世纪70年代末80年代初改革和开放的直接动因。改革开放解放了被束缚的巨大的社会主义生产力,使我国成功地突破了工业化起飞问题,国民经济进入了高速增长轨道。正是这一大发展,使中国社会主义顶住了20世纪80年代末的反社会主义的世界性黑潮,使中国社会主义继续屹立在世界上。

其次是发展可持续性的挑战。这来自发展环境对现代化的约束和发展内部的协调能力。发达国家的传统的工业化和现代化道路，造成了地球资源的大滥耗和生态环境的恶化，社会精神文明的堕落，等等。人类面临着新的发展挑战，即传统的现代化发展是否可持续。由罗马俱乐部挑起的讨论，促使全球专家和各国政府对传统现代化的反思，并产生了可持续发展的思想和发展模式。这是人类文明发展的一次里程碑式的飞跃。在我国，随着国民经济的起飞，传统的工业化发展道路所产生的巨大负面影响日益显现。我们需要开始思考，按传统的发展道路，我国的现代化是否可持续？

历史正在表明，由发达国家先导的传统的高技术、高消耗、高消费、高浪费的现代化发展模式，将有可能把人类带入发展绝境。人类成了为现代化而现代化、为高消费而生产、为高消费而生存的怪物。这个怪物如一列风驰电掣般的列车，被市场经济竞争规律强力驱动着疯狂前奔。人类面临的危机是，这列狂奔的列车是否会把地球有限的资源滥耗完，是否会把小小的"地球村"辗碎。

地球已不堪承受人类现代化的重荷。

中国是一个人口大国，占世界人口的22%，但又是人均资源穷国，人均水资源仅占世界人均量的31.7%，人均占有土地面积只及世界人均水平的37%，人均占有林地面积不足世界平均数的18%，人均森林蓄积量只相当于世界平均水平的15%，人均拥有矿产保有量不到世界平均数的50%，人均原油资源只及世界平均数的13%。显然，我国的资源是不可能支撑中国搞像发达国家那样的传统现代化的。发达国家七国工业集团人口仅占世界人口的12%，却在现代化过程中耗用70%以上的世界资源。显然，全世界如果都用发达国家模式搞现代化，地球将走向崩溃。

因此，对于发展中国家来说，对于我国来说，不仅要实现发展，而且必须考虑发展的可持续性问题。我们在总结和吸收发达国家现代化的积极经验的同时，必须摒弃发达国家的传统现代化模式，创新可持续的现代化模式。这就是中国社会主义发展面对的又一个严峻挑战。社会主义能否解决这一全球性、世纪性发展问题，这是历史对社会主义的考验。

必须注意的是，改革开放以来，我们已充分注意了第一个挑战，并且在解放生产力、推动经济起飞、高速发展国民经济方面取得了举世瞩目的成就。但是，面对第二方面的挑战，我们却没有给予必要的重视，以至20世纪80年代以来，在加速国民经济工业化的同时，却滥耗了有限的资源，破坏了生态环境。这必须引起我们的高度重视。必须看到,如果继续沿着这一发展模式走下去,我国的现代化将无以为继。

两个挑战,是同一现代化进程的两个层次的问题。我们在解决发展问题的同时,必须考虑发展的可持续性。把两个挑战结合起来,创新发展思路,实现超越式发展。这是中国现代化的根本出路所在。而这个探索,将可能生长出新的人类文明。

二、前途:建设有中国特色社会主义与可持续现代化的结合

中国的特殊国情和世界发展的新潮流决定了中国必须创新现代化。20世纪80年代以来,世界兴起了可持续发展新潮。1992年,联合国在巴西里约热内卢召开了历史里程碑性大会,即环境与发展世界首脑大会,并制定了《21世纪议程》,揭开了世界可持续发展的历史新一页。这是对传统现代化否定的产物,是人类发展的一次历史性飞跃。可持续发展新思路的核心,是以人为中心,正确和科学地利用地球资源,在推进现代化的同时,保证地球资源的世代永续利用,生态环境的维持和优化,实现经济和社会的协调发展,人与环境的和谐共存。全球是一个共同的"地球村",全人类只有共同行动,才能保障全人类发展的共同条件;全人类根本利益的一致和全人类达成共识,是保护我们的共同地球的根本保证。

不言而喻,可持续发展思想是与社会主义精神相通的。从全人类长远的共同利益出发,关心人类的今天和未来,这是可持续发展的基本宗旨。全世界人民联合起来,谋求全人类的彻底解放,这是社会主义的根本宗旨。可持续发展的根本对立物,是资本主义无止境地追逐利润的市场竞争。社会主义是保证人类可持续发展的重要精神体系。在第二次世界大战后,面对着第一个挑战,社会主义所遭受的重大挫折,并未宣布社会主义的死亡。中国社会主义经济体制改革的重大成功表明,在共产党领导下,通过社会主义精神与市场经济的结合,社会主义完全可以解决发展问题。而全人类面临的可持续发展问题表明,社会主义将是解决可持续发展的重要思想体系和政治力量。传统现代化的局限是资本主义精神,这种精神导致了人类发展的异化,即为利润的增长和财富的增值发展。社会主义精神将创造新的发展空间,即结束资本主义条件下发展的异化性质,转向以人

为中心、以人为本的新发展。

因此，我国完全需要把建设有中国特色社会主义的实践与实现可持续现代化的实践结合起来，统一起来。可以说，以个人主义为中心的资本主义自由市场经济，是造成经济社会不可持续发展的重要制度原因。实现可持续发展的现代化，是社会主义制度优越性的重要体现，社会主义制度是实现可持续发展的重要的制度条件。为了实现可持续发展的现代化，我们在经济体制改革中，应坚持改革的社会主义方向，充分发挥政府在经济社会发展中的主导作用，把政府主导和市场调节结合起来。这是解决两个挑战的基本条件。党的十四届五中全会正式把实现经济社会的可持续发展作为一个重要发展战略思想和方针，写进了党的文件中，这是一个极为重要的决策，将对我国社会主义现代化建设发生巨大影响。

三、对策：推动四大革命，实现可持续现代化

在资本主义市场经济体制下，以追逐利润为目的、以经济为中心的发展模式，是造成经济社会不可持续发展的重要社会机制。在市场经济的铁的竞争规律作用下，为了不断扩大、占有市场，提高市场竞争力，各国、各个企业都在不断地扩大生产，生产和消费只是成了资产阶级积累财富的工具或手段。于是，就出现了当今经济发展的畸形现象：高技术、高滥耗、高消费的疯狂循环。因此，要实现现代化的可持续发展，不仅需要进行技术革命、产业革命，而且需要进行制度革命和价值革命。特别是价值革命，是由传统的以经济增长为中心的不可持续发展转向以人为中心的可持续发展的关键。只有同时推动产业革命、技术革命、制度革命和价值革命，才能顺利实现可持续发展。

产业革命。这是改变人类生产方式、提高人类支配自然和社会能力的重要手段。当前，我国在经过改革开放17年的发展后，必须通过转变经济增长方式，由追求规模扩张的外延发展，转向以效益为中心，以不断提高发展质量为目的的内涵发展，推动产业升级，走向可持续发展道路。因此，转变经济增长方式，对于我国现代化事业具有重大的战略意义。

科学技术革命。科学技术是改变人类物质转换方式，提高物质转换效率和效益，有效地、节约地使用资源，实现资源的永续利用的根本手段。因此，我们必须十分关心国民经济的技术进步，通过科学技术革命不断创

新社会生产力。

制度革命。良好的合理的社会制度,是实现现代化可持续发展的制度保证。从资本主义的和传统社会主义的制度实践的经验教训中可以看到:自由市场经济体制可以较有效地解决微观经济效益,却不利于解决宏观经济效益和宏观经济发展的长远方向;而否定市场经济的传统社会主义计划经济体制则压抑了生产积极性,束缚了社会生产力,破坏了微观经济效益,同时也无法解决宏观经济长远发展的任务。因此,制度革命的基本方向是通过建立和健全社会主义市场经济,强化微观经济活力,提高微观经济活动效率,促进社会生产力发展;同时改善和加强政府引导和调节社会经济发展的能力,依靠政府的主导作用,保证经济社会发展的可持续方向,以及经济、环境、社会、文化和人的协调发展。

价值革命。在今天,价值革命对于结束发展的异化性质,使发展回归于人本精神,推动可持续发展具有决定性意义。在今天,有几个突出的价值观念严重地影响了各国政府和人们的经济社会行为,危害经济社会的可持续发展。

一是经济中心论。把财富的增长和占有置于发展的中心位置上,为财富而发展,为不断的财富积累而生产。这是一种严重的经济异化的历史现象。而资本主义精神和市场经济竞争规律则强化了这种异化的历史现象。现在,生产、消费、发展,似乎都是为了财富的增长,消费和生产都成了财富增长的手段。消费和生产作为人类主体的创造性的自我活动、自我发展的性质则从现代人的视野中消失了。这是一个严重的理性误区。

二是消费中心论。消费中心论在现代社会经济中处于支配地位。消费是人类经济活动的一般目标,提高劳动生产率是为了更大规模的永无止境的消费。人类成了不断高投入、高消费的怪物。人类不断把生命、时间和资源无止境地投入到生产财富,然后是无止境地消耗财富,形成不断生产——消费——再生产——再消费的怪圈。实际上,生产和消费的本质是人类自身的发展。从人类发展看,现代经济成长主要有几个重要阶段:以实现温饱为目标的经济发展阶段,这一阶段主要是解决人的生存问题。以实现小康为目标的经济发展阶段,这一阶段主要解决人类的舒适度,提高生活质量。以直接实现人自身的发展为目标的高度发展阶段,这主要是后工业发展阶段。在这一阶段,虽然必须继续发展社会生产力,但中心已不是为了财富的增长,而是支持人自身发展以及改善保障人的发展条件。人的发展在后工业时代具有中心意义。在发达国家，资本主义性质使后工业时代的发展具有反人性的意义，即不是以人为中心、以人的发展为目的，而是继续为了少数人财富的增长而生产、发展。

三是人定胜天（自然）论。无视自然对于人类生存质量和发展的重要意义，把自然视作人类可以随意支配、改变、驱使的奴婢；不是尊重自然、爱护自然，而是任意耗用自然，破坏自然。必须十分注意，人在本质上首先是自然的，具有自然规定性；其次才是社会的，具有社会规定性，人是自然性和社会性的统一。

四是文化虚无论。在工业化时期，对文化的淡漠，是一个畸形发展现象。而文化，表征着人类自身的发展。对发展的文化性质的无视，实际上是对发展的人的主体性的无视。

五是短期行为意识。这种意识在相当大程度上支配着人们日常的行为，并对经济社会的长期发展产生巨大的破坏性冲击，是与可持续发展直接相对立的。

为此，要实现可持续发展的现代化，必须从人的主体性出发，从发展的人的历史规定性出发，推进发展的价值革命，确立全新的发展价值观，即马克思主义的人本主义精神。

一是确立人在现代化发展目标中的主体地位，以此对抗现代化中的资本主义异化性质。必须对此形成共识，即现代化发展的根本目的是为了人，为了人的发展。人的发展必须成为政府和一切团体制定发展政策的出发点和归宿点。

二是确立现代文化人的意识，即把人看作一个综合的文化主体，以此与现代化过程中的片面的经济人意识相对抗。由此，确立现代化发展的全面性和系统性，反对单一经济观点，建立经济与社会协调发展、物质文明和精神文明共同进步的思想观念基础。

三是确立人与环境和谐共存的思想。必须注意到，良好的环境质量已成为人的生活和发展质量的重要组成部分。没有环境的发展和优化，就不可能真正有人的生活质量和发展质量的提高。保护自然、优化环境是新现代化观的重要内容。

四是确立长期可持续发展的观念。现代人必须关心下一代和人类未来发展，并把这种关心见之于现实的发展政策，把今天的人类利益与明天的人类利益统一起来，不断优化人类持续发展的条件。

可以相信，人对自身存在和发展本性的意识，以及由此引起的现代化价值观念的革命，将为我国现代化发展提供全新的理性基础、发展前景和战略目标选择，改变现代化发展的模式和评价标准，真正实现现代化的创新性革命。这不仅保证中国现代化的可持续发展，同时有可能为中国现代化在更符合人类本性意义上的超越式发展开创一个全新的领域。而作为建设有中国特色社会主义的一种伟大历史探索，将对人类文明进步作出巨大的贡献。

(本文发表于《岭南学刊》1996年第5期)

民营经济问题研究

经过 20 多年的改革开放，我国的民营经济获得了很大的发展，已经成为我国国民经济增长的主要推动力量，成为我国社会主义市场经济的主体。她的发展在理论上和实践上都给我们提出了一系列迫切需要回答和解决的重大问题：第一，如何认识民营经济发展的客观趋势及其在社会主义发展中的历史地位问题？第二，如何认识社会主义条件下民营经济的经济性质？第三，如何认识民营经济发展提出的按要素分配问题，以及由此提出的劳动价值论问题？第四，如何认识民营经济企业家的政治地位和政治要求，他们中的优秀分子能否加入中国共产党的问题？在现实中，有的人把民营经济简单地定性为资本主义经济，视作社会主义的异己力量；有的人把发展民营经济当作权宜之计而不是党和国家必须长期稳定贯彻的重要方针；有的人把民营经济企业主的经营收益、资本收益归结为剥削；有的人担心民营经济发展后出现新的利益集团的政治诉求会危及共产党的执政地位。由于对民营经济在我国社会主义中的经济性质、历史地位等问题理论上把握不定，制度上不够明确，政策上不够稳定，社会上就出现了对民营经济的观念歧视、政策歧视。如在金融信贷、市场准入、对外开放诸领域对民营经济采取的"歧视性政策"。而许多民营经济企业主则时时担心共产党会搞第二次社会主义改造，成为社会主义阶级斗争的对象。这就导致一些民营经济或者争戴"红帽子"，使得产权模糊，纠纷不断；或者发展到一定程度就不再增资扩产，避免树大招风；或者为防政治风险把资产转移到国外，做投资移民，给自己留后路；等等。这不仅严重影响了民营经济的发展，也束缚了我国社会主义生产力的健康发展。今天，正确认识和解决这些问题，对于深化改革开放，对于坚持和创新社会主义基本经济制度，对于巩固和扩大共产党的执政地位，对于实现党的十五大提出的建设有中国特色社会主义的宏伟目标，具有重要意义。

目前，国内理论界、政府机构对民营经济的界定尚不一致。大体上有三种意见：一是从经营权归属来界定，认为凡不是国家（政府）经营的经济就是民营经济；二是从所有权与经营权统一的角度来界定，认为民营经济只是指民有民营经济，而不包括国有民营部分；三是指非公有制经济，实际上是指私营经济。从中央文件通常使用的"民营经济"概念看，"民营经济"是就企业经营权而言的。因此，民营经济从所有制关系上可以划分为两大部分：一是公有制的民营经济，包括国有、集体所有的资产通过承包、租赁由公民经营的经济；二是私有民营经济，包括个体经济、私有私营经济、合伙企业、股份合作企业、公民所有的有限责任公司和股份责任公司等。前者作为社会主义公有制经济，在理论、政治、经济、法律等方面都没有任何争议。现在，在理论上有争议、政策上比较模糊、思想上有困惑的是私有民营经济。因此，本课题从广东省实践的体会出发，主要研究私有民营经济（以下如无特别说明，"民营经济"即指"私有民营经济"）。

一、民营经济的发展趋势及其作用

（一）改革开放以来对民营经济的认识过程

我们党对私有民营经济的认识大致经历了三个阶段：

第一阶段：1978—1987年，个体经济得到认可并重新发展。1980年12月，邓小平指出："继续广开门路，主要通过集体经济和个体劳动的多种形式，尽可能多地安排待业人员。要切实保障集体劳动者和个体劳动者的合理利益。"1981年6月，中共中央《关于建国以来党的若干历史问题的决议》指出：一定范围的劳动者个体经济是公有制经济的必要补充。由此，城乡个体经济取得了合法地位，并得到迅速恢复和发展。1982年，党的十二大报告指出，由于我国生产力水平还比较低下，发展又很不平衡，多种经济形式将长期并存。1984年，中共中央《关于经济体制改革的决定》进一步指出，坚持多种经济形式和经营方式的共同发展，是我们长期的方针。

第二阶段：1987—1997年。在以公有制为主体、多种经济成分并存方针的指导下，我国城乡多种非公有制经济成分快速发展。党的十三大报告指出：在社会主义初级阶段，尤其要在以公有制为主体的前提下发展多种经济成分，对于城乡合作经济、个体经济和私营经济，都要继续鼓励它们发展。1988年4月，《中华人民共和国宪法》（以下简称《宪法》）修正案规定:"国家允许私营经济在法律规定的范围内存在和发展。"此后,各种非公有制经济得到了迅猛发展。

第三阶段:1997年至今,各种非公有制经济蓬勃发展。党的十五大在科学总结新中国成立后尤其是改革开放近20年所有制改革实践的基础上,确定了我国社会主义基本经济制度。党的十五大报告明确指出:"非公有制经济是我国社会主义市场经济的重要组成部分。对个体、私营等非公有制经济要继续鼓励、引导,使之健康发展。"1999年,又把这一内容正式写入《宪法》。

(二)民营经济在国民经济中的地位和作用

经过20多年的发展,我国私有民营经济逐步成为我国社会主义市场经济的重要力量,在国民经济诸方面发挥了重要作用。

第一,成为我国社会生产力的重要组成部分。1998年,在全国工商业户数中,国有经济占23.03%,集体经济占46.85%,个体、私营经济超过国有经济,占了25.01%。在全国企业注册资金总额中,个体、私营经济占了17.1%。1999年,个体、私营经济固定资产投资占全社会固定资产总额的23.2%。

第二,成为国民经济增长的重要主力军。1989—1998年,全国工业总产值增长了97039亿元,其中有26%是由个体、私营经济创造的。在1998年全国工业总产值中,个体、私营经济占了22%。

第三,成为全国吸纳劳动力的大户。1989—1998年,全国净增从业人员14628万人,其中个体、私营经济净增加了5719万人,占39%。而同期国有经济、集体经济却净减2589万人。

第四,成为零售商业的主角。1998年,个体、私营经济占全社会消费品零售总额的57%。

(三)民营经济的发展趋势

从改革开放以来,我国社会经济主体结构正在发生重大变化。特别是私有民营经济发展势头强劲,正在迅速由国民经济发展的配角转变为主角。

第一,从工商业户数看。1978—1998年20年间,个体、私营经济工商业户占全部工商业户数的比重由1%上升到25%,其中仅在1993—1998

年就上升了接近22%。而国有经济和集体经济则由99%下降到70%，仅1993—1998年5年间就下降了18%。按目前的变化势头，不晚于2010年，个体、私营经济户数占全部工商业总户数的比重将超过50%。

第二，从注册资金看。1989—1998年9年间，国有经济的年均增长率为12.9%，集体经济的年均增长率为11.6%，而个体、私营经济的平均增长率则高达42.3%；国有经济、集体经济注册资金与个体、私营经济之比由39.2∶1.0迅速下降为4.9∶1.0。据此势头，不出10年，个体、私营经济也会占大头。

第三，从对经济发展的贡献看。1989—1998年9年间，在全国工业总产值中，个体、私营经济的比重由8.2%上升到22.0%，国有经济和集体经济则由91.8%下降到66.7%。大约用12～15年时间，个体、私营经济也会超过50%以上。

第四，从社会消费品零售总额看。1989—1998年9年间，个体、私营经济所占比重由8.2%上升到57.1%，国有经济、集体经济所占比重则由91.8%迅速下降到37.2%。照此势头，到2010年，个体、私营经济将全面垄断零售业，所占比重将高达90%以上。

第五，从税收看。个体、私营经济就目前看来所占比重仍不高（主要是税收制度的不健全），但增长速度很高。1989—1997年，全国工商税收年均增长17.6%，但个体经济年增长率高达60.8%，私营经济年增长率更高达73.2%。而国有经济只有14.8%。照此势头，随着税制的进一步完善，用不了15年时间，个体、私营经济也会超过国有经济，占大头。

第六，从吸纳劳动力就业看。1989—1998年，个体经济就业人员每年递增13.6%，私营经济每年递增29.8%，而国有经济和集体经济的就业人员每年则分别递减0.01%和0.06%。由此可以看到，今后基本只能依靠个体、私营经济吸纳新增就业劳动力。

综上所述，个体、私营经济是我国诸经济成分中发展最快的部分，并迅速成为国民经济的主要支柱和经济增长的主要动力，在未来10年内将成为我国市场经济的第一大主体。随着国有经济的战略性重组和逐步退出竞争性领域，个体、私营经济在我国国民经济发展中的战略地位将会进一步上升。对此客观发展趋势，我们必须要有清醒的判断，解放思想，实事求是，重新认识个体、私营经济在社会主义经济发展中的历史地位和作用，进一步创新社会主义经济制度。

二、民营经济在社会主义发展中的历史地位

民营经济的历史地位取决于我国社会主义的历史性质和历史任务。马克思、恩格斯原来设想的社会主义,是在资本主义充分发展基础上建立起来的社会主义,其物质前提是高度发展的社会生产力。但是,现实的社会主义都发生在落后国家,是在落后的生产力基础上走上社会主义道路的;也就是说,不是资本主义后的社会主义,而是与资本主义相并存的社会主义。现实的社会主义国家都没有经过完整的资本主义发展阶段,按马克思的说法就是跨越了资本主义的"卡夫丁峡谷"。问题是,作为一种社会制度的资本主义可以跨越,但在这种社会制度所必须完成的历史任务,即社会生产力的高度发展是不能跨越的。因此,在落后国家建立社会主义制度后,就必须把解放和发展生产力作为首要的根本任务。在这个意义上,这种建立在落后生产力基础上的社会主义是"不够格的社会主义",我们党把它概括为社会主义初级阶段。社会主义初级阶段是一个长期的历史阶段,发展生产力是一项长期的任务。这就是我们认识民营经济在社会主义初级阶段的历史地位的出发点。

(一)民营经济是适应社会生产力发展要求的所有制形式

落后国家建设社会主义首先要完成历史上由资本主义完成的发展社会生产力的任务。这就给我们提出了一个马克思没有考虑的难题:在社会主义初级阶段,生产力发展的动力是什么?要不要把社会生产力的发展、社会财富的积累建立在个人对自己利益关心的基础上,建立在个人对自己财富积累的关心上?传统社会主义根本否定这一点,盲目地搞"一大二公",抵制以至消灭个体、私有经济的发展,让国有经济在国民经济中包打天下,这就脱离了客观实际,造成了生产的低效率。经验教训表明,在社会主义初级阶段,发展社会主义生产力,不能只依靠政府一方面的积极性;我们必须把社会生产力的发挥、发展和社会财富的积累建立在个人对自己财产关心的基础上。这是社会主义实践的重大教训,也是马克思主义的重要原则。80年前,列宁从"战时共产主义"的教训中就得出了极为重要的新结论:"不能直接凭热情,而要借助于伟大革命所产生的热情,靠个人利益,靠同个人利益的结合,靠经济核算,在这个小农国家里先建

立起牢固的桥梁,通过国家资本主义走向社会主义;否则你们就不能到达共产主义,否则你们就不能把千百万人引导到共产主义。"他还说:"必须把国民经济的一切大部门建立在同个人利益的结合上。"现在,我们要集中力量发展生产力,也必须要实行与个人利益挂钩原则:谁生产、谁作贡献,谁就获得利益;谁积累财富,财富就属于谁。这就是现阶段有效发挥生产力作用,快速积累社会生产力的基本动力机制。因此,必须进行所有制制度创新,逐步实行产权明晰的产权制度。

民营经济的一个重要特点是产权明晰,把生产力的发展与个人利益和财富积累直接挂钩,体现了谁生产,谁收益,谁积累财产,谁拥有财产这样一个简单明了的生产力发展动力原则。民营经济已经表现出来的强大的生命力和市场竞争力表明,民营经济是社会主义初级阶段社会生产力发挥和发展的具有明显竞争优势的所有制形式,是实现社会主义市场经济资源有效配置的最具活力的经济主体,是实现社会主义社会生产力积累的最有效的源泉。总之,民营经济是推动我国社会生产力由落后到先进发展的最主要动力。没有民营经济的发展,就难以完成发展生产力这一根本任务,而只要社会生产力没有达到高度发达的水平,社会主义就是"不够格"的。因此,民营经济是贯穿整个社会主义初级阶段的重要的经济形式。

(二)民营经济是人民走向共同富裕的必然的产权机制

共同富裕是社会主义的本质之一。邓小平提出让一部分人先富起来,先富带动后富,最终实现共同富裕。问题是,先富如何带动后富?是让先富的人从他们的收入里拿出钱来救济穷人,还是鼓励和支持先富的人把超出他们消费需要的钱用于投资,发展和扩大社会生产呢?先富的人往往是能人,有较丰富的生产、经营管理的经验。只有让先富的人把他们的资金,把他们的管理经验用于组织和扩大社会生产,才能更好地发展社会经济,扩大就业,增加劳动者收入和财政收入,才能在社会生产不断发展的基础上使全体人民,特别是后富者摆脱贫困,逐步走向共同富裕。只有放手发展民营经济,才能从根本上调动先富的人的投资积极性,长期地、可靠地带动和解决后富问题。从调查看,民营经济的私人投资,主要来自于投资者自己的劳动经营积累;而民营经济的收益,70%以上用于投资扩大再生产。民营经济是先富者不断把富裕剩余用于生产性投资发展起来的,它极大地推动了国民经济的发展,促进了人民生活水平的整体提高。

可以预见，随着更多的人富裕起来，随着收入的提高超过个人的正常消费，会有越来越多的人通过各种方式投资，成为资产的拥有者。民营经济企业主或投资者的不断增加，表明富裕的人口在增加，表明社会主义生产力发展动力的普遍化。民营经济的广泛发展，是社会主义共同富裕的必然结果，也是走向更加富裕的动力条件，反映了社会主义积累的一般趋势和要求。

（三）民营经济是社会主义国家财富积累的重要源泉

任何社会的存在和发展，都必须积累财富。社会主义应该怎样积累国家财富？民营经济的发展显示了一种新的方式，即由民营经济发展经济，增加收入，积累资本；国家通过国民收入再分配把民营经济的一部分收入转化为社会收入，进行二次社会积累。马克思、恩格斯在研究由资本主义向社会主义过渡的政策和措施时，对此提出了一些重要的设想。他们认为，可以把实施个人收入累进税、遗产继承税，或者废除遗产继承制度，作为向社会主义过渡的重要措施。对此，北欧模式提供了重要的借鉴经验。今天，我们可以通过建立各种经营税收制度、个人收入累进税制度、遗产继承税制度、个人收入捐赠制度等等，使民营经济的发展直接成为社会主义国家财富积累的重要源泉，从而形成民富国强的良性循环机制。随着民营经济在国民经济中比重的提高，民营经济愈益成为社会财富积累、加快社会主义经济基础建设的重要力量。

综上所述，民营经济是社会主义初级阶段发展生产力的不可或缺的重要力量，是发展中国先进生产力必不可少的经济主体；在共产党领导下，民营经济不是社会主义的异己力量，而是社会主义的本体力量；只要社会主义把发展生产力作为根本任务，民营经济就必须在相当长的历史时期内存在。大力扶持和发展民营经济是我们长期、稳定的重大国策。

为了消除民营经济发展的制度和政策的不确定性和不稳定性，保障民营经济的长期、稳定健康发展，我们建议：

第一，明确民营经济在社会主义基本经济制度中的地位。将我国社会主义基本经济制度表述为：公有制为基础，国有经济为主导，民营经济为主体，多种所有制经济共同发展。以公有制为基础，是我国社会主义基本经济制度的根本要求；以国有经济为主导，是坚持社会主义发展方向的基本保证；以民营经济为主体，反映和适应了社会主义市场经济主体结构变化的趋势。

第二，在国家宪法和相关法律中明确："合法的公民共同财产和个人私有财产神圣不可侵犯。"以巩固和强化社会主义制度的公信力，克服公民对个人财产缺乏安全感、约束个人积累财产积极性、向海外转移私人财产、限制生产力扩张等消极现象。

第三，尽快制定和实施遗产继承税制，完善个人累进所得税制，以在保护个人积累财产、发展生产力积极性的同时，使一部分个人所得转化为社会公共财富，保障社会分配的相对公平和民营经济发展的社会主义方向。

三、私有民营经济是社会主义生产关系总和的有机组成部分，具有社会主义的性质

我国是实行社会主义制度的国家。同时，我国的社会主义又是属于发展中的社会主义，因此，社会主义社会的生产关系也有一个漫长的成长过程。私有民营经济就是社会主义生产关系成长过程中的重要组成部分。

现在，虽然大家承认私有民营经济（实际上是我们平常说的私有经济）的发展有利于加快社会主义生产力的发展，但对私有民营经济性质的看法分歧颇多。其中影响较大的一个看法是，把个体经济、私营经济、合伙人等经济视作资本主义性质的经济，由此把这部分经济看作社会主义的异己力量，并形成对私有经济的歧视观念和歧视政策。这不利于这部分经济的发展。我们要制定和坚持有利于民营经济发展的经济、政治政策，必须从有中国特色社会主义的客观实际出发，科学地认识私有民营经济的经济性质或社会属性。

私有民营经济的根本特征是企业资产归属于个人，产权界定到个人，同时资产所有者从这些资产的经营性使用中获得收益。因此，我们也可以把它们叫作私有经济。从广东省的情况来看，这些私有经济有三个主要特点：一是公民个人产权的"所有者在位"，所有者对其资产有充分的处置权和责任权，这是私有经济的核心。二是公民个人财产特别是生产性资产主要以"股份"的方式体现。这里"股份"取广义的概念，即企业的股份、股权、股票、股票期权、基金等。三是公民个人的产权以思想、知识、技能、经验等生产要素为主要形式参与企业投资。这在当代经济生活

中有越来越重要和普遍的趋势。

今天，我国的个体经济、私营经济等在所有制形态上也具有一般私有制特征，即生产资料或资产的私人占有，并通过资本收益实现资产所有权。从这点看，它们具有资本主义经济的特征。人们正是据此，认为现在我国存在的私有经济属于资本主义性质的经济。然而，这只是孤立地、抽象地分析问题。马克思主义从来强调，必须具体问题具体分析。分析所有制问题也如此。所有制是社会生产关系的总和，必须把任何的所有制放在生产关系的总和中考察它的性质。例如，马克思在谈到资本主义所有制时说："在每一个历史时代中，所有权以各种不同方式、在完全不同的社会关系下面发展着。因此，给资产阶级所有权下定义不外是把资产阶级生产的全部社会关系描述一番。"私有制自原始社会瓦解以来就存在，但马克思在分析私有制时，总是把封建社会的以劳动者与生产资料直接结合为基础的小私有制和资本主义社会中以劳动者与生产资料相分离为基础的私有制区分开来；也把资本主义社会中建立在劳动者与生产资料相结合基础上的劳动者私有制与建立在劳动者与生产资料相分离基础上的资本主义大私有制区分开来，认为这些私有制虽然都是私人占有生产资料，但却反映性质很不相同的生产关系。因此，把所有制问题放在一定社会生产关系总和中考察，这是马克思主义的基本分析方法。如何看待现实社会主义条件下的私有经济？这也需要我们依据马克思主义的基本立场、基本方法，从有中国特色社会主义的实际出发，加以回答。从社会主义生产关系的总和来考察，我国现阶段的私有民营经济与资本主义私有制或其他私有制形式有重大区别。

第一，所处的社会基本制度不同。马克思主义认为，一个社会的基本制度对这个社会各种经济的社会性质具有决定性意义。这是因为，任何一个社会，都有其主导的社会生产关系，她从总体上决定这一社会的生产目的和发展方向，决定着这一社会生产关系总和的基本性质，因而也决定着其他一切生产关系形式的主要属性及其发展方向。在我国，由于实行社会主义的基本经济制度和政治制度，广大劳动人民的社会地位发生了根本的变化，由被压迫、被剥削阶级成为统治阶级，成为国家的主人和全民所有制财产的所有者。这就从总体上规定了在我国所有的各种生产关系都不是以劳动者与生产资料的分离为基础的，都不是以压迫和被压迫、剥削和被剥削的阶级对立为基础的；同时，实行统一的社会主义市场经济，把各种经济密切联系构成统一的社会主义国民经济体系，使各种经济的经济活动构成统一有机的社会主义生产过程。因此，私有经济无论在产权的法律制度方面，还是在生产力要素的组合和现实生产力的形成，企业的生产经营活动，参与社会主义社会分工形成社会化大生产，财富的分配与再分配等方面，都必然受到社会主义基本制度的约束，被社会主义生产关系所主导，并成为社会主义生产关系总和的重要组成部分。

第二，反映的生产关系不同。资本主义私有制反映的是以劳动力与生产资料相分离为前提，以雇佣劳动为基础的资本剥削劳动的资本主义生产关系。在社会主义国家的民营经济中，劳动力与生产资料的结合并不是以劳动力与生产资料的全面分离为前提，即并不以劳动者一无所有为前提。劳动者一方面作为国家的主人，通过国家占有属于全民所有的生产资料；另一方面作为社会的主人，以平等的身份借助经济契约与私人拥有的生产资料结合，形成社会主义劳动共同体。而且私有经济的企业主自己往往也是劳动者，参与企业的经营管理。在社会主义，私有经济主要是拥有不同生产要素的劳动者的劳动共同体，体现着特殊的社会主义生产关系，不应与一般的资本主义经济相提并论。

第三，资本原始积累方式不同。西方资本主义的原始积累，主要是通过血与火的海盗式掠夺和"羊吃人"式的剥夺实现的。而我国私有经济的资本原始积累，主要是通过劳动经营和金融信贷实现的。根据有关调查，现在的私有经济企业主，90%以上原来是工人、农民、专业技术人员、党政干部、个体劳动者等，他们通过劳动或经营活动积累了资金，用于投资发展起来的。他们与其他劳动者是先富、后富，通过各生产要素的组合实现有效生产，发展社会经济，走向共同富裕的关系。

第四，生产的目的不同。资本主义企业生产的唯一目的是剥削剩余价值，实现资本增值。满足社会需要只是实现剩余价值的手段。在私有民营经济中，企业虽然也要赚取利润，资产也要增值，但它作为社会主义经济的有机组成部分，首先要服从和体现社会主义的总体生产目的，即发展社会生产力，扩大生产，不断满足广大人民群众日益增长的物质和文化生活需要。

第五，历史地位和发展方向不同。资本主义私有制经济在资本主义积累的一般规律作用下，不断走向资本集中和生产集中，不断激化资本主义社会生产力与生产关系的矛盾，导致社会矛盾的激化，最后被社会主义所代替。社会主义私有民营经济则是作为社会主义生产力发展的重要力量，随着社会主义的不断成长而成为社会主义的重要经济基础。在生产力高度发展的基础上，通过个人财产的普遍化及其与全民所有制的交合，"重建个人所有制"，导向发达的社会主义。

第六，精神文化环境不同。在私有经济中，不可避免地存在一般私有制观念。但是，由于我国社会主义的发展已有50多年的历史，社会主义思想已广泛深入人心，社会主义的社会关系已成为占统治地位的关系，社会主义意识形态已成为主流意识形态。从上层建筑反作用于经济基础来看，必然使在这种制度文化中生长出来的私有民营经济天然地浸润了社会主义的观念或精神，并使其经济关系具有社会主义的特质，更易于融入整个社会主义经济关系体系中，成为其中的有机组成部分。

综上所述，在社会主义基本制度中，私有民营经济是在社会主义国家政权的管理和政策指导下运行的，必然要为社会主义生产目的服务，成为促进生产力发展，带动和实现劳动群众共同富裕的社会主义经济的主体部分，它所反映的生产关系，是成长中的社会主义生产关系，具有社会主义的性质。因此，为了把社会主义这种私有经济与一般私有制区别开来，为了反映它在我国社会主义中所具有的特殊性质，为了反映它在社会主义的演变方向，可以把这些经济叫作"民有经济"。即在这些经济中，各生产要素归属各公民所有，特别是企业资产归公民个人所有；它是社会主义劳动者生产要素联合的劳动共同体。

至于私有经济所存在的自发的资本主义倾向，我们也要有充分的估计，并通过一系列的社会主义政策加以引导、抑制。我们既不能因其具有一般私有制的特征而把它视为资本主义经济，也不能因其在社会主义制度下具有社会主义性质而忽视其自发的资本主义倾向。这正是我们制定私有民营经济政策的关键。任何"左"的或右的认识和政策，都不利于私有民营经济的健康发展，不利于社会主义经济的健康发展。

四、民营经济的发展提出创新按要素分配制度

民营经济引起的另一个争议是，民营企业主获得较高的收入，社会收入差距逐步拉大了。私有民营企业主的收入是否合理？是否属于剥削？如何依据现代生产力生产要素组合新趋势创新社会主义分配制度？这都需要

我们从民营经济发展以及现代生产力发展提出的一系列现实问题出发，在深化对马克思劳动价值理论认识的基础上，作出科学的实事求是的判断。

在此，我们首先需要考察企业主在生产过程中的作用、贡献及其收益来源，主要有三个方面：

一是投入资本要素。企业主之所以成为企业主，首先是他拥有企业财产或资本本身，并从企业经营收入中获取利润，作为资本要素投入的报酬。

二是进行经营管理。从生产角度说，企业主最重要的作用是运用、管理、经营企业的资产，在企业生产经营活动中发挥决策、组织、指挥等作用，由此获得经营管理收益，包括创业收益。

三是投入智力知识要素。企业主往往同时具有较高的智力和专业技术知识。特别是20世纪90年代以来，我国很多新创业的企业主往往就是专业技术人员。他们投入了至关重要的技术要素、知识要素和管理经验，在企业经营管理和技术开发应用中从事创造性的智力劳动或复杂劳动。作为先进技术提供者和技术开发的组织经营者，他们获得倍乘的知识收益。

这就提出了一系列重大理论问题：劳动资料能否创造价值？管理劳动和智力劳动能否创造价值？这些问题向传统的劳动价值理论提出了新挑战。因为传统的社会主义政治经济学认为，只有劳动者的直接劳动可以创造价值。但是，在当代经济活动中，生产力要素对经济产出的作用发生着重大的变化。新生产要素的作用越来越大，传统要素特别是劳动的作用在逐步减弱。从我国的情况看，1953—1978年，在全部经济增长中，资本增长贡献率为93.07%，劳动投入贡献率为20.44%，全要素生产率（技术进步）的贡献率为-13.51%；而在1978—1998年，资本增长贡献率为49.48%，劳动投入贡献率下降到13.96%，全要素增长率贡献率上升为36.56%。随着我国经济增长方式从粗放型向集约型增长转化，以技术进步为主体的全要素增长的贡献率将进一步增大。这种状况在民有高新技术企业中更为明显。因此，我们必须根据当代生产力发展新趋势和民有经济发展新情况，重新认识马克思主义劳动价值论，创新我国现阶段社会主义分配制度。

（一）劳动资料是价值创造的重要因素，而且越来越重要

传统的政治经济学教科书认为，价值是由人类抽象劳动时间凝结的；

只有活劳动（即劳动者的直接劳动）才能创造价值，包括剩余价值；资本（特别是劳动资料）不创造价值，资本的利润收入是对直接劳动的无偿占有。但这不是对马克思的劳动价值论的全面、科学理解。无疑，马克思一再强调，商品价值是由人类抽象劳动时间凝结的，但这是就价值本源、价值本体而言的；马克思并没有否定、没有忽视其他生产要素在价值创造中的直接或间接作用。

首先，马克思承认商品价值是由活劳动和物化劳动（生产资料）共同创造的。在《资本论》中，马克思在谈到商品使用价值的创造时，明确承认它是由劳动及其他生产要素共同创造的："种种商品体，是自然物质和劳动这两种要素的结合。……劳动并不是它所生产的使用价值即物质财富的唯一源泉。"并引用了威廉·配第的话形象地说"劳动是财富之父，土地是财富之母"。但马克思在谈到商品另一面——价值的创造时，却认为，凝结于商品中的价值只是由生产商品所耗费的活的劳动时间决定。马克思的理论分析似乎出现了逻辑分析上的"断节"或矛盾。为什么把价值归结为活劳动的凝结物而不能是其他，譬如是生产商品时各生产要素作用的一般凝结物？为什么生产商品使用价值时有"父亲""母亲"，而创造价值就只有父亲（劳动）"无性繁殖"呢？这里，马克思在探讨价值的创造时，从抽象的意义上从价值本源、价值本体上说的，并服务于从生产关系的角度揭示资本主义制度中资本与劳动的对立性，高度抽象了现实具体复杂的生产方式。

事实上，马克思在强调劳动创造价值时，是充分肯定了劳动资料以及其他生产要素在财富生产和价值创造中的作用的。在《资本论》手稿中，马克思在谈到随着资本有机构成的不断提高后出现的新情况时指出："固定资本在它作为生产资料（机器体系是生产资料的最适当的形式）的规定中，只是从两方面生产价值，即增加产品的价值：①由于固定资本具有价值，就是说，它本身就是劳动产品，是物化形式上的一定的劳动量；②由于固定资本通过提高劳动的生产力，使劳动在较短的时间内生产出更大量的维持活劳动能力所必需的产品，从而提高剩余劳动对必要劳动的比例。"这里，马克思不仅肯定了生产资料参与生产价值，而且特别肯定了生产资料在剩余价值生产中的重要作用。在这里，生产价值和剩余价值，不仅有"父亲"，也有"母亲"了。当然，二者对价值创造的作用是不同的，劳动是价值形成的本源，是价值的本体，生产资料是价值创造的条件、动力。

其次，马克思认为，随着科学技术的发展，价值创造越来越依赖于生产资料。马克思在谈到科学技术进步对商品价值创造的影响时曾指出，直接劳动时间的量决定财富价值是相对的；在一定条件下，物化了科学技术的生产资料会成为创造财富价值的更重要因素。马克思讲："直接劳动时间的量，已耗费的劳动量是财富生产的决定因素。但是，随着大工业的发展，现实财富的创造较少地取决于劳动时间和已耗费的劳动量，较多地取决于在劳动时间内所运用的动因的力量，而这种动因——它们的巨大效率——又和生产它们所花费的直接劳动时间不成比例，相反地却取决于一般科学水平和技术进步，或者说取决于科学在生产中的应用。"这实质上揭示了商品价值包括剩余价值是劳动与生产资料结合共同创造的。马克思甚至还说到，当生产力高度发达时，"一旦直接形式的劳动不再是财富的巨大源泉，劳动时间就不再是，而且必然不再是财富的尺度，因而交换价值也不再是使用价值的尺度"。今天，随着智能化生产线、智能化工厂（即无人车间、无人工厂）的出现，生产资料在价值创造中的作用更加凸显了。正如马克思在《资本论》手稿中指出的："劳动的一切力量都转化为资本的力量。在固定资本中体现着劳动的生产力。"

可见，马克思的劳动价值理论并没有否认劳动资料在价值创造中的重要作用。传统政治经济学教科书把劳动作为价值的本体、本源，变成价值创造的唯一源泉、唯一因素，这是片面地歪曲了马克思劳动价值理论。今天我们必须突破传统政治经济学在劳动价值论上的片面教条，还马克思的原意。我们可以确定：商品价值是劳动时间的凝结，是由劳动者与劳动资料结合共同创造的。这是因为：第一，生产资料是劳动者进行劳动不可或缺的"劳动器官"（马克思语），劳动者如果不与生产资料结合，就不能进行有效的劳动，也谈不上创造价值；第二，生产资料本身就是人类劳动的物化，它同劳动者结合为统一的劳动生产能力，并起着放大劳动者生产能力的作用；第三，劳动资料的技术进步程度从根本上决定着劳动生产力，从而决定劳动者创造财富价值特别是剩余价值的效率和效能；第四，随着科学技术和知识作为复杂劳动的凝结物大规模融合到生产力中，劳动资料在财富价值创造上的作用愈益重要，并在物质生产领域逐步取代劳动者成为创造物质财富价值的主要承担者。

基于以上分析，民营企业主将自己的资本投入生产过程，参与价值创造，要求获得相应的回报或资本收入，是合理的，符合经济规律的。同时，资本利润是资本积累的基本源泉，是扩大社会再生产的源泉，是资本保值增值的必然要求；取消资本利润，等于不讲经济效益，等于取消生产力发展。因此，资本获取利润，也是现代社会生产力发展的必然要求，而且在今天的经济生活中，相对于活劳动力资金或生产资料是稀缺要素。如果资金和生产资料可以无偿占用，必然会导致生产不计成本的荒唐情况出现，阻碍生产力的发挥，破坏生产力的发展。

（二）管理劳动是创造价值的重要的生产劳动

凡是以社会分工为基础的社会化大生产，都产生一个组织、协调的问题，都需要有生产指挥和组织。这就是管理活动。那么，管理劳动是否也是创造价值的生产劳动？经营管理者获得高收入是否是剥削？传统政治经济学教科书认为，管理不是生产劳动，不创造价值，管理者的收入是对直接的生产工人创造的剩余价值的剥削。诚然，这样的分析是为了坚持价值是由活劳动创造的，而活劳动又是指在直接生产过程中工人的具体生产操作性劳动，剩余价值只是由这些劳动创造的。由此论证资本家即使进行了生产管理，他们也没有创造价值，他们的收入完全是剥削性收入，从而揭示资本主义的生产管理与工人劳动的对立，管理者与直接生产者的对立。显然，这种分析是片面的。如果把这种片面的观点运用于分析社会主义经济生活，分析现代经济发展，就有问题了。如把私营企业主、个体户甚至其他管理者的管理劳动都看作是不生产的，他们的经营管理收入是剥削性收入，把私营企业主甚至一切管理者看作是依赖直接生产者生存的剥削者、寄生虫。这就导致不能公正对待管理者的劳动，对私营企业的社会性质的分析也始终跳不出剥削不剥削的认识上，在姓"社"姓"资"上打转转，从而对国有企业、集体企业的管理者长期实行低工资，与一般生产工人的劳动等同对待，造成分配上的平均主义。问题的根源之一就在于把管理看作是不创造价值的非生产劳动。但一些人还把这美其名曰"坚持马克思劳动价值论"。

然而，这是对马克思劳动价值理论的又一个片面性歪曲。其实，马克思在《资本论》中就提出管理劳动是生产劳动："凡是有许多个人进行协作的劳动，过程的联系和统一都必然要表现在一个指挥的意志上，表现在各种与局部劳动无关而与工场全部活动有关的职能上，就像一个乐队要有一个指挥一样。这是一种生产劳动,是每一种结合的生产方式中必须进行的劳动。"

如果说在 19 世纪管理劳动还只是少数人从事的工作,被看作是高级复杂的生产劳动,今天,管理劳动日益成为社会生产活动中一种广泛普遍的工作。例如,现在在美国,从事直接的物质生产的第一、第二产业的工人,已降到总劳动力的 25% 以下,大部分劳动者成为白领工人,主要从事直接的管理或与管理相关的工作。对此,马克思也作了科学的预见。他在《资本论》手稿中谈道:随着科学技术大规模并入生产过程,生产高度自动化,"劳动表现为不再像以前那样被包括在生产过程中,相反地,表现为人以生产过程的监督者和调节者的身份同生产过程本身发生关系"。可见,人类劳动演变的一个重要趋势就是,管理越来越成为劳动分工的重要的普遍的形态。

不仅如此,在价值创造中,管理劳动还是比一般的直接生产过程的劳动更重要的劳动。管理劳动比一般劳动创造更高更多的价值。因为任何生产要素,正是借助管理合成为有机的现实生产力。我们可以通过管理,运用管理知识,把众多的生产要素有效地组织起来;现代市场经济中,任何企业如果没有管理劳动,就不能把种种生产要素组织成为现实生产力,生产财富。无论物质生产还是精神生产都如此。因此,企业家和其他管理者的管理劳动是一般工人所不可替代的。另外,在任何社会发展阶段上,相对于一般劳动者而言,管理劳动总是稀缺资源,也是复杂劳动,因而应该按其在价值创造过程中所作的重要贡献取得较高的报酬。这就是为什么许多民营企业主高薪聘请管理人员的原因,也是国有企业改革分配制度、聘请高级管理人员的原因。现在,甚至不少民营企业主也退出总经理、总裁位置,用高年薪、期权、红股等方式聘请专业管理人才。可见,管理是生产力中决定着诸生产要素结合的有效性及生产力发挥的有效性的最重要因素;市场经济竞争归根到底是管理的竞争,没有管理就没有现代生产力,就没有现代化生产,就没有企业竞争力。显然,否定管理劳动是创造价值的重要的生产劳动,既不符合管理的性质,也与今天社会经济发展的新趋势相悖。

在今天社会化大生产与知识经济时代,现代企业的管理需要更大量的专门知识与技能,必须有通过专门训练和具备专业能力的人充当。如同现代企业普遍采取的"委托—代理"制度,我国民营经济的发展将逐步向现代企业制度转化，出资人与管理人的逐步分离将是一个重要趋势，也是民营经济发展提升的必然结果。国有经济也将如此。然而，如果我们仍局限于过去的只有直接生产者的劳动才创造价值，对经营管理者的劳动不能给予合理的评价和报酬，不仅影响到管理者在价值创造中的投入回报的公平性，还会制约民营经济、国有经济向现代企业制度的转化。因此，我们必须进行正本清源。

（三）智力劳动日益成为创造财富价值的最重要劳动

在工业经济的初期阶段，劳动的主要方式仍以从属于低级机械化的、以体力劳动为特征的简单劳动为主，这就使传统的政治经济学把商品价值归结为由劳动者的体力劳动创造，忽视了智力（脑力）劳动的作用。甚至认为脑力劳动是非生产性劳动，不创造价值。这是在极"左"年代轻视知识，轻视知识分子，否定智力劳动，造成在分配上脑体倒挂畸形经济现象的理论根源。在考察民营经济分配问题时，实际上也涉及这个问题：企业经营管理者及专业技术人员的劳动应该如何评价？

脑力劳动是创造财富价值的总体劳动的一部分。马克思认为，商品价值是由脑力劳动与体力劳动共同创造的。马克思在《资本论》中专门谈道："单个人如果不在自己的头脑的支配下使自己的肌肉活动起来，就不能对自然发生作用。……劳动过程把脑力劳动和体力劳动结合起来了。"随着社会分工的发展，脑力劳动与体力劳动相分离。但是"随着劳动过程本身的协作性质的发展，生产劳动和它的承担者即生产工人的概念也就必然扩大。为了从事生产劳动，现在不一定要亲自动手；只要成为总体工人的一个器官，完成他所属的某一职能就够了"。脑力劳动者是"总体工人"的一部分，他们与体力劳动者一起共同完成价值的创造过程。因此，智力劳动应与体力劳动一样，应按其对价值创造的贡献取得合理报酬。它的报酬完全是它自己创造的价值的一部分，并没有占有体力劳动者所创造的价值。

智力劳动在经济发展和生产力发展中具有决定意义。脑力劳动或智力劳动不仅与体力劳动一样创造价值，而且与体力劳动相比，具有更加重要的意义。这是因为现代生产力总是依赖于知识的创新、应用才能真正发挥起来的；而且现代生产力的变革与发展总是首先依赖知识和技术的创新推动的。智力劳动就主要反映在知识的创新、运用和各种经营管理活动中。

由于在资本主义，脑力劳动往往与资本家的剩余价值生产管理结合起来而与工人劳动相对立，因此它往往被人们误认为是非生产劳动，是一种剥削活动，不创造价值。今天，我们必须还马克思劳动价值论的本来面目：脑力劳动也创造价值，而且是一般简单劳动的倍乘。马克思说："比较复杂的劳动只是自乘的或不如说多倍的简单劳动，因此，少量的复杂劳动等于多量的简单劳动。""既然这种劳动力的价值较高，它也就表现为较高级的劳动，它也就在同样长的时间内物化为较多的价值。"可见，马克思的劳动价值论肯定了知识技能等智力劳动在价值形成中的作用；无论是将知识与技能等智力劳动作为活劳动中的复杂劳动部分，或者作为独立的智力生产要素构成，都必须按其在价值形成中的特殊倍数作用给予合理的承认。

在高技术时代，智力劳动越来越成为社会劳动的主要形式。知识财富价值将取代物质财富价值成为社会财富价值的主体。现代生产力发展的客观趋势已显示，随着科学技术大规模并入生产过程，生产自动化程度越来越高，人所从事的直接生产过程将从直接物质资料生产的体力劳动过程变为科学研究和技术应用等创造性脑力劳动过程。智力劳动正在取代体力劳动成为劳动的主要形态，而不再是少数知识分子垄断的劳动专利。因此，智力劳动的普遍化和深刻化反映了先进生产力发展的客观趋势和要求。经过这一革命性转变，社会财富价值的基础和核心正加速从人们的直接劳动转到知识的积累、创新、应用、发挥上。知识价值正加速成为社会财富价值的主要构成部分。在马克思的时代，尽管智力劳动早已存在，但从总体上说，它们在价值创造中的作用并不突出，直接的体力劳动仍然是最主要的价值创造力量。但在现代经济发展中，作为一个时代的象征，智力劳动是生产力发展中最重要、最有活力的部分，知识创新和技术发明对整个国民经济和综合国力的贡献越来越大，远远超过了传统的生产要素，并对经济增长的速度和发展趋势起重要作用。所有经济行为都依赖于知识的发展和运用，其他的生产要素都必须靠知识来组织、装备和改造。因此，知识和智力劳动都应作为独立的生产要素，按其在生产过程中的贡献给予相应的高报酬。如果我们在社会主义分配的制度安排中轻视知识和智力劳动，必然会压抑知识和智力劳动的作用，束缚社会生产力的发展，无从体现代表先进生产力的发展要求和先进文化的发展方向。在我国经济发展中，不少国企优秀人才被民营企业高薪挖走，就体现了国有企业与民营企业对智力劳力重视程度的差别。随着我国加入WTO，外国公司进入中国，激烈的人才争夺战将以残酷的竞争规律进一步证明智力劳动在现代经济中的重要作用。今天，如果不重新认识智力劳动创造价值问题，不重新调整分配制度，我们将无从参加国际经济竞争。

此外，现代生产对知识、技术依赖程度的提高和大规模的知识技术的积累，使以积累的知识为主要内容的无形资产日益增大，并成为社会生产和社会流通的重要基础。一方面，智力劳动创造价值；另一方面，不断积累起来的知识等无形资产又成为财富价值生产的重要条件。用知识生产知识，用知识创造财富正成为高科技时代的重要的特征。可见，民营经济发展和当代生产力发展对分配方式提出的改革要求，对于创新我国社会主义分配制度、促进社会主义生产关系适应于生产力发展要求，具有全局性意义，对于我们党更好地做到代表先进生产力的要求和先进文化的前进方向具有重要的政治意义。

（四）按要素分配是社会主义市场经济的客观要求

民营经济的发展，使社会主义市场经济成为多元主体的经济。这就要求归属于不同所有者的生产要素不能无偿调拨，无偿使用。它们必须在社会主义统一的市场中，由市场调节和配置。这就要求所有的生产要素必须采取商品的形式，在市场上等价交换。各种生产要素投入社会生产过程参与财富的生产，同时按贡献获得相应收益。这是社会主义市场经济体中应有之义。传统政治经济学把按劳分配还是按资（包括资本在内的生产要素）分配当作划分社会主义分配制度与资本主义分配制度的标准，显然是违反客观市场经济规律的。正如市场经济、股份制等经济形式本身并不具有制度的本质特征，按要素分配作为市场经济必须采取的分配形式，是社会主义市场经济必须采取的分配制度。不能笼统地说按要素分配是资本主义的，按劳分配是社会主义的。按要素分配是市场经济的基本法则，资本主义可以用，社会主义也可以用。

首先，按要素分配是市场经济中生产要素所有权实现的必然要求。马克思认为，一定的分配制度是一定的生产资料所有制的实现形式。如果我们承认了在社会主义初级阶段，除了国有经济外，还必然会有其他经济成分发展；如果我们承认除了劳动力外，其他生产要素也可以归属公民个人所有，那么就必须要有相应的按要素分配制度来实现生产要素的所有。在社会主义市场经济下，任何的生产要素都不能无偿使用，无偿占用，都必须为任何生产要素的占用支付费用或成本。

其次，按要素分配是保障生产要素有效使用的必然要求。在传统社会主义中，强调一切归全民或集体所有，强调"一大二公"，社会一切财富可以无偿调拨，无偿使用，这就出现了劳动不讲报酬、生产不计成本的荒唐的经济现象，就必然导致生产要素使用低效、无效，甚至负效，最终是社会生产力的萎缩，国民经济的崩溃。只有实行按要素分配，才能真正建立起生产要素使用的核算制度，才能保障生产要素运用的经济效率，才能保障和促进社会生产力的增值和发展。

最后，按要素分配是实现资源有效配置的基本机制。在社会主义市场经济中，市场是资源配置的基础性机制。要实现生产资源的有效配置和优化配置，必须形成生产要素优化竞争的局面。实现这种资源优化竞争配置的基本动力是等量要素获取等量收益。资本主义生产方式中，正是依靠等量资本获取等量利润的平均利润率规律，实现资源的有效、高效配置的。在我国，全体劳动人民是国家的主人。在改革开放后，许多人富了起来，或多或少拥有一定的生产要素资源。充分调动人的积极因素和物的积极因素，是加快发展社会生产力的基本要求。实行按要素分配，有利于促进各生产要素所有者之间的要素联合和劳动联合，促进社会生产力的发展和发挥。按要素分配，是代表了现代生产力发展的要求，反映了广大人民的根本利益。

综上所述，在社会主义市场经济条件下，合理的分配制度应该是按要素分配。按要素分配与按劳分配并不是对立的，前者已经包含了后者。由此，我们建议：在我国现阶段的分配制度上，应该及时、主动地由"按劳分配为主体、多种分配方式并存"，改为按要素分配。这是我们党在社会主义基本经济制度上的重大改革和创新，是对马克思主义劳动价值理论的继承和发展，对于建设有中国特色社会主义具有重要意义。

此外，为了适应社会主义分配关系的新发展，有利于促进阶级合作，我们不宜滥用"剥削"概念。必须科学地可操作地界定剥削。首先，不宜把"剥削"概念作为道德概念，而应从经济制度上判断"剥削"概念。我们认为，在社会主义经济中，剥削是指在制度外，采取超经济方法无偿占有他人劳动成果，或采取超经济方法、强迫性的不等价交换行为，才是剥削。如违反国家劳动法或相关政策，用无偿加班、克扣工资、低于最低工资线付酬、剥夺劳动保障等。一切符合法规、制度、政策规定的经济活动、交换活动和分配关系，都不应视为剥削。否则，社会主义制度也变成剥削制度。

五、积极吸收优秀民营企业主入党

民营经济在我国的发展，始终伴随着一个重要的政治问题，即如何看待民营经济经营者（主要包括国有民营经济、私营经济、个体经济、劳动联合和要素联合经济、合伙人经济等的经营者和股份经济中的私人投资者）特别是私有企业主的政治地位？民营经济经营者是否具有加入共产党的基本资格？民营经济经营者加入共产党是否意味着党的性质的改变？这是长期困扰人们思想的大问题，必须通过具体分析和深入研究，廓清模糊认识，制定正确的对待民营企业主入党问题的政策。

（一）从民营经济经营者群体的经济地位看，他们中的优秀分子可以允许加入中国共产党

民营经济经营者一般包括三种情况：一是既是企业投资者（部分投资或全部投资），也是企业经营管理者；二是主要是企业经营者，同时也分享红利；三是单纯投资，不参与企业经营管理，也不参与其他劳动。这是纯粹食利者，据统计只占私有经济的2.8%，可以省略不研究。由此可见，民营经济经营者是社会生产力中资本要素与管理要素这两种最重要的生产要素的所有者；从生产过程来看，民营经济经营者最重要的经济职能是经营管理职能，因此他们又是社会生产力发挥和发展的主导者。

在企业中，民营经济经营者与其他劳动者一样都是国家的主人，社会主义的建设者。他们与其他劳动者以平等的身份通过契约组合成为现实生产力。他们不是阶级压迫和阶级剥削的统治者；相反，他们在经济工作中发挥领导者作用，正如国有企业中的厂长、经理。可以说他们中间有不少的经济管理优秀人才。

还需要强调的是，改革开放以来产生的这批民营经济经营者，90%多属"根正苗红"，原来或是农民、工人，或是党政干部和国有企业干部，或是科技人员，还有一部分个体户工商业者。他们长期受党的教育或社会主义思想的熏陶。因此，他们中间有一批既有较高的思想觉悟、又有丰富

经营管理经验的优秀分子。我们完全可以把他们中间的优秀分子吸收到共产党内来。

（二）从贯彻执行党的政治路线的高度来看，需要吸收民营经济经营者的优秀分子入党

党的政治路线由党在一定历史阶段的根本任务所决定。其他工作，包括党的组织工作，都要服从并服务于党的政治路线。在民主革命时期，中国共产党的主要任务是领导人民反帝反封建，推翻剥削阶级的反动统治。这就决定了党在组织上必须大量地从处于社会底层、受压迫、受剥削的广大劳苦大众，特别是一无所有的工人、贫雇农中发展和吸收党员。在社会主义条件下，党的中心任务是解放和发展生产力，不断提高人民生活水平。在政治上，我们要按照"三个有利于"的标准，坚定地依靠那些掌握了社会生产力要素、反映先进生产力发展要求的各种社会力量，共同发展生产力。党的成员应该是通过诚实劳动和合法经营致富的模范。因此，党不能只从工人中吸收党员，而必须将全社会各阶层的优秀分子吸纳到自己的队伍中来。入党的先进分子并不取决于个人的成分，而是取决于政治信仰、政治立场和思想觉悟。马克思主义的创始人之一恩格斯本人也是资本家，这并没有妨碍他成为伟大的共产主义者。

可见，民营经济经营者群体完全可以成为我们党可依赖的对象，党也完全可以把他们中的优秀分子吸纳到自己的队伍中来，更好地发挥他们的作用，更好地完成党在社会主义基本经济制度初级阶段的政治任务。吸收优秀民营经济经营者入党，有利于团结一切可以团结的力量，实现党的政治任务。

（三）从党做好"三个代表"重要思想的高度看，需要吸收优秀民营经济经营者入党

任何社会、任何历史时代，都有其精英群体。在我国，除工人阶级、农民阶级是社会主义的基本的阶级基础外，民营经济经营者群体是社会主义经济发展的精英群体，是社会主义生产力发展的重要推动者。

首先，从社会主义市场经济中成长起来的民营经济经营者，往往是富于创新精神和实干精神的生机勃勃的群体。他们以丰富的经营管理经验，成为社会生产的组织者，并不断推动企业制度创新和管理革命。特别在现在，随着知识革命的发生，在传统工业之外，一批以知识、信息、管理、服务等为主要要素的新兴产业成为新的经济增长点。传统的、以体力劳动为主的传统产业工人已逐渐远离先进生产力的发展，而相当一部分民营经济经营者正在成为我国掌握先进科学技术、先进管理方式，引领现代先进生产力发展的新的社会主体之一。党要代表先进社会生产力的发展要求，就需要团结和依靠这些组织和创造先进生产力、推动社会生产力前进的民营经济经营者。

其次，民营经济经营者也是现代新文化、新观念的重要的开拓者和建设者。在市场竞争中，民营经济经营者逐步树立并带动全社会形成了开拓创新、平等竞争、自立自强等先进文化观念，有力地冲击了长期形成的保守落后观念，不断创造出有利于社会主义市场经济发展的新的精神文化。大多数民营经济经营者正是依靠其先进的观念、超前的意识、科学的精神等才取得成功。他们中的不少人懂科学、懂技术、善发明，懂经济、懂管理、善经营。从总体上看，民营经济经营者群体，特别是20世纪90年代以来成长起来的民营经济经营者，往往具有较高的文化素质和其他综合素质，具有并创造出许多具有时代特征的精神文化，推动整个社会精神文化面貌发生深刻的变化。因此，党要代表先进文化的前进方向，也需要团结和依靠具有先进文化精神素质的民营经济经营者。

最后，民营经济经营者通过自己事业的发展，为社会提供了大量的就业机会，满足人们的就业需求；创造出大量的社会财富，满足人民群众日益增长的物质和文化生活需求；扩大社会生产，积累社会财富，为增强综合国力和国际竞争力作出贡献。不少民营经济经营者是在社会主义条件下成长起来的，长期接受党的教育和社会主义思想的熏陶，爱祖国、爱人民，具有社会责任感和公德心。实践证明，我国大多数民营经济经营者是关心社会，积极参与社会公益事业，扶贫济困，捐助和回报社会，促进整个社会的文明进步的。党要代表中国最广大人民群众的利益，也需要团结和依靠这些真正为满足人民群众物质文化生活需要作出突出贡献的民营经济经营者。

（四）从扩大和巩固党的执政基础的高度看吸收民营企业主入党问题

民营经济经营者群体的出现是我国社会生产力发展的必然要求，也是我国社会生产力发展的必然结果。它的出现，也是现代化进程中我国社会结构重构的重要反映。中国社会结构、社会阶层发生的深刻变化，促使社会利益群体的重新组合，一个新兴的较富裕的民营经济经营者群体正在形成，它包括民营企业主、各种专业人士和大批管理技术人员，构成未来中国社会一个独特阶层。它是我们党所领导的一个特殊的劳动者群体，是中国工人阶级的一部分。这个群体在我国经济发展、文化生活和国家政治中具有重要的影响。在共产党执政的条件下，在剥削阶级已经被消灭的社会主义社会，我们不能再去强化阶级对立的观念和阶级斗争的意识，把民营企业家阶层当作一个新兴资产阶级来看待。否则就会把民营企业家推向人民政权和党的对立面，把党和国家再次带进无谓的阶级斗争的漩涡，从根本上动摇党的改革开放政策，动摇党的执政地位。民营经济经营者群体在促进中国社会经济发展、维护社会稳定的同时，又是党的改革开放政策的较大受益者，他们从切身利益出发，必然拥护党的改革开放的路线方针和政策，与有中国特色的社会主义市场经济共存共荣，对未来中国社会经济、政治、文化发展方向具有很大影响，是一个有政治前途的进步群体。吸收他们中的优秀分子入党，对我们党加强对民营企业主的政治影响力，在更大的范围内团结更多的社会中坚力量，并通过他们有力地引导民营经济在有中国特色社会主义的轨道上健康发展，巩固党的执政地位具有特别重大的意义。党应该像依靠工人、农民、知识分子一样，坚定地团结和依靠这一社会群体。

综上所述，我们认为：在民营经济经营者中，只要他们符合党员标准，就可以同其他劳动者一样被吸收入党。特别是对于私营企业主中热爱社会主义、坚持共产党的领导、承认党的纲领、政治上可靠、积极为党工作、达到党章规定的党员标准的，可以积极大胆地吸收他们入党。对于少数纯粹靠食利为生的私有者，则不应允许他们入党。

（2001年6月28日）

完善社会主义市场经济体系若干问题研究

一、必须毫不动摇地坚持市场经济为取向的改革

（一）问题的提出

从认识看，无论从学界或政界，至今对以市场经济为取向的改革仍有分歧，特别是近几年讨论热闹起来了。从实践看，市场经济的实践仍面临一系列需要进一步解决的问题，市场经济体制仍需要进一步创新与完善。我们必须从理论到实践的结合上坚定不移地坚持以市场经济为取向的改革。现代市场经济是社会大分工背景下，社会经济发展的不二选择。市场经济不是万能的，但离开市场经济万万不能。当前出现的否定市场经济的思潮，或在实际工作中背离市场经济规律和要求，跳过市场经济杠杆直接使用行政手段过度干预市场经济，代替生产者、消费者决策，都可能导致计划经济旧体制的复归，使市场经济运行扭曲、机制作用失真。这会对中国特色社会主义市场经济长期发展构成直接危害。今天，我们不仅不能从已经出发的改革进程后退，还应树立起以市场经济为取向的改革新标杆，创建既反映我国国情特点，又反映现代社会生产力发展共同要求的世界上最出色的市场经济体制。这是中国和平复兴的最根本竞争力。

（二）理论判断

中国共产党是一个严肃、科学的政党，她总是依据规律与科学作出自己的正确判断。市场经济是社会生产力发展到一定历史阶段，由人们的生产方式，即建立在社会分工基础上的社会化大生产决定的，是不以人们的主观意志为转移的，它不以是否喜欢市场经济决定的。近现代以来，所有国家和地区经济发展正反两方面的教训都无可辩驳地证明，人类生产力的每一步发展都以社会分工的发展为前提，市场经济是社会化大分工生产方式必然采取的社会经济形式。它不以社会经济的性质为转移。我们一些同

志看到一些社会经济现象或问题时,往往忘记了唯物史观,跑到唯意志论上,从自己的好恶出发作判断。为什么现代社会化大生产必须要采取市场经济形式?因为除了市场经济,没有任何一种经济形式可以使建立在不断变化发展的社会大分工基础上的社会化大生产协调运行。市场经济至少有三个基本功能:一是自动调节社会生产、交换、分配、消费,合理配置资源。人们其实不可能创造能适应瞬息万变、无所不包的计划来调节生产、交换、分配、消费。传统社会主义计划经济的失败就是教训。迄今为止,没有任何一个经济学家或政治家可以提供取代市场经济的其他经济形式而使现代社会经济有效运行起来。二是自动协调与实现效率与公平的统一。一些人认为市场经济有效率无公平,这是没有真正理解市场经济运行机理和规律而产生的误解。如果市场经济的运行每时每刻都绝对与价值规律要求一致,那就是绝对的效率与公平的统一。但一切规律都表现为现实运动围绕着规律波动运行。效率与公平的冲突正是现实经济运动背离规律的反映。这需要政府用看得见的手配合市场纠正偏误。三是市场机制是社会经济发展与创新的动力机制。这已为所有现代社会经济发展经验所证明。事实上,人们迄今为止没有发现能同时实现市场经济这三种基本功能的其他经济形式。如果我们用现代控制论观点观察现代市场经济,就更能看到市场经济的奇妙、精湛的地方。从历史角度看,市场经济是人类经济自然进化的伟大产物,并不出自哪个伟人、先知的创造。迄今为止,决定人类进化的伟大发明是:语言,没有语言就没有人类文明的进化;市场,没有市场就没有人类经济的进化;互联网,没有互联网人类就不可能开始新的文明进化。有意思的是,所有这三大发明,都不源于某个伟人的预先设计,而是所有人类共同参与创造的自然进化过程。我们决不能自以为是轻率地否定人类文明进化的伟大成果;谁要自以为是地否定人类共同创造的成果,必然遭到历史的惩罚。其极端例子就是柬埔寨的波尔布特疯狂取缔货币落得昙花一现的可悲下场。

我们不仅要承认市场经济,还要尊重市场经济,学习市场经济,研究市场经济,创新市场经济,用好市场经济。现在,我们经常把经济生活中出现的负面问题归咎于市场经济,政府动不动就直接插手干预市场经济运行。其实,经济生活中许多负面问题大多数要么是背离市场经济要求和价值规律,要么是因为市场经济机制还未完善。从控制论考察,市场经济这个自控系统是个好东西,其机制无所不能,其内涵博大精深,只要社会分工还在进化，我们还要发展社会经济，我们就永远需要学习、研究、创新、运用好市场经济。西方市场经济，很多人把它看作是成熟完美的东西。其实西方的市场经济也是在不断发展中的，也存在着许多问题、不足，需要不断创新与改进。照搬西方市场经济模式，更是愚蠢之极。我们完全可以发挥我国的共产党领导下的社会主义制度的政治优势，借助中国人的聪明智慧，创造出比西方更好的市场经济。

现代市场经济也是现代社会建设与政治建设的出发点与依据，其基本原理可延伸到社会、文化、政治领域。这些原理包括：确立经济、社会、文化、政治主体；把治理建立在利益主体对利益追求的基础上；依据相应领域的规律构建自组织、自调节、自修复机制，并充分让这些机制（也就是看不见的手）发挥自控制、自调节、自管理作用；充分发挥各领域利益主体的自发展、自组织、自协调、自修复作用；把党的执政和政府的管理建立在看不见的手（也就是各领域的内在自控制规律）基础上。这将可以使政府的管理科学化、高效化、节约化。其实，汪洋书记在许多场合下谈市场经济管理、社会建设与管理、政府作用时的理念，就是建立在经济社会自控制原理基础上的，很有理论依据，也很有远见。因此，坚持以市场经济为取向的改革，不仅是经济发展问题，也决定着社会体制改革与社会建设、政治体制改革与民主政治建设的方向和形式。

（三）改革行动

我国现在的市场经济仍在发展中，是不成熟的，还存在很多缺陷。我们不仅要实现从传统计划经济向市场经济的转型，而且要创造一个好的、在世界上具有制度竞争优势的中国特色社会主义市场经济，这还需要30~50年，甚至更长时间的努力。以市场经济为取向的经济体制改革远未有穷途。前30年，广东是依靠率先推进以市场经济为取向的改革取得先发优势，并形成广东经济特色，未来广东依然需要借助深化以市场经济为取向的改革，再创广东发展的体制新优势。

可以考虑组织专家学者与实际工作者合作，以创新、建设具有广东风格，国际竞争优势的中国特色社会主义市场经济体系为研究主题，从理论与实践结合上总结广东改革开放以来市场经济实践的经验和教训；研究发达国家市场经济实践的经验和教训；研究中国特色社会主义市场经济发展的价值取向和愿景；研究进一步建设具有国际制度竞争优势的好的社会主义市场经济体制的制度战略、顶层设计和改革路径。

二、中国特色社会主义市场经济的一般性与特殊性

(一) 问题的提出

这是深化和完善中国特色社会主义市场经济体制改革必须逐步明确的顶层问题。我们在构建和发展中国特色社会主义市场经济时，必须首先搞清楚：

第一，市场经济的本质是什么？市场经济所共有的本质或共性是什么？我们必须实施好、体现好市场经济共有的本质（共性），才能更好地、全面地发展与体现市场经济的功能和优势；同时更好地与世界市场经济体系对接，做一个世界合格的市场经济成员国家并构建在世界上最具优势的市场经济体制。"入世"10年，我国利用WTO游戏规则倒逼机制，推动了我国市场经济与国际的接轨。但现在西方国家仍不承认我国市场经济的国家地位，这既有西方的偏见和利益考量，也有我国市场经济共性发育不足，与世界市场经济接轨仍有差距。这是深化和完善中国特色社会主义市场经济体系需要明确的顶层问题。

第二，中国特色社会主义市场经济的特殊性、个性是什么？如何适应中国特殊国情，发挥中国特色社会主义制度特殊优势，从市场经济共性与个性的统一上建立中国特色社会主义市场经济体制在世界市场经济体系中的新优势，努力提高制度竞争力。在市场经济实践中如何实现市场经济一般与特殊的科学统一，这是深化和完善中国特色社会主义市场经济体制的核心问题。

第三，如何从近年来西方发达国家发生的金融危机、政府债务危机，以及连锁引发的社会危机和政治危机中吸取教训，建设优于西方的中国特色社会主义市场经济体制，为我国的崛起奠定决定性的制度基础？这些既是广东在新发展阶段改革开放需要解决的重大问题，也是广东作为排头兵要为国家率先探路破解的重大问题。当前，在我国发生的关于经济体制改革方向的分歧或争论，在相当程度上与此问题有关。

(二) 理论判断

共性与个性、普遍性与特殊性的辩证关系是普遍的哲学命题，也是认识经济领域各种重大理论问题的重要思想方法。我们在重大经济问题上往往出现脱离客观实际的看法，都与此有直接关系。一般而言，只看共性不讲个性，甚至把个性视为共性，容易"右倾"，背离国情和立场、方向；只强调个性不讲共性，容易"左倾"，背离客观规律和客观趋势。如在市场经济问题上，只强调中国特色，不注意市场经济共性因素，实际上为违背经济规律提供口实，并往往导致脱离客观的主观主义；只讲市场经济共性，甚至把西方市场经济当作普遍共性，天然合理，不讲中国特殊国情和社会主义方向，往往导致脱离国情和人民立场。目前，两种倾向都存在，但在实践中主要危险是用特殊性否定普遍性，违背市场经济规律，甚至旧体制的复归；在学界主要危险是强调普遍性忽视特殊性。正确的理论思考是把市场经济的共性与个性、普遍性与特殊性辩证统一起来。

市场经济的共性、普遍性在于社会化大分工及其自组织、自调节、自发展机制体系。决定现代市场经济存在的根本原因是建立在大分工基础上的社会化大生产。由此产生社会资源配置问题，包括按比例合理配置资源和竞争性节约资源，同时按此要求在参与社会大分工的社会成员中进行合理利益分配。这一切都是依据价值规律（生产价格规律）通过市场竞争机制自动实现的。从本质上说，市场经济是社会化大分工生产体系的自动控制机制体系。合理的市场经济必须体现几个基本原则：一是保障市场经济规律（如生产价格规律、自由竞争规律、经济发展规律、等价交换原则等）充分发挥资源配置和利益调节作用原则。二是保障市场经济利益主体产权与自主权原则，这是市场经济的基础或基本动力。三是保障充分自由竞争和公正平等原则。四是建立在社会契约基础上完善发达的信用体系原则。五是政府"守夜人"角色原则。近代以来，全世界经济发展普遍经验表明，市场经济是发展现代经济和生产力唯一的经济形式。至今还没有不用市场经济形式把经济发展起来的成功案例。波尔布特"消灭货币"遭遇惨败就是否定市场经济的绝唱。市场经济要解决的基本问题是合理配置资源，维持经济按比例协调发展；形成经济持续发展的内生动力，保证经济发展有足够的动力。我们在任何时候都不能在以市场经济为取向的改革上有丝毫动摇。

市场经济的个性和特殊性是由各国具体国情与历史进程决定的。不同国家（类型）因时因地因国情不同，市场经济又各具特色。市场经济特殊性首先是市场经济主体及其价值取向的差异，其次是其具体表现形式。即使是西方国家，各国市场经济各有特点，如有美国式的市场经济，德国式的市场经济，法国式的市场经济，北欧式的市场经济，等等。这些不同类型的市场经济模式，都既各有优势，又各存缺陷。中国特色社会主义市场经济的特殊性既由中国特殊国情决定，同时也取决于社会主义的价值要求。我们在发展市场经济时，必须从中国国情出发，绝对不能离开社会主义方向。

如同现代民主政治，市场经济就是现代经济的民主体制和机制，解决的是经济发展的民主集中问题，个人利益意志、局部利益与社会共同意志的统一，个人选择与集体选择的统一。个人利益通过自由选择、自由竞争显现出来，也在自由竞争中通过市场经济规律集中社会的利益意志。当每个人都追求最低成本、最高收益时，在生产价格规律作用下可实现快速、灵活、高效的资源配置，并通过市场经济利益分配之手形成强大的发展创新动力。从某种意义上讲，完善社会主义市场经济体制的根本问题就是构建和完善实现个人利益与社会利益统一的机制，实现市场经济的协调有序和生机活力的统一。

（三）改革行动

目前，我国（我省）市场经济的改革、发展还很不完善，如何既体现市场经济的共性，充分发挥市场经济的独特功能作用，并更好地对接国际市场经济；又充分反映我国特殊国情需要，发挥我国的独特优势，同时不断克服我国市场经济的不足，为经济社会的可持续发展，特别是在推进我省科学发展中发挥基础性作用，仍是当前及今后一个时期重要的改革任务。

第一，进一步加强我省市场经济体制共性机制建设。要进一步进行系统比较研究，把握更能发挥市场经济功能优势，提升区域制度竞争力的重要共同机制，率先推进完善我省市场经济机制体制，进一步强化市场经济体制先发优势，如产业链组合机制、金融商务机制、国际资本运营机制、产业组织机制、产业变革机制、战略管理机制、产权特别是知识产权机制等等。特别要关注经济全球化进程中具有巨大国际兼容性的市场经济机制建设，要把市场经济共性机制建设与我省发展转型升级、市场经济国际化、提升制度竞争力有机结合起来。

第二，从中国特色社会主义发展总趋势出发，进一步研究和把握适应我国国情、我省省情的市场经济特殊制度安排和机制创新。如建立先富带动后富、实现共富的市场经济利益传导机制，政府调控与市场调节传导融合机制，保障科学、可持续发展的新型市场经济机制，促进城市乡村协同发展的市场经济新机制，等等。

三、市场经济主体是中国特色社会主义市场经济基本问题，必须要进一步解决好

（一）问题的提出

中国特色社会主义市场经济主体是谁，现在并没有真正明确或解决。谈市场经济不搞清楚市场经济主体是谁，等于白讲。在制度安排和政策设计时必然缺失方寸，并导致市场经济运行严重扭曲、变形。略举一些现象：其一，一方面，我国经济社会发展仍较落后，与发达国家相比还有很大距离，社会生产力发展与人民群众日益增长的物质文化需求仍很不适应。但另一方面，我国却存在着巨额价值过剩，包括约20万亿元的金融机构存贷款差和民间大量价值财富积滞，此外还有3万多亿美元的外汇储备空置。巨额价值财富不但不能有效转化为社会生产力，还会变成巨大的通货膨胀压力。中间必定存在制度和政策障碍。其二，不少经营者在改革开放中淘得第一桶金后不愿再搞实业，或把财富转化为房地产，或用于投机性投资。其三，相当一部分富人把资产通过非正常投资转移到海外，改革开放30多年，老百姓辛苦挣来的血汗钱正通过非正常途径流出国门（不包括正常走出去的国际投资）。其四，相当部分富人身在曹营心在汉，在其他国家取得国籍或绿卡，等等，形成在中国赚钱、在海外存钱避风险的扭曲现象。必须强调，这些情况并不是偶然个别的，会是一种长期的深层次的趋势性问题；同时对于我们跨越"中等收入陷阱"、争取可持续发展来说是更严重的挑战。可持续发展不仅面临资源环境约束，社会矛盾凸显约束，更直接来自制度障碍导致的经济发展内部动力的消融。我们必须

找到问题的体制根源并通过改革突破障碍。

（二）理论判断

上述问题必须从分析现代市场经济主体入手，剖析其存在的体制矛盾和冲突。现代市场经济主体是谁，本来理论上早已很清晰、明确，特别是马克思在其巨著《资本论》中就作了严密透彻的分析。现代市场经济的主体就是"资本"。中国特色社会主义市场经济要健康发展，仅仅承认市场经济是不够的，还必须承认现代市场经济是以资本为主体的市场经济。但由于仍受"左"的思想干扰，至今未能明晰。关键是解放思想，实事求是。邓小平同志说社会主义初级阶段的根本任务是发展社会生产力。发展现代社会生产力只有一种社会形式，就是资本，资本的人格化就是资本所有者。这个问题马克思在《资本论》中已经作了科学阐述。完善中国特色社会主义市场经济，首先就要恢复和强化资本在我们今天生活中的市场经济主体地位。

但是，由于我们并未在国家意识形态和基本制度上真正承认和确立资本在中国特色社会主义市场经济中的主体地位，甚至把资本，特别是民营资本视为中国特色社会主义的异己力量、异己因素，视作社会主义的对立物而自觉不自觉地歧视和限制。这是至今我国市场经济严重扭曲、变形的根本原因。其恶果是约束、限制了社会财富正常地转化为资本，扭曲了市场经济的正常运行，导致当财富积累到一定规模后，财富所有者就将财富（资本）转移到国外；在国内缺少企业家实业精神，很多转向投机活动（甚至会转化为非正式金融风险）。这表明我国市场经济发展遇到了政治与意识形态"天花板"。这除了财富所有者或"企业家"运用财富转化为资本能力不适应外，更有意识形态和社会制度不适应的严重约束，财富所有者对资本的制度风险和政治风险预期高。我们还没有真正形成让大家充分信任的财富转化为资本的良好的社会制度和产权制度。当前及未来，我国资本发展面临政治意识形态"天花板"、权贵资本、国际资本三重力量挤压。这是未来我国市场经济发展可能出现危机的重要隐患。当前及未来一个时期内，我们正面临着"中等收入陷阱"的挑战，这一挑战本质上是体制挑战，关键是我们能否创新和构建适应从中等收入迈向高收入的社会财富制度与产业资本制度。资本是国民经济持续发展的基本动力，是社会生产力赖以运行、发展的基本形式，如果不能进一步创新市场经济体制,激活社会财富不断转化为资本,保障资本长期健康高效运行,掉入"中等收入陷阱"是难以避免的。

(三) 改革行动

上述问题涉及中国特色社会主义基本理论的再创新和我国经济制度的进一步改革。这非一省可以独立处理。但在不触动基本理论的前提下,我省可以从四个角度推进市场经济体制改革的深化,确立资本在市场经济中的主体地位,再构经济持续发展的基本动力:一是鼓励专家学者解放思想,进一步探索、创新社会主义市场经济理论,特别是资本理论,引导政府、社会进一步更新观念,避免"仇富"心态,形成合理健康的市场经济观念环境。二是进一步从制度上改革完善促进财富转化为资本,保障资本健康运营的产权制度和产业制度环境,大规模降低资本对制度风险的高预期。三是让资本主体在社会生活中拥有相应地位,包括进一步扩大吸收具有社会主义精神的进步的资本所有者参与国家管理,扩大资本所有者进入人大和政协;可考虑在一些政府经济部门吸收德才俱佳的资本所有者担任政务官员。四是管好政府行政行为,高度尊重和保障资本所有者权益,坚决杜绝公权随意侵犯私权的现象,使广东成为我国投资者最放心、制度风险预期最低的地区。这是区域竞争力的核心,再创广东市场经济新优势的着力点。五是支持商界领袖的成长,使之成为市场经济健康理性发展的自我引导者,商界与政府良好合作的桥梁。

铁打的营盘流水的资本。以前是比较要素的竞争,现在是比较优势的竞争,比较优势的核心是体制制度优势。要盘活民营资本,抑制权贵资本,消除市场垄断,促进资本人民化,在财富创造起点上促进社会公平和共同富裕。共同富裕的重要基础是资本人民化和公共服务均等化。

四、创造条件让群众增加财产性收入,是我国市场经济发展要尽快解决的问题

(一) 问题的提出

这是一个与前述问题有直接关系的重大问题。这几年,党的十七大提

出的很多政策主张和任务都被努力贯彻落实，但有一项重大决策没有被贯彻落实，这就是"创造条件让更多群众拥有财产性收入"。这本来是顺应时势、顺乎民心、抑制两极分化颇具远见的考虑，是党的十七大一项重大理论创新和制度创新。但遗憾的是，会后似乎被遗忘了，再也没人提起了。这个问题从根本上涉及市场经济中资本发展的方向。一方面是让群众增加财产性收入，抑制两极分化；另一方面是强化资本主体的人民性，更显示党执政的社会价值取向。所以，增加群众的财产性收入，不仅是抑制两极分化的重要举措，而且是在资本为主体的市场经济中强化市场经济的人民性，体现中国特色社会主义价值取向的政治问题。

（二）理论判断

创造条件让更多群众拥有财产性收入，是促进共同富裕、保障民生的重要基础。个人及家庭的生存发展保障主要源自三个方面：一是通过勤奋劳动获得劳动报酬，二是通过国家基本公共服务和社会保障体系获得生存、发展的基本保障，三是通过个人资产性投资获得财产性收入。通过对现实社会生活的考察，我们看到，虽然劳动收入差异会直接影响民众的贫富差距，但财产性收入的有无、多寡更直接、更强烈地拉开人们的贫富差距。如果我们仅着眼于调节第一次分配（劳动报酬）的公平和基本公共服务均等化，而不同时着力创造条件让群众拥有更多的财产性收入，两极分化是很难控制的。进入21世纪，随着我国开始从温饱时代转入财富时代，迈向资本时代，不少群众或多或少积累了一定的财富，如何创造条件让群众积蓄的财富转化为资本，使越来越多的群众拥有财产性收入，这对抑制两极分化、稳定群众家庭收入来源、形成群众家庭生存发展自主保障基础、扩大消费、稳定人心、促进社会和谐、建设幸福广东都有着重要的意义。

金融危机后，欧美国家普遍出现的政府债务危机表明，政府的公共服务和社会保障应主要是基本民生和底线民生，希望借助国家财政收支的第二次国民收入再分配解决贫富差距，必将导致经济发展动力缺失，国家财政也难以承受日益增加的社会福利负担。我们应吸取教训，创新路径。通过资本人民化，形成普遍的群众财产性收入，是一个值得考虑的多目标探索。中国特色社会主义的探索才刚刚开始，后面需要探索解决的问题很多，其中促进资本人民化，增加群众财产性收入是一个具有长远意义的问题。

同时，引导群众利用可靠的投资机制参与资本投资，促进资本人民化，是体现我国市场经济的中国特色社会主义价值取向带有根本性的选择。应当尽量使资本投资不要成为个别亿万富翁的专利，而应是全民的权利。这应当是在社会主义初级阶段基本经济制度设计的一个重大方向性问题。"二战"后，资本主义社会阶级分裂与冲突逐步缓解，一个重要原因就是实行人民资本主义，让不少群众成为社会资本投资参与者，并取得财产性收入，再加上福利主义。社会主义初级阶段的根本任务是发展生产力，发展生产力不能离开资本形式。这似乎与社会主义本质相悖。但关键是强化资本的人民性和社会性，强化资本运动的社会利益、人民利益的主导性，而不是放任少数人垄断社会财富。

（三）改革行动

让更多群众拥有财产性收入，重要的是创造良好的制度环境和政策环境，特别是成熟的产权制度、资本市场和金融机制。现在一个重要问题是金融创新不足，资本流动不畅，投资渠道狭窄，社会信用缺失，制度供给不足。对于大多数群众来说，投资渠道单一，基本只有银行存款、股票市场、房地产市场、基金市场等。而股票市场未成熟，实为全民大赌场，投资风险大，多数人吃亏后对其望而却步；基金市场公信度低。剩下房地产市场相对安全性高，收益大。这也是为什么多年来房价不断飙升的根本原因。因此，无论对群众、对社会，或对经济持续发展而言，开拓、发展、完善金融市场，资本市场，创新制度，提升社会信用，拓展社会投资渠道，都是十分必要的。要创新完善投资环境和机制、工具、渠道，形成全民投资的良好环境，加快资本人民化。

要让群众的财产转化为高收益的社会资产，必须要有一大批高水平的有道德的资本经营高手。应大力培植能有效地把社会财富转化为先进生产力的现代职业资本经营者；加快发展信托投资中介业，完善投资制度和政策法规；抑制投机性投资，促进实业化、长效化投资。要将国家和社会更多的优质资源、优质资产、优质市场向民间开放，特别是向低富群体开放。现在加剧社会两极分化的一个重要原因是，越有权有钱有势者，越能获得、垄断甚至掠夺社会优质资本、优质资源、优质市场，赚取暴利；而少钱缺势者被优质资源、优质市场边缘化。政府应当以民富、民福为上，通过调控机制把国家优质资源、优质资本导向群众性资产投资。同时还要把国家优质资本、优质资源、优质市场与社会公共保障系统或社会公共保障基金结合，增强社会公共保障体系的增值能力和发展实力，夯实群众的社会保障基础，让广大群众真正安心未来的生存、生活安全保障。这是带有长远战略意义的大事。通过社会公共资金的良性运行，不断提高社会保障能力，避免欧美的政府债务危机。

五、发达的现代社会信用是现代市场经济的灵魂和精粹，要下狠力加快发展社会信用资源

（一）问题的提出

市场经济从根本上说是信用经济，发达的信用是市场经济的根本优势所在，也是市场经济规律发挥作用的基础。信用缺失，必然导致市场经济生活严重扭曲，市场乱象丛生，假冒伪劣和欺诈泛滥，交易成本、管理成本高企，痛苦指数上升，严重削弱整体竞争力和企业竞争力，也降低老百姓的生活质量，恶化老百姓的生活环境。因此，克服我国经济社会生活信用供给不足，是当前完善市场经济体制亟待解决的重大问题。

（二）理论判断

任何社会秩序的治理都依靠两个基本机制，即强力（或暴力）强制治理和契约信用治理。两者都以一定文化为基础，并统一于特定的社会制度。现代社会是契约社会，信用治理比强力（暴力）治理更重要。契约社会的建立和健康和谐运行的根本资源就是信用。信用是契约之魂，是市场和社会高度自组织、自约束、自调控的基础资源；同时，政府要由管治型政府转向服务型政府，必须要有发达的信用资源和信息制度为基础。市场经济是自组织、自协调、自调控的经济体系，其自组织、自协调、自控制的能力是建立在信用这个基石上的。所以，不能把信用仅仅看作是一般经济社会问题或伦理道德问题，而是基本制度建设问题，是现代社会构建的关键机制和关键资源。只有信用高度发达，才能建设高度和谐的市场经济和契约社会，才能为政府转型提供基础前提。

目前在市场经济发展中出现的比较严重的信用缺失，原因有多方面：一是信用问题未能引起主流社会高度关注，未充分认识信用对市场经济和契约社会构建的至关重要的制度意义。可以说，不重视信用，是未真正理解市场经济真谛的反映。二是理性精神严重缺失，凡事功利至上，甚至我们的一些党委、政府为了急功近利的目的而不惜损害自己的信誉，甚至毁损制度信用。一些媒体也推波助澜，睁眼说瞎话；一些党政领导随意说空话、假话、大话。由此形成不以失信为耻、反以得利为荣的社会心态；还没形成讲信用者高尚、不守信者可耻的文化氛围。三是信用制度很不完善甚至严重缺失，或制度无效、失效，信用机制缺失。甚至一些信用供给单位、机构（如银行、司法机关、政府部门等）本身就随意不守信用，自损信用形象。四是没有下气力开发、建设信用资源，特别是没有综合协调建设全社会信用资源共享机制和体系，相当信用资源为部门所有、单位所有，高度分散，相当信用资源处于灰箱、黑箱中。信用资源只有释放在阳光下，才能发挥其真正的经济、社会功能。其实，只要我们真正像爱护眼睛、生命一样珍视信用，并从党的执政和法制建设、舆论建设、信用文化建设、信用资源建设等多管齐下，综合治理，是可以较快恢复信用环境的。关键是重视和下决心，关键是科学实践。特别是现代信息技术的发展，为我们重建信用体系提供了低成本高效率的技术手段，我们应当有信心重建信用高度发达的市场经济体系和契约社会。这也是广东作为排头兵有所作为的地方。

（三）改革行动

解决社会信用问题，首先需要从党的执政活动、国家权力机关活动、政府行政管理等方面全面提高公权公信力做起。其次需要推动信用文化建设。此外，加快开发、创新社会信用资源供给，完善市场经济信用制度、机制：

一是抓紧构建全覆盖、广领域、开放性信用信息系统，建立省信用资源管理共享中心，向社会提供信用资源服务。

二是抓紧完善信用立法，完善信用法制建设。建立健全法人、自然人信用档案系统。

三是司法系统和政府行政管理要坚决维护全社会信用制度和信用权威。建立公权力信用责任约束、倒查机制，对公权力行使中严重失误失察造成社会信用破坏的事件，要启动公众参与的倒查机制，公开倒查结果，并予惩处。

四是发展和发挥社会组织信用自约束、自管理作用，逐步形成社会信用内生机制。

五是制定企业营商诚信标准，建立企业诚信认证制度，对诚信度高的企业、商家给予诚信认证。建立诚信恶劣缺失企业、商家黑名单公布机制。建立企业、商家诚信社会公开监督平台和机制。

六、构建市场经济国际机制体系，促进我省经济国际化转型升级

（一）问题的提出

广东省是我国经济开放程度最高的地区，也是提高我国国际竞争力的主力省。目前，广东省开放型经济发展正处在重要的历史转折点上。国内已经明显出现生产力和资本的相对过剩；同时，传统的商品输出阻力增大。在此情况下，除继续争取合理的商品输出和吸引外资外，推动资本输出、海外投资，特别是在国际产业分工体系中重构和优化广东省产业链，改善和提升广东省在国际产业链中的地位，是一项必需的重大战略选择。

但是，经济国际化的战略转型，不仅仅是开放型经济的调整，它必须同时推进市场经济体系的国际化，包括经济体制的国际接轨和本国（本地）经济体系赖以向国际市场和产业体系延展所必需的一系列市场机制国际化的构建，如信息、商务、金融、财务、信用、法律、物流（供应链）、人才等要素机制的国际化。否则，本土经济将无法向国际经济体系延伸。近10年来，广东省也有一些企业通过收购、并购、国外上市等方式实施资本国际扩张和产业链国际化，但大多数都因碰到一系列障碍和问题而夭折、失败。这除了企业自身原因外，更重要的是缺乏本土市场机制和服务体系国际化的支撑。单个资本（企业）到国际市场单打独斗是难免要失败的。经济国际化不仅是经济活动的国际化，更是市场机制体系的国际化。培植中国（广东）跨国公司，推动市场经济机制体系国际化，是实现经济国际化战略转型的两大抓手。

（二）理论判断

资本主义经历了由自由资本主义到垄断资本主义（帝国主义）的发展阶段，并进一步发展到今天的经济全球化；由本土发展到国际扩张即经济国际化。这些基本规律和趋势并不为资本主义所独有，而是在全球分工体系下任何一国（包括我国、我省）的经济发展都必然要经历的过程。战后日本、韩国、新加坡等国的发展经验也表明，经济发展到中等收入阶段时，将进入新的国际扩张期。按照列宁《帝国主义是资本主义的最高阶段》揭示的原理，广东已经进入"帝国主义阶段"，即经济发展进入国际扩张阶段。从广东省及国内其他省份发展情况看，也显示发展新阶段的到来。

（三）改革行动

第一，总结研究"入世"10年基本历程、经验、问题，提出未来深化经济国际化，争取经济全球化主导权的战略。目前，与金融危机后国际经济进入调整变革期一样，经济全球化也正在进入新的调整和再构。这是我们推进经济国际化转型升级的重要战略机遇。抓好这一机会，将可获益二三十年以上，特别是为我们从中等收入跨越高等收入的新飞跃开创新的国际空间。我们不仅要关注全球产业调整，促进战略性新兴产业发展，更要关注产业分工全球链状态下我们的产业链选择与定位。我们需要借助30年业已形成的制造业优势，主动出击，主导国际产业链重构，争夺国际分工和产业竞争新优势。

第二，加快培植广东本土的跨国公司。100多年来，特别是战后国际竞争表明，强大的跨国公司是国家国际竞争力的主体，是国家利益国际化的体现者和实现者。目前，我国争取国际地位主要还是依靠政府，缺乏民间力量支持。实际上，在国际竞争和国际斗争中，必须要形成民间力量与政府力量相互呼应、支撑的格局。如南海主权和国家根本利益的维护，现在主要是依靠国家的外交、军事斗争，经济和民间力量，特别是跨国公司没有跟进，"主权在我，搁置争议，共同开发"实际上没有落实。别国率先进行开发，就使我国一定程度上陷于被动。此外，全球的经济竞争都必须以跨国公司为主力，通过跨国投资、跨国经营促成国家利益国际拓展新格局。前两年广东省政府曾经关注跨国公司建设问题，后因故停了下来。

建议省委、省政府尽快重新起动培植跨国公司战略，制定相关政策。

第三，组织力量研究经济国际化，特别是海外资本扩张所迫切需要的国际市场机制的构建，以及配合资本海外扩张所需要的各类服务支撑。要考虑配合资本海外扩张的生产性服务业的国际拓展，如国际金融、国际财务、国际信息、国际商务、国际法律、国际物流、国际人力资源管理、国际咨询、国际投资、国际公关、国际物管、国际保险、国际海关、国际标准认证、国际劳务等等，同时相应改革创新市场经济体制、政策、法规，使之更适宜于经济国际化发展。

第四，组织力量加强国际标准与认证研究，形成国际化商品、服务标准化与认证体系，为提升我国、我省产业国际竞争力提供基础条件。特别是要利用我国消费人口世界第一、消费力迅速成长的基础优势，推动国际标准化建设，逐步争取国际标准化主导权。

七、发展市场经济非政府组织，政府加快退出市场

（一）问题的提出

一方面，广东省的市场经济在全国是最发达的，成为区域竞争的最主要优势；但另一方面，广东省市场经济的自组织程度仍不高，仍处于"碎片化"状态。一是很多企业仍处于自组织之外，特别是相当多的民营企业、个体经济，或是虽有行业商会组织，但自组织权威不高，组织能力弱，未能真正发挥自组织作用。二是与上述情况相关联，市场运行乱象仍时时发生，如盲目的经营活动，违法、违章、违德的经营活动，假冒伪劣、商业欺诈现象、恶性竞争、诚信缺失等，企业主体自约束力薄弱。三是行业商业公共服务功能成长明显不足，企业经营活动明显缺少公共服务支撑，影响了整体竞争力。四是为弥补市场经济自组织、自约束、自发展功能的不足，特别是加强治理市场经济乱象时，政府自觉不自觉地加强了对市场的不适当的直接行政干预，既提高了政府的管理成本，又扼制了市场经济的发育。

（二）理论判断

现代市场经济的一个重要特征是自组织性。自组织性越强，市场经济

活动越有序，政府管理成本越低。市场经济自组织程度是市场经济成熟程度的重要标志。因此，加快发展市场经济社会组织，提高市场经济自组织、自管理、自约束、自提高能力，是深化和完善市场经济体系重要的基础工作。不加快提高市场经济自组织性，同时政府相应逐步退出市场，那么就不可能有成熟的健康的现代市场经济。这方面，广东省委、省政府已经作了深入研究并在全省深化体制改革工作会议上正式提出来。目前和今后一段时间，各级党委政府应将社会组织的发展及其作用的发挥作为加快发展完善市场经济体系的重要基础性任务，全面落实。实现这一任务的危险和阻力可能主要来自政府。应当看到，目前政府或显性或隐性地担当着市场经济主体的角色，同时借此实现权力部门寻租。因此，应在加快发展市场经济社会组织的同时加快政府改革，逐步实现市场经济主体的转换。

（三）改革行动

第一，助推商界领袖的成长和作用的发挥。商界领袖是发展市场经济社会组织、发挥市场经济自组织能力的重要条件或因素。党和政府应加强与商界领袖的交流、沟通，提高对他们的影响力，建立党和政府与商界领袖和谐合作的关系。

第二，积极推动市场经济社会组织和中介组织的发展，定点委托相关高等学校组织商界社会活动人士的专业培训和思想引导，从人才上提高市场经济社会组织的活动能力。

第三，加强市场经济社会组织活动的立法工作，把市场经济社会组织的活动纳入法制轨道，实现依法管理。

第四，注意培育党的市场经济社会组织活动骨干，实现党对市场经济社会组织的"软性领导"。

第五，政府应根据市场经济社会组织的发育程度，可通过各种形式逐步加大向市场经济社会组织释放管理资源和管理权力；同时，进一步调整政府市场经济管理职能，改革市场经济管理方式，并通过立法方式界定社会组织和政府的关系。政府应逐步养成依靠市场机制和市场经济自组织管理市场经济的习惯。

第六，大力发展商界慈善组织，引领企业培育社会责任精神，拓展社会责任及义务，改善社会"仇富"心态，营造和谐营商环境。

八、进一步探索中国特色社会主义市场经济条件下先富到共富的路径与市场机制创新

(一) 问题的提起

最大限度地释放市场经济内在能量,加快发展社会经济,同时保障全社会的共同富裕,是中国特色社会主义市场经济的基本价值取向。但改革开放30年来,我们在通过市场经济释放社会内在发展能量的同时,却有失于共同富裕,出现过度的贫富悬殊和社会分化,有可能导致西方资本主义发展过程中出现过的严重社会分裂。不能通过市场经济最有效地配置社会资源,激活经济发展,是市场经济发展的最大失败;同样,在激活市场经济、发展社会经济的同时,导致社会的严重撕裂,也是市场经济发展的严重失败。应当说,至今我们仍未能在市场经济体系内解决共同富裕问题。而当前的社会财富过度分化正在引发社会矛盾凸显,影响社会稳定。通过完善市场经济体系解决共同富裕问题,已是刻不容缓的任务。

(二) 理论判断

共同富裕是中国特色社会主义市场经济的根本特征和基本要求。能不能真正解决让一部分人先富起来,先富带动后富,实现共同富裕,是中国特色社会主义市场经济成败的根本问题。这个问题至今没有解决。解决这个问题,政府要负主要责任,但从根本上解决这个问题,必须着眼于经济手段,着眼于市场经济制度与机制的创新与设计。这是一个重大的历史挑战和制度创新。

要解决对共富的认识。首先,不能把共富理解为均富;均富既不可能实现,也必然窒息市场经济的活力。富裕程度不同是必然的,没有富裕的差异,就不可能有资本积累,从而不可能有生产力发展。这是我们必须承认的。其次,所谓共富,是在一部分人富裕起来的同时,必须让低收入者相应逐步提高收入。一是让全体群众得到基本民生保障,安居乐业,衣食

无忧，幼有所养，学有所教，老有所靠，病有所医，获得基本的生活尊严。二是生活质量、生活水平应与社会生产力发展相应提高。三是拥有一定的家庭财富积蓄和财产性收入，真正告别贫困、贫穷。四是社会拥有稳定的公共财富积累，为群众提供基本民生保障，无后顾之忧。最后，先富到共富，都必须保证全社会实现效率与公平的统一。无效率的公平最终死路一条（欧美国家最终跌入"高福利陷阱"就是教训）；无公平的效率必然导致社会分裂和动荡，最后走向失败。先富到共富，必然体现为人口结构由金字塔形转变为橄榄形。一是逐步把低收入群体提升为中产收入阶层，二是保障中产阶层收入稳定提升而不返贫（近10多年一些发达国家如日本出现了中产阶级贫困化的逆转现象）。

（三）改革行动

研究和创新促进共富的市场机制。解决先富与共富问题，除了用立法机制保障初次合理分配，以及用好国民收入再分配机制外，应重点创新与设计促进各阶层间财富传导的市场经济机制，让先富传导到后富，实现各阶层财富相应增长。特别是要把政府的行政干预转化为市场经济机制，包括把政府或国家法律可介入的手段转化为市场经济机制，并形成市场经济共同富裕的自控制、自调节、自均衡长效机制。如住房保障问题，既是基本民生问题，又是群众家庭财产保有问题，更是体现社会基本公平、保障社会稳定的重要因素，还有住房供求均衡调节问题。应尽量使用市场经济手段。当前采取政府直接行政干预，包括限购手段，并不是长久之计，也对市场经济体制的发育带来明显负面影响。其实我们完全可以把政府公共住房保障体系与房地产市场体系既分开处理，又让其有机联系，发挥市场基础调节作用，最终用低成本制度化解决问题。如让房地产商在房地产开发时，必须提供一定比例（如10%）住房资源无偿给政府，用作低收入群体住房保障供给，同时可放开房地产市场；也可以建立商品房房价级差税制，房价越高，征税越重，最后形成房价上升自控均衡点；同时，把房价级差税收入专门用于低收入群体保障性住房建设；等等。其他各领域问题的破解也应尽量采用市场经济机制的办法。否则，一遇到问题就首先用政府行政干预手段，日积月累就会导致计划经济局部回潮，阻滞市场经济发育成熟过程。

我们应当组织力量进行专门研究，列出促进共富的关键问题、关键领域，进行市场机制系统设计，为在促进共富上逐渐减少政府责任和行政干预，更多发挥市场机制作用提供制度安排与政策设计预案；同时，在实践中逐个破解，逐步形成促进共富市场经济机制体系。

九、进一步创新促进科学发展、幸福建设的市场机制

（一）问题的提出

传统的市场经济，在自发的利益追逐下，形成了以牺牲资源和环境以及人的幸福为代价的片面的经济发展。马克思称之为"异化"的发展。这种发展已经不能持续下去。从传统发展路径转向科学发展轨道，是进一步实践市场经济面临的重大历史挑战。约束社会经济由传统路径转向科学发展，当前主要是通过转变发展思想和方针政策。能否通过市场经济机制创新，改变整个社会经济发展形态，实现科学发展的市场经济机制自动调控，并促使经济发展更好地实现人民幸福的根本目的呢？这是中国特色社会主义市场经济更具历史意义的伟大探索。

（二）理论判断

科学发展观事关中国特色社会主义现代化成败。经过多年的学习宣传和实践，科学发展观已经深入人心，成为新的发展理念。科学发展观不仅是一场发展思想的变革，更是一场发展的制度革命，它只有最后演变为新的制度机制体系，才能真正发育成为新的发展模式，并成为市场经济自控制、自调节的发展过程。在党的十七大以来的实践中，我们主要是在政治、行政领域创新和建立了一系列制度机制（如广东省建立的科学发展工作考核体系），在市场经济机制创新方面仍有重大差距。所以，一些违反科学发展观的现象仍经常出现，传统发展路径容易回归反复。这需要我们在深化和完善市场经济体系时加以解决。

市场经济机制的形成既可以通过市场经济的自在运行自发形成，早期

市场经济机制大多是这种方式形成的；也可以通过人们的理性活动自觉形成，如通过立法活动设立新的反映社会共同意志的市场机制和游戏规则，如目前的碳排放协议、绿色规则、人道生产规则等。在西方经济学发展史上，就有制度经济学派（其内部又有好些流派）从制度的角度考察市场经济的演变发展。不过他们更多的是就自在的形态上考虑市场经济制度的演变。事实上，市场经济制度也伴随着人们的思想理性发展而发展。今天，我们完全可以依据对人类经济发展条件、规律、趋势的科学认识和发展路径的科学选择，自觉地创新市场经济机制体系，通过制度机制创新体现、贯彻、实现新的发展思想。这或许是在中国共产党领导下的中国特色社会主义市场经济有可能为人类作出的伟大新探索。

（三）改革行动

研究、探索、建立促进科学发展、幸福建设的市场经济机制体系。科学发展既是一个需要长期坚持的发展战略，也是涉及经济社会发展各个领域的广域问题，可通过科学发展要求倒逼市场经济机制的创新和构建，同时通过市场经济机制的创新和构建保障科学发展。其基本办法是，通过研究理清影响科学发展的市场经济利益关系和保障科学发展的利益关系环节及其机理，设计创新导向科学发展的市场机制，并逐步用立法手段固定下来，通过一个个科学发展机制的累积建设，最终形成科学发展市场经济机制体系。为此，要建立科学发展市场经济机制创新的专家研究、党委决策、人大立法、政府实施的市场经济机制创新构建的路径机制。在当前，应突出若干重点领域推动科学发展市场经济机制创新：一是促进资源环境保护的功能区规划及配套的生态补偿机制、财政转移支付机制、碳排放污水排放控制机制等；二是促进区域协调发展的产业科学布局转移机制、收入分配均衡机制、人口流动与公共服务均等化机制等；三是促进科技、产业、管理创新的确保知识产权权益的市场机制等；四是保障城乡开发建设高水平、高效益、可持续运行的土地资源开发、城乡规划、城乡管理市场机制等；五是促进公共资源合理、高效使用的公共财政市场机制创新，重点探讨公共财政的行政性机制与市场机制的对接，提高公共财政运行的科学性、高效性；六是促进社会保障体系建设中行政机制与市场机制的结合，提高社会保障可持续能力和社会保障效率；七是促进社会充分就业的人力资源合理配置的市场机制。

十、进一步探索促进社会建设、文化建设同步发展的市场机制创新

(一) 问题的提出

环境建设、经济建设、社会建设、文化建设、政治建设，是社会现代化进程的不同领域，并统一于现代化进程。党的十七大提出了"四位一体"的中国特色社会主义现代化总体布局。党的十七大后，广东省委、省政府不遗余力地在全省推进"四位一体"的工作大布局。但如何把"四位一体"的工作大布局转化为市场经济的机制体系，形成自动调节的大格局，仍需要进一步探索。必须看到，长期以来，环境建设、社会建设、文化建设、政治建设明显滞后于经济建设，特别是社会建设和文化建设。一个重要原因是市场经济机制没有很好地延伸到社会建设、文化建设领域，出现"两张皮"现象，社会建设、文化建设往往主要依靠政府行为推动；而政府推进社会建设、文化建设又往往未能很好地与市场机制对接，或者简单交给市场，引发另一种政府缺位或不作为引致新的社会问题。因此，探索促进"四位一体"协调推进发展大格局的市场机制体系，是深化和完善中国特色社会主义市场经济体系的重大战略任务。

(二) 理论判断

通过创新市场经济机制体系，促进和保障"四位一体"工作布局是否符合规律呢？应当说完全有依据：一是"四位一体"发展大布局不是主观产物，而是现代化总进程的基本内容和基本任务，同时贯穿于现代化总进程，具有长期性和稳定性。二是社会建设、文化建设，既属于市场领域，也属于非市场领域。但是它们与经济活动水乳交融，互相渗透、互相影响，我们完全可以运用市场经济思维，创新社会建设、文化建设的市场

经济机制体系，拓展社会建设、文化建设动力，提升社会建设和文化建设效能。同时通过市场经济机制创新建立社会建设、文化建设与经济发展互动传导机制。在文化建设方面，运用市场经济机制，我们已经作了很多探索，取得了初步经验；在社会建设方面亦有一些探索，如城乡社区管理和服务，可以引入物业管理市场机制，广东省已有成功案例，效果不错。又如许多社会公共服务（托儿、养老、家政、保健、保险、保安等）可以运用市场机制发挥社会组织、公益组织、慈善组织及营利机构作用。三是通过市场经济机制，可以动员、吸纳一切因素参与社会建设、文化建设，并形成公平合理、自动调节的利益关系格局和动力体系。特别是可以把政府力量、社会力量、市场力量通过市场机制和谐地融合起来。这也可能成为中国特色社会主义市场经济创新的一大特色。

（三）改革行动

相对于经济活动，社会建设、文化建设如何建立市场经济机制，融入市场经济体系，特别是构建促进"四位一体"建设布局的市场经济机制体系，是一个更加陌生、更少现成经验的课题。但我们完全有探索的客观基础和优势，完全有可能取得成功。最近广东省委、省政府召开的深化体制改革工作会议，重点就在社会领域，对很多重大问题的判断已经取得突破。当前关键是进一步明确方向、科学思维、勇于实践。一是动员专家、政府、社会力量协调探索。特别是要研究社会建设、文化发展方向及规律和动力机制。二是学习借鉴，探索创新，做好规划和系统设计。三是选择重大问题、重要领域进行试点实验。四是促进重大社会建设、文化建设机制的立法、立规。

十一、加强中国特色社会主义市场经济精神文化建设

制度是由人创造的，并通过人的活动实现。因此，一定的制度需要相应的制度精神文化支撑或配合。相应的制度精神文化缺失，必然导致制度失效、制度扭曲。这已经有很多教训。在深化和完善中国特色社会主义市场经济体系时，必须高度重视与此相适应的中国特色社会主义市场经济精

神文化建设。一是产权（财产）不可侵犯理念。这是市场经济精神文化的基础。现在虽然有了物权法，但物权法仍有缺陷与不足，在执行中仍有不太尊重物权的意识和行为，引发非正常社会冲突。二是自主选择自由理念。任何法人主体或自然人主体，都有在国家法律、政策范围内按照主体意志自由选择的权利，不应受到干预。政府必须自觉约束自己的行政行为，依法行政。三是平等公正理念。市场经济按其本质是最讲公平，最反对特权的。任何的市场主体，不论是法人主体、自然人主体、公共部门，都是平等的，都必须相互尊重法律确定的权力意志，并依法依制公正处理相互关系。特别是公共部门更要确立尊重自然人主体、法人主体平等地位的理念。四是社会责任意识。任何的市场经济主体，虽然都有其独立利益和立场。但是，市场经济规律本身所体现的合理规则是必须寻求独立利益与社会利益的一致；在谋求自身独立利益时，必须增进别人或社会的利益。这已深刻体现在价值规律中。五是人文精神。现代市场经济的发展，不仅体现着恒久的利益观念，更注重人文精神的升华。这应成为现代市场经济的文化灵魂。见物不见人、炫富、利欲熏心、不讲仁义，并不符合现代市场经济精神。六是理性精神。这最集中表现在社会契约精神或诚信意识。是否讲诚信守信用，既是道德问题，也是是否具有理性精神的问题。

此外，要进一步探索中国特色社会主义市场经济条件下宏观经济调控中政府看得见的手与市场看不见的手的结合。特别是要建立让政府看得见的手的作用通过市场看不见的手传导的机制体系，尽量减少政府对市场的直接行政干预。在这方面，我们还需要作进一步的深化研究和机制创新设计。完善中国特色社会主义市场经济体系，仍将是一个长期的探索和实践过程，其中既有深刻的理论问题，也有复杂的实践问题，建议恢复设立专门从事制度理论研究、制度设计创新的机构。此机构应放在省人大，强化人大的制度供给能力。

（2012年1月13日）

六论解放思想

生于忧患　死于安乐
—— 一论解放思想

21世纪一个世界性大事变是中国的崛起。中国崛起广东为先。改革开放30年，广东取得了令世人瞩目的巨大成就，初步实现了国民经济工业化和社会城市化的历史大跨越，成为引领中国改革开放的先行地区。从1978—2007年，广东生产总值由186亿元猛增到30606亿元，同比增长了41倍；人均生产总值由247美元增长到4080美元，翻了4番；外贸出口总额由14亿美元增长到3692亿美元，增长了260多倍，创造了战后新兴工业化国家和地区经济起飞的罕见奇迹。但在加速度发展的同时，广东的改革开放和经济社会发展又面临着新的危机和挑战，处在新的历史起点上。展望未来，广东能否跨越危机和挑战，浴火重生，走向新的发展境界？生于忧患，死于安乐！今天，在高速公路上疾驰的广东特别需要更多的忧患意识。世界上最具竞争力的民族，如犹太民族、日本民族，正是忧患意识激发了他们求生存、图发展的民族活力和奋发精神。2006年，在日本经济衰退10多年、于近几年逐步复苏之时，日本重拍了电影《日本沉没》，引起社会轰动，上映3天即有90亿日元票房收入。而在30多年前的20世纪70年代，战后日本迅速崛起，超越西欧列强成为仅次于美国的第二大经济强国，此时日本人并未沾沾自喜，相反是忧患意识的唤起：日本作家小松左京出版了小说《日本沉没》，轰动东瀛列岛。但到80年代，当日本在制造业方面称雄世界，有人喊叫"日本人也可以说不"，没过几年，日本就陷入10多年的衰落。真是应了千古名言：生于忧患，死于安乐！今天，中国崛起，广东崛起，我们有足够的忧患意识吗？我们会在崛起中沉没吗？

纵观世界各国发展历史，发展的机遇与成功总是和发展的危机与挑战相伴行的。发展本身就是辩证的对立统一，即成功的发展本身就孕育着失败的危机。因此，昨天的成就并不保证明天的成功。早在20年前，邓小平同志就颇有预见地说，"现在看来，发展起来以后的问题不比不发展时少"。今天，随着国际、国内形势的变化和经济社会成长阶段的转换，我们也正面临着一系列新的挑战。

一是依赖资源外延开发的增长模式，已经面临资源、环境约束的挑战，可能导致不可持续发展危机。改革开放30年来，广东的高速工业化，走的是一条依赖比较优势外向带动和低成本资源要素外延开发相结合的发展路子。这种发展模式一方面成就了广东30年的辉煌，另一方面又正在走入不可持续发展的困境：在保障可持续发展的限度内，土地资源已趋于枯竭，外延开发已逼近极限，外延扩张增长方式无以为继；随着国民经济发展水平的上升，劳动力成本快速上升，劳动密集型产业将难以为继；以依赖大量物质资源消耗为前提的粗放型加工制造业体系，正在面临全球资源短缺和价格上升的严重冲击；激烈的国际竞争，正在引起西方国家政府干预政策和国际贸易保护主义抬头，对出口导向劳动、资源密集型加工制造业造成很大的国际压力。上述因素加上人民币的持续升值，正在快速消解企业狭小的利润空间，企业面临大规模关闭、外迁的严峻挑战；传统工业化导致的自然生态环境和社会生态环境的急剧恶化，引致人们生理健康和精神健康急剧恶化，并已进入爆发期；同时，依赖大规模土地资源开发支撑的外延式扩张，也必然导致农村社会矛盾冲突和城乡矛盾激化。近几年来，国家出台的一系列新政策和新制度安排，强烈地表明国内发展格局正进入重大调整转换期，传统外延增长方式正在结束。广东能否适应这一系列新变化呢？

二是被动接受国际产业分工，导致产业被挤压于国际产业链低端，面临不可持续危机。改革开放30年，广东的工业化快速起飞，除了20世纪80年代国内短缺经济的强力拉动外，最主要的是借助环大西洋经济圈和亚太新兴工业化国家和地区加工制造业国际转移的强大推力，具有强烈的外向带动特征。这种发展方式，一方面成就了广东奇迹般的发展，另一方面也留下了很大的遗憾：我们的产业被挤压在国际产业链低端，受制于国际产业链强势环节（特别是跨国公司）的控制，自主度低，国际依附性强，发展风险大；我们的产业被挤压在国际价值链的低端，付出多，收益低，并大规模消耗自身的短缺资源，破坏生态环境，使经济发展快速陷入资源、环境高约束瓶颈，具有明显的不可持续性；两头在外的外向型经济扎根性低，这种国际候鸟经济正在严重威胁广东省经济发展的持续性和稳定性（目前已经开始出现港资、台资或韩资企业成规模关闭、外迁等）；同时，随着经济的阶梯式成长，广东省区域发展比较优势被迅速降解，人民币的升值压力加速了这一进程。事实上，广东已经开始直接面对相对晚工业化国家比较成本优势的挑战（据厂商反映，越南的要素成本约相当于珠三角的40%～60%。去年一国际机构的调查结果显示，印度正在成为国际资本投资的首选地），也面对国内相对落后地区比较要素成本优势的挑战。此外，我们还要进一步看到，目前在世界经济面临衰退的压力下，国际产业竞争和市场竞争进一步白热化，国际竞争不仅发生在国门之外，也发生在国门之内。2006年，一些跨国公司和国际资本就开始新一轮挺进中国市场的行动，特别是第三产业；他们甚至提出了"行业斩首行动"，即围堵中国行业中的大哥大，采取注资、并购、收购方式把中国行业里的大哥大收入囊中，从而进一步控制中国的相关产业。此外，由于我们的产业被约束在国际产业链低端，必然导致人口结构低端化（如近2000万外地劳动密集型产业劳工聚集在广东特别是珠三角），造成城市化过程中的城市社会低端化情况，各类社会矛盾和社会问题蔓延，对社会管治形成强大的压力，不利于和谐社会的构建。

三是在区域经济群雄并起的大格局下，广东面临地缘经济边缘化的危机。经过30年改革开放，广东一枝独秀、一马当先的格局已经结束，从点到线、从线到面的全国全方位大开放和区域经济群雄并起、万马奔腾的大格局已经形成。从我国沿海地区看，全线开放正处于新的升级期。以上海为龙头的华东地区正在进入以产业国际化为特征的新的工业化。上海在前几年就实行"退二进三"，发展以物流业为龙头的生产性服务业，打造东方国际商业之都，并期望超越香港成为中国对接国际市场的第一通道。以京津融合为龙头，华北地区进入新的成长阶段，天津正迅速成为华北地区乃至更广阔区域连接世界经济、对接经济全球化的枢纽和通道。福建配合中央维护台海和平、促进国家统一的大局,加速打造海峡西岸经济带,推动海峡两岸的经济合作和融合,并借此推动福建经济发展进入新阶段。广西、云南紧紧把握中国－东盟(10+1)自由贸易区2010年全面启动的前效应,配合中央的周边国际战略布局,推动面向东盟的开放和合作,使它们成为中国对东盟开放合作的桥头堡和大通道,并借此为动力推动本省(区)经济新的腾飞。特别是广西,还力推泛北部湾经济区,力争使之上升为国家战略,争夺我国大西南出海大通道的战略高位。可以预见,一个大西南区域大开放和国际大开放新格局正在广东西边酝酿形成。

在此格局下,广东是继续仅仅满足于自我守成,陶醉于GDP的高增长,在百舸争流的格局中被边缘化呢?还是要面向全国,放眼国际,把握新机遇,发挥和增创地缘经济新优势,确立新的区域发展战略定位,走向新的发展台阶呢?经验教训证明,在国际竞争大舞台上,对于一个地区、一个国家而言,经济增长固然重要,但争夺和保持竞争强势地位更重要。正如下棋,势的得失比子的得失更重要。2001年11月6日,朱镕基总理与东盟领导人商定在10年内建成中国－东盟自由贸易区;2002年11月4日,双方共同签署了《中国－东盟经济合作框架协议》。广东特别是包括香港、澳门在内的大珠三角在中国－东盟自由贸易区中具有特殊地位。但奇怪的是,这些年来广东对此却没有作出积极的呼应和安排。这反映了广东至今还没有做好走向世界的准备,没有形成国际发展战略意识和地缘经济战略思维,缺乏全国大局意识;广东这个改革开放排头兵的思维已经远远落在中央战略思维后面了。

四是原来"前店后厂"的粤港澳区域产业分工合作模式已经走到尽头,面临相对衰落的危机。广东的外向带动发展模式,首先是通过港澳这个开放大通道、大枢纽实现的。我们通过与港澳的产业融合,形成了"前店后厂"的区际产业合作发展模式。但是,发展到今天,这种合作模式也已经陷入困境。珠三角的资源、劳动密集型"后厂"开始逐步丧失竞争优势,香港的"前店"由于主要是与国际市场的中低端产业和产品对接,因此也不能适应广东产业升级的需要;同时,随着广东产业高端化,特别是发展以物流业为龙头的生产性服务业,将会逐步出现同构竞争局面。2004年1月1日正式实施的CEPA虽然有力地推进了粤港澳区域合作的深化和繁荣，但经过几年发展，CEPA合作框架对深化粤港澳合作的局限性也已显露。无疑，香港作为重要的世界商业中心，其优势和作用仍远未全面发挥出来，有巨大的拓展空间，依然是广东经济国际化的重要战略合作伙伴。同时，包括香港、澳门在内的大珠三角，正在加速成长为世界级经济区和世界级国际大都会圈。我们是解放思想，拓展和深化粤港澳区域合作，更紧密地联手走向世界，还是固守旧局，任由衰落？这是对我们胆略和智慧的新考验。如果我们进一步考虑广东如何配合中央对港澳两地民主政治进程的安排，为港澳两地的繁荣、稳定提供支持，深化粤港澳区域合作就具有更重大意义和更迫切要求了。

五是社会矛盾凸显使改革发展进入高压态。现代化进程是一个传统社会解构、现代社会建构的过程，其社会利益结构的裂解、重构，必然引致大量的社会矛盾甚至社会利益冲突。改革开放以来，我们的社会变革经历了体制转型、新的利益力量结构形成等阶段，现在正进入新社会阶层利益博弈阶段。由此出现了一系列社会矛盾的凸显，甚至出现局部的社会利益冲突。这包括经济领域中社会主义市场经济的效率与公平、资本与劳动、城市与乡村等矛盾，思想文化领域中以财为本的拜金主义、个人主义和以人为本的社会主义、集体主义的矛盾，政治领域中以个人自由主义为核心的政治诉求和党领导下的社会主义民主政治发展的矛盾。在整个现代化进程中，上述矛盾的存在是正常的，不足为怪，问题是现在这些矛盾出现了几种情况需要我们特别关注：一是社会矛盾张力过大，社会公平面临挑战；二是利益博弈未制度化、博弈机制未科学化、相对利益博弈和谐化的需要，制度内的利益协调和利益规范能力趋于弱化，利益博弈有可能越出制度框架引起社会震荡；三是社会矛盾利益博弈的失衡转向对政府、对执政党和对社会制度的冲击，可能危及社会稳定和制度安全。我们如何按照中国特色社会主义的发展要求，通过有效的制度建设、文化建设形成科学、和谐的利益博弈机制体系，保障社会稳定和现代化社会变迁的健康推进。此外，在市场经济发展过程中，社会的世俗化、物质利益化正在引起精神家园的沉落和社会关系的恶性分化。这些都向我们提出了严峻的课题：我们的现代化将要构建一个怎样的现代社会？！

六是改革开放锐气渐消，先行一步的地位和优势正在被降解。改革开放以来，广东省曾经是我国体制改革、对外开放生机勃勃的先行者，以敢为天下先的精神为破除阻碍发展的计划经济旧体制、创立社会主义市场经济新体制先行一步，为全国的改革开放作出了重大贡献。但是，必须看到，今天，我们虽然在一些领域的改革和制度创新仍走在前边，但就整体而言，从主流上说，广东生机勃勃改革先行者的形象与地位正在逐步消解或非主流化，改革创新精神正在退化。这既源于我们在改革发展中先富起来，形成了既得利益，小富则安，富了求稳，慢慢消解了改革的压力和动力；另一方面也源于我们对社会变革中制度建设规律的认识不足。我们重于破，勇于破，冲破束缚我们干事发展的旧体制，却欠缺建的思维，通过新制度建设适应和规范传统社会解构和现代社会建构进程，及时将社会变革中形成的新的社会利益关系制度化，将公平、正义的普世价值精神制度化。通过近几年对广东省社会矛盾凸显情况的研究分析，我们发现，当前社会矛盾凸显、激化甚至在某些时候、某些方面失控的一个重要原因，是制度缺失及制度失效情况严重，甚至因显制度、显规则缺失或失效，潜制度、潜规则在实际上起主导作用而导致社会利益关系被扭曲，公平、正义之魂弥散，并成为社会腐败和黑恶势力滋生发展的温床。我们是否有能力在现代化进程中避免西方曾经出现的一系列负面问题，成功彰显中国特色社会主义现代化的独特优势呢？

改革开放发展过程中出现的一系列新问题、新挑战，既是当前的凸显问题，也是带长远性和根本性的问题；既是我们经济社会成长过程中矛盾的展开和深化，也是全球化背景下世界发展体系中复杂矛盾的反映。21世纪是中华民族伟大崛起的世纪。我们正逢中华民族伟大复兴的历史机遇，但我们的崛起之路也充满矛盾、风险和危机。我们既要面对西方发达国家对我们的围堵打压，也要面对自身变革中各种矛盾冲突引致的内部压力。机遇可以使我们迅速崛起，风险可以让我们毁于一旦。我们必须要有忧患意识。

从广东自身看，能否避免在各种矛盾压力下，过早地结束高速发展，陷于未老先衰困境中？我们不能沉醉于GDP高速增长的荣耀中自我满足。日本在20世纪最后20年，是在其发展达到巅峰，开始向美国、欧洲叫板"日本人也可以说不"时，迅速转入长期停滞和衰退的。重要原因是日本没有重视行将来临的知识经济革命的深刻影响以及其内部各类矛盾的积累。日本的教训告诉我们：昔日的辉煌并不等于明天的成功。生于忧患，死于安乐，我们当应时刻铭记。前几年国内外曾有过关于"华盛顿共识"和"北京共识"的讨论，作为"华盛顿共识"范例的拉美发展模式已经破产，引发"拉美发展综合征"的全面爆发，其破产的基本教训就是发展的依附性及其内部矛盾的积聚。与"华盛顿共识"相对立的"北京共识"要取得成功，必须解决前后相互关联的两个问题：一是在开放的世界经济体系中推动工业化起飞；二是在取得初步工业化成功后必须建立起自立世界的能力，并在国际分工体系中建立相对优势，摆脱对西方资本的依附性，通过自主参与经济全球化获得持续的发展。改革开放30年，我们初步成功实现了第一步。下一步我们必须破解第二个问题。如果我们进一步考虑随着中国工业化向纵深推进，经济规模进一步扩大的同时，我们对世界的依赖性进一步加深所面临的深刻危机，我们就更不容盲目乐观，更需要百倍的警觉。崛起的成功和崛起的危机是相伴而行的。广东作为实践科学发展观的排头兵，必须为国家发展大局承担起破解第二步难题的责任。

当前，由美国次贷危机引发的全球性股灾和金融市场动荡并不是一个偶然孤立事件，它可能预示着经济全球化30年布局激发的潜力已经释放完毕，以美国为首的西方通过知识革命创造的持续20年的经济增长周期的结束。美国甚至整个西方经济如果进入衰退，必将引起全球经济大动荡，也必然波及高外向度发展的中国经济特别是广东经济。我们必须对此有所准备。

如果把世界文明的发展放在更广阔的背景下考察，我们面临的发展挑战将是更广泛的。工业革命以来，在西方主导下的人类文明现代化取得了巨大的成就，但也陷入了巨大的不可持续发展的危机（可以概括为三大危机：人与自然冲突的生态危机、人与人冲突的社会危机、人文价值精神陷落的精神危机）。日本有学者说地球面临的危机是东方文化复兴的机遇。我们能否把握人类文明发展的历史转折点，果断进行文明创新和超越？这是中华民族伟大复兴的根本问题。中国的现代化必然具有二重性，即追赶世界现代化潮流的同时全面创新人类现代化文明。我们完全可以在马克思主义科学发展观指导下,经过几十年努力创新人类文明,中华民族的伟大复兴必然是人类文明的二次复兴。

党的十一届三中全会以来,党中央一直把广东作为破解改革开放、探索中国特色社会主义道路、创建中国特色社会主义社会一系列重大问题的先行地区或试验区。前30年,广东在改革传统计划经济体制、构建社会主义市场经济体制、加速经济社会变革发展上取得了重大成就,为全国的改革开放发展"杀出一条血路"。今后,广东作为排头兵的一个更带根本性的使命,就是实践科学发展观,率先创新中国特色社会主义现代化新文明。党的十六大以来,胡锦涛总书记提出的科学发展观,正是针对国际发展的教训和我们面临的挑战提出的经济社会发展的重大战略指导思想。实践和落实科学发展观,既是破解广东下一轮改革开放发展一系列难题的根本出路,也是广东当好排头兵的根本任务。

全球视野　走向世界
——二论解放思想

在经济全球化时代,我们面临的挑战是世界性的挑战,是民族崛起中的挑战,是对我们把握历史机遇的能力的挑战。2004年,美国高盛集团发表了一份在世界上很有影响的研究报告《与BRICs共同梦想——通往2050之路》,预测了21世纪中叶巴西、印度、俄罗斯、中国("金砖四国")的崛起。中国的崛起是世界发展的大趋势,中国崛起之路充满风险和挑战。破解上述发展难题,跨越上述发展危机,促进改革开放发展健康推进,必须以科学发展观为指导,以全球视野、全国大局意识,解放思想,面向未来,确立国际化战略思维,全面创新改革开放发展之路。

(一)以排头兵气概确立经济国际化战略新思维,推动开放经济由被动接受国际分工向自主参与国际分工的战略转变

广东经济发展的一个重要特征是高外向度。这是由发展的经济全球化背景决定的。战后,新兴工业化国家和地区的成功发展一般都经历了内聚(引进来)到外扩(走出去)的发展转变,以及由被动接受国际产业分工

到主动参与国际产业分工的战略转变，日本、亚洲"四小龙"等无一例外。广东改革开放 30 年的外向带动发展，主要是引进、内聚型阶段，是被动地接受国际分工。现在，随着我们的比较优势的逐步弱化，这一被动接受国际产业分工的引进模式已经进入困境。因此，能否实现由内聚到外扩，由被动接受国际分工到主动参与国际分工转变，决定着今后广东经济社会发展的可持续性，决定着国际竞争力的成长。目前，广东已经进入这一战略转折点。广东是继续被动接受国际产业分工，困于国际产业链和国际价值链低端，继续消耗自己紧缺的资源，破坏自己赖以生存的生态环境，做廉价的世界工厂，廉价地为世界打工，还是以世界视野谋求自主参与国际分工，逐步改善在国际分工体系中的地位？在中国快速崛起的今天，这一严肃问题不仅是广东的，也是全国的。国际上有人说，崛起的中国是一个脆弱的超级大国。这一语中的。中国外向度高，但自主性弱。今天是到了必须破解这一事关全局、事关未来、事关命运的难题的时候了；广东作为排头兵，有责任为率先破解这一难题先行探路。

破解这一难题首先要跳出广东看广东，确立世界视野和全国大局意识。必须深刻理解经济全球化的实质和趋势。目前，经济全球化进一步深化。经济全球化不仅反映为商品、服务、资本、信息、技术、劳务等要素的全球流动和配置，更深刻地反映在产业分工细分化和产业分工全球化上。经过 20 世纪后 20 年的大裂变、大分化、大重组，现在已经形成全球加工制造产业链，全球物流商务链，全球知识创新链，全球金融投资链，全球文化信息传播链，等等。在全球产业分工链环化的同时，还出现了全球产业链强势两端化趋势。随着后工业社会的来临和知识革命的发生，在 20 世纪最后 20 年环大西洋经济圈的产业加速由产业链的中端（生产）向上端（研发设计）和下端（营销服务）转移，基本完成了由工业社会向后工业社会（服务社会、知识社会）的蜕变。而国际产业链中端的加工制造加速在亚太地区集结（中国正是利用这一机会实现工业化起飞的）。随着这一新的国际分工的完成，世界上形成了环大西洋知识文明圈和亚太工业文明圈；知识－服务经济圈成为强势产业体系，工业经济圈成为弱势产业体系。环大西洋经济圈虽然逐渐离开了生产环节转向研发、服务环节，由物质经济转向非物质经济，但由于这两个环节支配、主导着全球产业链,因此环大西洋经济圈不仅没有丧失它们在全球经济体系中的支配地位,相反进一步强化了其对全球经济的主导能力。这一事实也反映在全球价值链的变动上。著名的微笑曲线揭示了这一利益变动新格局,即产业链上端(研发)和下端(服务)成了产业价值链的高端,综合收益最高。相反,中端(生产)被挤到国际产业价值链低端。更重要的是,我们以中端化为特征的产业被控于以产业链上端和下端占优势的国际资本和跨国公司,更强化了我们国民经济的国际依附性(这也成为西方在政治、文化、社会等方面分化、西化、瓦解我们的有力的经济基础)。特别是,如果考虑到2010年我国的石油供给国际依存度将上升到40%以上,到2020年更上升到60%以上,石油生命线被扼制于马六甲海峡时,我们在被动接受国际产业分工下形成的庞大的低端物质经济所面临的巨大国际风险就可想而知。因此,我们不能继续满足于在国际产业链和国际价值链低端生存的境况,必须要通过变革创新,努力提升在国际产业链和国际价值链中的地位;必须果断地选择经济国际化战略,自主率先走向世界,实现由被动接受国际产业分工向自主参与国际产业分工的战略转变。这是广东下一步经济社会发展带全局性、关键性的战略选择。进入21世纪以来,就曾有人建议广东要实施经济国际化战略,用经济国际化战略带动全省经济社会发展走向新的高度,迈入新的境界。可惜我们一直在此重大战略问题上犹豫不决。现在已经到了不容犹疑、果断下决心的时候了。审视国家发展大局和我们面临的挑战,我们再不迈出经济国际化的步伐,必将丧失改革开放发展排头兵的地位和作用。

在广东改革开放发展进入新的历史起点上实施经济国际化战略,也是要在广东、全国树立改革开放发展的新标杆;这是拉动广东未来一个时期内改革开放发展全局迈上新台阶、开拓新境界的牛鼻子。一是在世界视野的高标杆中推进科学发展,敢于在向世界叫板中走向高峰。二是为广东产业结构优化升级提供新的动力和国际平台。三是通过自主走向世界,改善广东在国际产业链中的地位,提升广东对内、对外的辐射能力,更好地服务全国发展大局。四是通过改善广东在国际产业价值链中的地位,从根本上改变过去高消耗、高污染、低收益的发展困局,逐步转向低消耗、低污染、高收益新境界。五是为建立创新型广东注入新的动力,提供新的国际标杆和国际机制。六是有利于在经济国际化大格局下，开拓深化粤港澳合作的国际国内战略空间。七是在经济国际化大格局下促进广东与内地兄弟省区实行错位发展，避免同构竞争，拓展区域合作发展战略空间和领域。八是加速在广东形成一支国际化企业家队伍。所有自立于世界经济体系的强国、强区，必然有一批有实力的国际化企业及其领军人。必须看到，从长远来看，广东是否具有持续发展能力和国际竞争优势，关键取决于我们是否有一支有实力参加国际产业竞争"俱乐部"，"玩转"国际市场的国际型企业家队伍。而这支队伍只有在参加国际商战中才能成长起来。九是经济国际化战略的实施必定提出一系列与国际游戏规则接轨的制度创新要求，推动我们深化体制改革，使广东能够以现代国际制度体系为标杆，成为制度创新的排头兵。

（二）以排头兵气魄确立区域发展战略定位新思维，再造地缘发展新优势，服务全国发展大局

区域发展战略定位，是区域发展的基本战略问题，是统揽发展大局的总纲。随着广东特别是大珠三角国际加工制造业面临全面挑战，必须在经济全球化大背景和国家发展战略大局下重新确立广东区域发展战略定位。否则，广东将逐步丧失经济地缘优势而被相对边缘化。

我们认为，必须在经济全球化大背景下把广东放到全国发展大局中，确立下述区域发展战略新定位，再创区域地缘发展新优势：在科学发展观统领下，实施经济国际化战略和产业高端化战略，深化粤港澳紧密合作，以大珠三角为核心，以泛珠三角为腹地，进一步共同构建以中场产业为龙头的国际加工制造业基地，以物流业为龙头的华南沿海国际商务服务基地，以创意产业、信息产业、文化产业为龙头的华南知识产业集聚基地，全面增强广东作为国内经济与经济全球化对接结合部、转换桥的承接辐射能力和国际竞争力，推动广东及相关地区由被动接受国际产业分工转向自主参与国际分工，实现广东新一轮产业转轨升级，开拓经济发展新境界，建设中国经济强省，世界经济强区。同时，为全省转向科学发展构建全新的经济基础。

此外，广东还要进一步考虑在国际产业大循环和国内特别是泛珠区域

产业循环的总链条中,如何与第二、第三梯度地区形成异构互补、共赢发展格局,避免同构竞争、互损格局的出现。解决这一问题的矛盾主导面在先行发展的广东,并取决于广东的战略定位和战略走向。如果广东能够用10~20年或者更长的时间,实现由工业经济向后工业经济的过渡,这不仅使广东经济发展进入一个全新的境界,而且形成与第二、第三梯度地区异构互补发展新格局,必将有利于辐射和推动第二、第三梯度地区特别是泛珠区域兄弟省区的经济发展,更好地服务于全国发展大局。

(三)以排头兵气概确立粤港澳合作战略新思维,再构广东开放改革新格局

当前,随着粤港澳"前店后厂"区域合作模式逐渐走向终结,CEPA合作框架已经不足以进一步解决粤港澳区域合作深化的新问题,粤港澳区域合作的出路在哪里?就是在经济国际化战略背景下,创建粤港澳自由贸易区,进一步消除区域间合作阻隔,推动粤港澳经济深度融合。这一方面可为中国-东盟自由贸易区的全面起动先行探路,积累经验;另一方面开拓粤港澳深度合作新境界;再一方面可以借此将广东改革开放进程推向新阶段、新高度,其意义足可与20世纪80年代初的对外开放、创办特区相比较。可以肯定,粤港澳自由贸易区如果能成功推进,将牵一发动全身,引起广东改革开放发展全局新一轮"核裂变";也是广东实施经济国际化战略,推动改革开放和经济社会发展迈向新的历史台阶的转折点,广东应进一步解放思想,大胆构想,努力争取。

我们要看到,原有模式下粤港澳合作空间的逐步消失并不表明粤港澳合作的完结。相反,面向国际产业和国际市场新变动,粤港澳合作正在迎来新的发展前景。必须注意到,在最近发生的由美国次货危机引起的世界金融动荡中,新兴市场国家特别是中国发挥了重要的稳定作用。这表明世界经济格局继续向着有利于东方世界的方向变化。我们必须高度关注国际经济格局的演变及其提供的新机遇,确立科学的国际战略思维,果断地走向世界。在此战略考虑中,香港拥有独特的地位,特别是依然拥有巨大的国际商业、金融、信息服务的实力和优势;广东走向世界依然需要与香港携手共进。广东只有和港澳联手,才能更快地形成相应的国际商务服务业

体系和能力。这里有两个问题：一是在国际商务服务业领域，粤港澳既可能进入同构竞争，也可以形成优势互补，共构合力新优势。我们宜避开同构竞争，寻求互补合作。二是如何深化粤港澳互补合作和深度融合，这需要我们对国际市场总格局和国际物流商务链进行全面、系统、深入的分析研究，形成操作层面思路，并作相应的制度安排。

深化粤港澳合作，促进粤港澳融合必须要有全球视野，形成大战略思维。目前，粤港澳合作的一个重要缺位是缺少战略层面的互动与合作，特别是还没有形成三地政府在经济全球化大格局下，整合三地发展优势、联手自主参与国际竞争、走向世界的战略共识。因此，战略磨合、制度磨合、基础设施磨合是今后通过构建粤港澳自由贸易区、推动粤港澳深度融合的三大支点。

（四）以排头兵气概确立世界级经济区战略新思维，加速构建世界级大珠三角都会圈

自主参与国际分工，必须构建区域战略竞争优势和能力。经过改革开放30年的发展，在大珠三角已经开始形成一个面积达46000平方公里、人口5500万、地方生产总值达5500亿美元的准世界级经济区，以深港、广佛、珠澳等特大城市圈为支柱的准世界级大都会圈。预计到2020年，该地区常住人口可超过6000万人，地方生产总值超过13000亿美元，人均地方生产总值超过20000美元的比较发达的、综合经济实力位居前列的世界级经济区，同时亦成为综合实力较强大的世界级国际大都会圈。

目前，世界上已经形成若干世界级经济区和大都会圈。如世界级大纽约经济区（大都会圈）、大东京经济区（大都会圈）、大伦敦经济区（大都会圈）等等。中国在21世纪的崛起，不仅需要有一大批世界级跨国公司，也需要打造若干个世界级大经济区、大都会圈。从目前情况看，最有可能形成世界级大经济区、大都会圈的是以上海为核极，包括苏南、浙北的长三角经济区和大都会圈，包括港澳的大珠三角经济区和大都会圈，京津唐大经济区和大都会圈。而在3个准世界级经济区和大都会圈中，成长水平最高、国际化程度最高、最有希望成为世界级经济区和大都会圈的是大珠三角地区。因此，在我们面向2020年全面建设小康社会的时候，必

须把构建大珠三角世界级经济区和世界级大都会圈作为重要的战略思考。

要实现这一目标，首先我们要自我超越，以世界视野确立世界级大都会圈发展战略新思维；同时面向国际竞争，确立大珠三角世界大都会圈国际战略。其次，加速推进大珠三角制度创新和制度磨合，推动大珠三角经济区全面融合。

当前，一个可能出现的趋势必须引起注意，即大规模资本和产业外溢趋势，如果不确立全球竞争战略，盲目走出去，有可能造成内虚。这需要警惕！经济国际化必须服从于本土竞争，强化本土竞争能力。无论是引进来，还是走出去，都要有全球竞争的战略思维。20世纪80年代随着日元大幅升值，日元资本大规模外溢，在世界各地特别是美国收购物业，大规模产业外扩，最后导致本土资本竞争力的下降。现在在人民币持续升值压力下开始出现的中国资本外溢和产业外扩，是否会重蹈日本20世纪的覆辙呢？我们需要深思。我们的资本外溢方向，应以掌控重要资源和国际市场为目标，其次才是资本营利目标。如果只顾资本赢利，忽视国家战略利益，将会导致重大战略失误。

面向未来　走向高端
——三论解放思想

实施经济国际化战略，在全球化背景下促进科学发展，广东必须相应实施高端发展战略，包括高端工业化战略、后工业经济战略和后城市化战略。这是由今天经济全球化下产业国际分工的新格局与新趋势决定的。正如上述分析的，随着20世纪最后20年知识革命的发生和全球产业分工的重组，国际产业链出现两个重要趋势：一是国际产业链中的上端知识产业和下端现代服务业成为强势产业并支配全球经济，工业文明成为弱势体系被次边缘化；二是在加工制造产业链中中场产业（决定着产品功能和价值构成的关键零部件、关键材料的生产环节）强势化，并以中场产业企业为核心形成国际产业链中的中卫体系。在此趋势下，掌控中场产业的跨国公司在国际产业链中愈益处于支配地位，而发展中国家的加工制造业不断被边缘化，产业依附性愈益强化。此外，我们还必须预见到，虽然今天国际消费市场的中心在环大西洋经济圈，但是随着亚太地区经济的加速崛起，人口结构加速橄榄形化，将形成第二个世界消费市场中心；亚太地区庞大的资本积聚将使亚太地区成为新的世界金融中心区。我们必须有全面的超前的国际化战略思考，为迎接新的世界发展格局的出现做好准备，特别是为走向世界发展高端做好准备。

回顾改革开放30年来，我们在被动接受国际产业分工中形成的产业体系基本上被挤压在国际产业链和国际价值链的低端。这不仅弱化了产业发展的主导能力，而且在遭受国际资本层层盘剥的同时，还非常冤枉地被发达国家贸易保护主义围堵打压。如我们出口一台DVD售价32美元，交给外国人的专利费是18美元，成本13美元，中国企业只能赚取1美元的利润。一台售价79美元的国产MP3，国外要拿走45美元的专利费，制造成本要32.50美元，中国企业获得的利润只有1.50美元。其实，在"两头在外"的产业链中，上、下端为国际资本掌控的情况下，国际资本至少剥了我们三层皮：技术专利费、材料设备销售利润和产品销售超额利润。这是因为我们只具有生产环节的相对竞争优势，未形成自主切入国际流通领域的市场力；只有"接单"之功，没有国际"下单"之力。在此情况下，我们的所谓国际加工制造业基地几近是外包、代工的国际低端加工车间。当资源成本上升，人民币持续升值，微弱的利润空间会很快消失，国际加工制造业基地将全面塌陷。由此，我们在努力巩固、提升广东加工制造业接单能力的同时，特别需要加快培育广东的国际市场下单能力。

更需关注的是，随着我国加入WTO过渡期的结束，我国产业面临的更严峻的国际竞争将由生产领域转向商务（如物流、商业、金融等）领域和知识技术领域。未来一段时间内我们将首先决战商业模式，继而决战科技创新模式。现在，一方面，国际跨国公司正以其具有强大竞争力的先进商业模式进入中国，并有可能以此优势逐步掌控、主导国内市场，进而大规模掌控我们的产业体系。如果不能较快地建立起拥有强大竞争优势的商业模式，就有可能在未来不太长的时间内，我们不仅没能在国际产业链和国际市场中建立起我们自主的相对竞争优势，而且会使我们在过去20～30年时间里建立起来的产业体系尽入跨国公司的囊中（现在已现国内市场的国际商战硝烟了）。因此，我国沿海先行地区如果不建立新的战略思维，率先创新商业模式，抢占中国产业链与国际产业链对接的制高点，特别是构建国际商务服务业竞争优势，我们将可能导致难以弥补的战略失误。另一方面，发达国家一直垄断和支配着知识产业，即使是印度成为重要的国际软件生产基地，也只是国际知识产业链中的较低端的外包环节。我国（包括广东）虽然具有良好的知识产业发展的资源和市场基础，但仍未形成强大的产业聚集能力。因此，广东特别是珠江三角洲下一步的产业优化升级应当以国际加工制造业基地为基础，加速推动产业链向上端（研发、知识产业）和下端（现代服务业）拓展，实现产业发展高端化。

当前，特别需要警惕的是我们满足于国际加工制造业基地的荣耀，自困于传统工业化发展思维，忽视国际经济发展格局的新变动，忽视新的国际产业链的形成及其进一步演变的新趋势，而可能陷于自我边缘化的困境中。必须看到，知识产业、文化产业、现代商务服务产业等非物质经济产业已经成为世界强势产业和经济发展主流；而加工制造业等物质经济正在被相对边缘化，成为弱势产业。美国政治学家理查德·罗斯克兰斯教授把世界上的国家分作两类，一类是依靠制造业过日子的"体力国家"，一类是依靠研发、设计、营销过日子的"脑力国家"。不言而喻，现在正在形成"脑力国家"主导世界经济、支配"体力国家"的新格局。最近，韩国《朝鲜日报》经济部部长朴正薰就提出，韩国要用"脑力"战胜中国的"体力"；用韩国的"头脑"指挥中国的"身躯"。印度人也提出，让中国成为世界工厂，印度要成为世界办公室。我们正在看到，继20世纪末国际产业分工格局大调整形成的环大西洋知识经济圈和亚太工业文明圈大裂变后，现在在新兴工业化国家中又展开新一轮国际产业竞争，导致脑力经济和体力经济的新裂变。广东如何直面国际产业分工变化新趋势的挑战，确立新的战略定位，抢占国际产业分工和国内区域产业分工制高点，这是决定下一发展周期广东兴衰的重大战略抉择。广东应当发挥产业聚集配套优势，推动知识产业和现代服务业在广东的大规模产业聚集，加快引领我国知识产业和现代服务业在产业层面上的聚集及与国际产业链的对接。

首先，我们现在要进一步推动高新技术产业，特别是知识产业的发展。今天，知识产业不仅是人类经济活动拓展的最具潜力空间的产业，也是引领其他产业拓展进步的先导产业。知识产业应当包括教育、科研、创新、技术开发、创意活动、策划、标准化、品牌、中介经纪、文化、广告、信息、传播等产业活动，涉及面很广，拓展空间和发展纵深度都十分广阔，对于在国际竞争中抢占强势地位、拓展可持续发展空间、实现科学发展都十分重要。广东在知识经济发展方面拥有良好的产业配套基础和先发优势，可以通过政策和制度安排，加速推进知识产业发展，特别是把知识产业发展纳入国际知识产业链中，努力争夺知识产业发展的国际空间。

其次，要高度重视发展现代服务业。从目前国际竞争总格局看，决定一国国际竞争力首先数研发创新，决定一国或一地区发展先导能力；其次要数现代服务业，它决定了一国或一地区控制国际市场，掌控国际产业链的能力。而且，现代服务业既决定着一个国家或地区的市场力，也决定着一个国家或地区的产业经济整合能力和宏观经济综合效能。这就是20世纪最后20年以来欧美发达国家虽然逐步退出物质生产领域，抢占产业上端研发和下端营销服务，仍然主导世界经济的基本原因。目前，广东已经成为重要的世界制造业基地，但上端研发和下端营销服务业仍较落后。特别是下端营销服务业和金融业的发展未引起足够的关注。营销服务业和金融业的滞后必然约束自主参与国际产业分工的能力。因此，应当高度关注和加速发展现代服务业，才能有效地改善广东产业体系在国际产业分工体系中的地位。

从科学发展观角度看，在一定意义上说，由物质经济走向非物质经济是可持续发展的根本出路。现在在环大西洋经济圈，就他们的国家范围内，人与环境的矛盾得到了很大的缓解，一个重要原因是经济的非物质化，大大缓解了人与环境物质交换的压力。人与环境的矛盾和尖锐冲突，随着加工制造业国际转移而转移到了新兴工业化国家了。目前，我国面临的激烈的人与环境的矛盾冲突，从一定意义上说是由发达国家转移过来的。虽然我们不可能全部从物质经济中转移出来，但如果把国民经济增长的相当份额转向非物质经济上，将大大缓解经济增长与环境的矛盾冲突。因此，走向高端，是实现科学发展的重要条件。我们必须要从传统的物质经济理念中解放出来，放眼全球产业发展新趋向，从更高、更广的视野上创新经济可持续发展之路。

再次，在加工制造业领域推动产业中场化。我们强调实施产业高端化战略，推动产业结构向上端研发和下端现代服务业拓展，推动物质经济走向非物质经济，并不是要马上和完全从工业经济中退出来。工业化是我国经济成长的必经阶段。而且我们仍然在国际上具备加工制造业的巨大优势和潜力。但是，在新形势下，我们必须摒弃传统工业化思维，建立全新的国际产业发展新思维。一是实施高端工业化战略，在推进国民经济工业化的同时自主把握国际产业发展战略机遇，主动切入国际产业链强势环节，逐步构筑经济国际化的自主产业基础。二是把高端工业化战略与后工业经济战略结合起来，形成二元复合竞争优势，即把"脑力经济"和"体力经济"有机融合，形成既超越单纯"体力经济"，又超越单纯"脑力经济"的复合优势。逐步使国际商务服务业和知识产业成为国民经济成长的主导产业。未来我省将存在一个长达10～20年的国际加工制造业基地向国际商务服务基地逐步换位的过渡期。因此，在一个较长时期内，我省还需要实施好高端工业化战略，形成高端工业化战略与后工业经济战略互补互促的双星联动产业战略。

广东实施高端工业化战略，提升国际加工制造业基地战略地位，其主要方向是加速加工制造业由低端、终端向加工制造业的中场产业、龙头产业、基础产业聚集，逐步建立和提升广东在国际加工制造产业链中的掌控能力，力争在国内和东南亚加工制造业圈中昂起产业龙头。

推动产业高端化的另一个目标是实现产业价值高端化，即努力提升产品附加值和我们的产业在国际产业链中的价值增值能力，努力实现以较少的资源、环境和劳动资源代价，获得较大的经济收益。这是从国际视野、国际产业分工体系竞争中实现内涵发展，即通过自主参与国际分工实现结构优化、结构高端化的内涵发展道路。它比通过技术进步的内涵发展获得更大更广泛的收益。因此，产业结构高端化的发展道路应当成为今后一段时间内经济发展的首选战略。

最后，要高度重视城市高端化发展。城市是现代经济社会发展的火车头和增长极，城市的发展水平往往决定一个地区甚至一个国家的发展水平和高度，国际竞争一定意义上是城市实力和水平的竞争。改革开放30年，伴随着国民经济工业化，广东城市化率迅速提升，如果按常住人口算，

2006年已超过60%。但是，广东的工业化主要是以加工制造业低端的劳动密集型产业为主，广东城市人口低端化突出，城市发展水平不高，综合素质较低。国内有人戏言：广州是全国最大的城镇。因此，实施高端发展战略，必须推进城市高端化发展，必须实施超前规划，高水平建设，高质量发展，高要求管理，创造高质素的宜业、宜居现代城市。

这里还需要指出的是，广州作为华南地区经济、政治、文化、商业中心，特别需要突破传统工业文明思维，转向后工业文明思维。近几年来，广州花大气力发展重化工业，这无可厚非；但如果由此忽视后工业经济，特别是知识产业、现代服务业的发展，则是重大战略失误。知识产业、现代服务业决定着现代城市功能发展和中心城市战略地位，影响相关周边区域的发展格局。广州继续把发展重点放在加工制造业方面，就会进一步深化与周边地区的同构竞争，既不利于周边地区的发展，也不能更好地发挥广州服务华南、走向世界的作用。20世纪90年代以来，广州虽然仍然保持了经济的高速发展，但其地缘经济地位及对周边地区的辐射、带动作用却相对下降了。主要是有两个大的战略判断失误：一是没有确立广州作为中国南部地区现代化国际大城市的地位。20世纪90年代初，广州市就曾提出要把广州建设成为21世纪的现代化国际大都市。可惜这一具有前瞻性的战略判断后来被否定了，延误了广州的国际化进程。二是进入21世纪后没有突出发展城市功能型产业，特别是知识产业、现代服务业，没有加速推动广州由工业城市向现代功能型服务城市转变，自困于传统工业经济思维樊篱中。广州的这两大战略失误，完全源于传统工业文明中GDP增长的惯性冲动。必须突破传统工业文明观念，树立现代产业理念和国际视野，才能突破广州发展旧格局。

自立自主　走向创新
——四论解放思想

加快培育自主创新能力，全面推进自主创新，是广东实施经济国际化战略和产业高端化战略、实现科学发展的基本保障。必须看到，与国际、国内经济发展大走势和广东区域战略地位相比较，广东自主创新能力的提升明显滞后于发展要求。这一方面源于广东发展的生态环境过于优越，缺乏强烈的危机压力，创新发展的冲动和欲望不足；另一方面亦源于对自主创新的片面理解和片面操作，未能真正找到有效创新的路子。可以说，现在我们谈"创新"仍基本上局限在技术创新和产品创新上。单纯的技术、产品创新只能提升我们在国际市场的"接单"能力，却无法培育起自己在国际、国内市场的"下单"能力（而"下单"能力比"接单"能力更重要）；只能提升我们的生产力，却不能真正提升我们的市场力；而市场力不足，必然限制甚至无法实现产品创新与技术创新的效能，无法实现生产力。今天需要检讨我们的产品创新和技术创新之所以难以真正转化为强大的产业竞争体系和市场竞争能力的原因，这就是，局限在产品和技术的狭义创新是"跛脚"的创新，缺乏其他环节创新支撑的局部创新是不能成功的。我们不是为创新而创新；创新是涉及从概念创新到市场开拓，从投资者到消费者到赢利的全过程，是大系统创新。为此，必须从片面的狭义创新思维转向科学的广义创新思维，从狭义的创新制度安排转向广义的创新制度安排，建立系统的科学的全面创新机制。广义创新是从产业竞争全局出发，面向市场竞争，对生产方式、流通方式、产业体系、产业组织和关联产业制度进行的全面创新、再造。因此，创新应包括观念创新、理论创新、方法创新、战略创新、技术创新、产品创新、金融创新、资本方式创新、组织创新、体制创新、生产模式创新、商业模式创新、赢利模式创新、管理创新、环境创新、人脉关系创新、市场网络创新，以及微观创新与宏观创新等等。全球化的现代社会生产，都是开放的经济大系统，在这个系统中的各个组成部分都有特定的功能作用。只有各相关部分形成一个有机的创新整体，才能获得真正的生产力和市场力。从20世纪后20年国际产业大调整、大分化、大重组的规律和趋势看，西方国家特别是跨国公司通过一手抓研发（产业链上端）、一手抓服务（产业链下端），两手结合握住生产，掌控全球产业链。因此，我们在推进创新时，必须克服见物不见人、重硬件轻软件、重模块轻系统、重硬技术轻软技术的片面创新思维，建立全面创新战略新思维。

当然，在实施全面创新战略时，也要关注不同时期、不同领域创新的主导环节。如当前我们特别需要关注的是商业模式创新问题。商业教父、台积电董事长张忠谋在第五届华人企业领袖峰会上就指出:"商业模式创新比科技创新更重要。""最赚钱的创新是商业模式创新。""台积电就是以创新商业模式,创造出市场。"全球竞争力大师麦克·波特也指出:"商业模式创新比科技创新更重要。"生产模式(含产品、技术创新和生产方式创新)创新是解决用什么方式生产出社会需要的产品,商业模式创新要解决的是用什么方式使需求与供给高效连接并取得最大效益。显然,没有后者的有效创新,前者的创新是实现不了的。我们要看到,在改革开放30年中,与华东地区特别是上海、浙江等相比较,相对于广东所具有的潜力和机会,广东无论在政府或企业层面都存在着重产业轻商业,重物质经济轻非物质经济,重生产轻流通,重产品、技术和生产方式创新,轻商业模式创新的情况。有人把浙商称为"行商",把粤商称为"坐商"(当然这只是相对而言);浙商全世界满天飞,粤商小富则安,自守家门。广州中国进出口商品交易会举办历时50多年,100多期,却没有从中培育出国际化商业商务跨国公司,没有培育出一批全世界满天飞的国际商人;我们只习惯于设馆开场,出租展位让别人进来做生意,而没有进一步考虑其中包含的巨大的国际商机以及如何建立自己的国际商业竞争优势;没有很好地发展第三方、第四方物流商务,抢占国际物流商务制高点;我们习惯于做"接单"生意,不考虑培育和拓展"下单"能力。今后广东必须解决重产轻商、重物轻人、重结果轻能力的片面观念;不仅要通过产品技术创新和生产方式创新,不断提高"接单"能力,而且特别要重视通过商业模式创新,努力培育和形成"下单"能力。我们要清醒:一个没有国际市场力的世界加工制造业基地是脆弱的,且必然是低收益的。必须要用全面创新理念来重塑粤商新精神、新理念,重建研发——生产——市场联动创新发展新格局。政府要通过制度创新和政策调整,大规模推动商业模式创新,大规模提升广东国际市场竞争力。

技术创新是我们始终要高度关注的领域。当前特别需要关注的是技术创新战略问题。当前,广东在科研、技术创新方面的投入与GDP规模不成比例;而更令人忧心的是,广东作为现代化变革发展的先行者,却未能面向世界,面向未来,形成科学的科研、技术创新战略,未能建立科研、技术创新的战略决策、指导系统,我们的技术创新决策基本上还停留在策略层面上。至于理论创新，更没有放在全省创新战略日程上。没有战略就没有全局，就没有未来；没有理论创新，没有科研、技术创新战略，就更没有全局，更没有未来，广东在发展方面的排头兵地位就不可能持久。广东只有从短视目光中转向世界，转向未来，以超前视野唤起创新欲望，唤起创新战略意识，才能真正建设创新型广东。

创意产业的发展最能体现一个地方、一个城市的文化制度氛围和居民的创造力、创造风格，因而也最终体现发展的活力和持续力。创意活动无处不在，无人不可：大型活动创意、酒店创意、商业创意、产品创意、服务创意、文化创意、城市景观创意、管理创意、信息传播创意……我国最基本的国情是人口众多，资源短缺。我们的最基本战略应当是最大限度发挥人力资源优势，避开资源短缺劣势；发挥人力资源优势最重要的莫过于培育人的创新精神，发挥人的创造力。这是经济发展、社会进步的核能。创意活动则是这种核能释放的基本方式。可以说，创意是一种文明生态、一种生存风格和价值取向。"世界创意产业之父"约翰·霍金斯就指出："看一个城市是否创意城市，重要的是看这个城市的居民的生活环境和精神状态。"因此，我们必须高度重视构建有利于创新、有利于激活创意的精神文化氛围和制度环境。

文化产业创新是基础性创新，既具有重大意义，也具有广阔空间。美国的"星球大战计划"或高边疆战略本身，就源于科幻文化产品"星球大战"。可以说文化创新的成果往往成为其他方面创新的先导。中国古代的神话也不乏丰富的文化创意，如"嫦娥奔月""西游记""海龙王"。可惜跨入现代，中国人的文化幻想、文化创意却明显萎缩了。这需要重新激活我们的文化幻想和文化创意，使之成为文化产业创新的强大源泉，并通过文化创新激活全社会的创新欲望。现在中西贸易很不对称：在物质商品贸易方面，我们存在巨大顺差，且在不断增长；但在文化贸易方面却是巨大逆差，不成比例。如近几年图书进出口，中国对欧洲国家的贸易逆差高达100∶1。更可怕的是，外国把中国的文化历史资源变成他们的文化产业资源。如日本把《三国演义》改成日本式的，美国把《花木兰》改成美国式的。必须看到，光有GDP，光有物质经济的强大，是不可能真正实现中华民族复兴的，只有文化复兴，才能最后真正实现中华民族的复兴。我们需要通过文化大省、文化强省建设，使文化事业和文化产业获得巨大飞跃。

从上述的全面创新战略思维考察，创新是全域创新，创新无处不在，创新无处不可；创新是全民创新，人人有创新机会，人人皆可创新。我们需要彻底变革创新理念。过去，人们以为创新只是科技人员的事，研究机构的事，这与把创新狭义化，局限在产品、技术创新密切相关。为此，需要高度重视在广东培育创新文化，营造人人想创新、个个能创新的文化氛围和制度环境。只有确立全面创新战略新思维，形成全民、全域创新局面，广东才能真正拥有持续发展的蓬勃生命力。

现在，就建立创新型广东来说，重要的不是实现了什么创新成果，而是形成有利于全民创新的制度文化环境，唤起全体人民的巨大的创新欲望和创新能力。国外有人研究中国改革开放后爆发出的巨大而惊人的经济发展能量和发展动力时，追溯到了中国人的传统家庭观念及其特有的财产观念（即为下一代积聚财富，建立基业），建立在以家为纽带的血缘文化基础上的强大的财富欲望，成为经济发展的强大原动力。今天，如果我们能够把中国人追逐财富的欲望转化为强大的创新欲望和冲动，就真正把潜藏于人的核能变为"核裂变"，并使中华民族无敌于世界。这也是实现科学发展的根本动力。

此外，对于我们来说，更根本的创新是文明的创新。现在世界发展面临的不可持续危机，不仅仅是技术性的、策略性的，而是西方主导的现代文明存在的根本缺陷，是现代文明价值理念的失误。因此，中国实践科学发展观从根本上说是在当代人类文明进化史上进行的一次新的文明革命，即由异化的物本现代化、资本现代化转变为人本现代化、主体现代化。这是一场深刻的文化革命，人类如果不能实现这一文化革命，人类文明就不可能真正走出传统现代化的危机。因此，从深层次上说，建设创新型广东，就是要探索和构建中国特色社会主义现代化新文明。实现这一任务需要全面创新的文明知识和全社会的共同努力。

以人为本 走向理性
——五论解放思想

（一）争当实践科学发展观排头兵，必须树立和弘扬人文价值精神和科学理性精神

胡锦涛总书记在党的十七大报告中精辟地阐述了科学发展观的内涵："科学发展观，第一要义是发展，核心是以人为本，基本要求是全面协调可持续，根本方法是统筹兼顾。"可以说，科学发展观既是由中国基本国情决定的，也反映了当代人类文明发展的普世价值要求。科学发展就是以人为本的理性发展。纵观近现代以来人类文明的进化，虽然因民族和意识形态的差异，呈现出纷繁复杂的文化形态，但就人类文明演进的深层结构看，始终体现着对发展的人文价值的理性追求；人文价值精神和科学理性精神的成长始终是彰显人类文明进化的两大基本标尺，也是现代社会文明的两大精神支柱，体现着当代人类文明的普世文化价值原则和文化追求。科学发展观的提出，既是中华民族优秀文化传统的继承和弘扬，也是对当代人类文明普世文化价值精神的吸纳和创新，就其核心内涵而言，依然彰显着人文价值精神和科学理性精神的思想光辉，是对由西方主导的以物为本、以财为本的资本主义发展观的革命性扬弃。因此，实践科学发展观不仅仅是发展政策、发展策略的转变，其本身就蕴含着文化理念和价值精神的革命和创新。如果我们把视野投向正面临生态危机、社会危机、文化危机的现代世界，科学发展观在实践上的成功将是人类文明跨越危机的希望，是人类文明的二次复兴。广东要争当实践科学发展观排头兵，首先就需要在精神文化领域进行一场大变革，彻底转变一切与科学发展观不相适应的文化价值理念，大力树立和弘扬马克思主义的人文价值精神和科学理性精神。

人文价值精神就是以人为本，体现对人类发展的终极目的和终极关怀，是社会不断走向进步、走向文明、走向崇高的原动力，是抵御发展的

异化,抵御传统GDP思维惯式和拜金主义的最深刻的精神堡垒。科学理性精神则是人类追求真理,认知世界,并使人类行为符合于规律,走向秩序、走向理性的思想原动力,是人类文明秩序的基本标尺,也是现代社会竞争力的核心要素。一切背离科学发展要求的社会实践,也必然背离普世的人文价值精神和科学理性精神。因此,要真正使广东全面迈上科学发展轨道,必须在全体干部群众特别是领导干部中树立和弘扬人文价值精神和科学理性精神,并升华为哲学理性修养。恩格斯说过:"一个民族想要站在科学的高峰,就一刻也不能没有理论思维。"广东改革发展要走向新的高度、新的境界,就必须站在思想理性的高峰。无疑,就从全国来看,特别是与北方相比较,广东的人文理性文化的历史积淀是相对较薄弱的。广东文化长于感性而欠于理性,善于行而弱于思。这是近代以来广东"穿堂风"现象的文化根源。20世纪90年代初,有上海学术界朋友来粤调研,我陪他到珠三角各地考察。我的朋友看到珠三角一派改革发展热火朝天的景象时很不服气,说如果中央把特殊政策、灵活措施的政策给上海,上海人一定比广东人干得更好。我说错了,一定是广东人干得更好。为什么?因为广东人见长于感性文化,敏于行,反应快,发令枪未响就跑。上海人见长于理性文化,凡事理性思考,反复论证,深思熟虑而后行,没有广东人的敏锐和快速反应。但是我说上海人也不必悲观,再过10年或20年,发展要上水平,需要理性文化,也许华东地区就会超越广东;广东因缺少理性文化资源和理性文化传统,可能会在未来落到华东地区后面。现在看来有点言中了。今天,广东要争当实践科学发展观排头兵,就必须补好人文价值精神和科学理性精神这一课,使我们在人文理性文化上强壮起来。只有精神文化强壮了,才真正有实践上的坚定和强大。

(二)以排头兵气魄确立全面制度创新战略新思维,用制度建设促进和保障科学发展、社会和谐

在现代社会,人文价值精神和科学理性精神,最深刻地反映在法制精神上,反映在制度文化和制度构建上,体现在制度、规范的科学、完备和制度构建的价值取向上。必须看到,无论从当前面临的诸多矛盾和问题的挑战,还是从按照科学发展观要求构建科学人文理性的现代社会看,都明

显暴露严重的制度理念缺失和制度供给不足；关乎广东未来发展全局和排头兵地位的一个重大问题就是制度建设和制度创新问题。科学发展观的实践最需要把人文价值精神和科学理性精神转变为制度文化和制度建设。从近现代世界文明变迁史看，走向现代化是所有国家必须完成的历史任务；现代化是人类文明从传统社会走向现代社会的历史变迁。这一历史变迁必然伴随着传统社会的解构和现代社会的建构，伴随着传统制度的解体和现代制度的建构。制度创新和制度建构是现代化文明变迁的最重要最持久最长效的成果，影响和决定着社会生产方式和人们的社会生活方式，也是我们构建和谐社会的系统基础工程，在现代化发展进程中具有根本性意义。可以说，制度建设的系统完善程度决定着现代社会成长的成熟程度。西方资本主义在其发展中经历了社会矛盾凸显、激化、缓解、平稳的过程；特别是"二战"后西方社会逐步平稳下来，这与他们的现代社会制度建设全面完善成熟是分不开的。进入新世纪，我国经济社会发展也进入了社会矛盾凸显期。这既是对现代社会制度构建的巨大挑战，也是加快制度创新和制度构建的巨大机会。广东作为实践科学发展观的排头兵，最重要的是当好制度创新和现代社会制度构建的排头兵。我们必须确立科学的社会制度创新与构建战略新思维，率先开创制度建设和社会发展新局面。

必须看到，改革开放近30年来，我们乐于打破旧制度，却不太善于建设新制度。我们虽然早就强调了依法治国，建设法治社会，但我们始终缺乏规范思维、制度思维，遇到具体问题往往就习惯用人治办法，用临时或应急手段处置各类问题和矛盾，不太习惯在研究和把握社会矛盾规律基础上加强制度创新和制度建设，由此造成制度、规范建设明显滞后于经济社会变革进程和和谐秩序社会生活的需要。因此，强化制度建设思维，确立法治社会理念，应成为落实科学发展观的重要思想基础。

现代社会，不论是资本主义社会或是社会主义社会，就其共同的社会组织形式都是契约社会。现代社会制度的健全、完善程度决定着契约社会的成熟、稳定程度。因此，广东要在落实科学发展观、构建和谐社会方面发挥排头兵作用，就一定要高度重视制度创新和制度建设问题，要确立制度建设战略新思维。当前处于社会矛盾凸显期，正是加快推进制度建设的重大机遇，我们要尽快克服新的社会制度建构滞后于旧的社会制度解构，导致制度规范缺失、社会生活失序的情况。制度创新与制度重构的根本目标，是建立真正代表和实现最广大人民群众根本利益的人文、理性、民主、正义的"良治"制度体系、制度环境、制度功能，保障全体人民在规范、有序、公平、民主、活力、和谐的社会制度环境中有尊严地生活、发展。

（三）以排头兵气概确立民生战略新思维，建构广东民生保障大系统

民生问题涉及广大人民群众的切身生活问题，涉及发展目的的实现，也直接影响到社会稳定、发展动力和经济社会的可持续发展。因此，民生问题是现代社会的基本问题，对民生问题的思考最能体现一定社会的人文价值精神和科学理性精神的成长水平。实践科学发展观必须确立人文理性的民生战略新思维，建构广东民生保障大系统。

20世纪60年代以来，西方国家社会渐趋稳定，一个重要原因是民生保障大系统的建立和完善。无疑，解决民生问题，既是我们面临的新挑战，也是推动科学构建和谐社会的新动力、新机遇。在民生问题上，要克服把民生问题作为临时问题，用临时措施处理，忽视从科学理性和制度安排上全面构建民生保障体系的情况。当前，我们正面临借助民生问题推动社会体制改革和制度创新的大好时机：一是民生问题压力形成解决民生问题的强大动力；二是我们已经开始具有科学系统解决民生问题的经济基础，特别是目前存在大规模的流动性过剩，为我们探索构建民生保障体系提供了重要的回旋空间。我们应当抓紧当前大好时机，吸纳发达国家经验，面向未来，科学规划，探索中国特色社会主义民生保障体系建设道路和方法。社会的长治久安，一是保障社会公平正义，没有公平正义，最终不会有社会和平；二是保持经济持续发展和社会持续进步，保持社会发展进步的生机活力；三是构建完善的民生保障体系，保证全体人民有尊严的温饱、康乐的幸福生活。只有在社会有效地保障全体公民有尊严的幸福生活，才能唤起广大民众的社会责任感，才能真正形成社会强大的凝聚力，保障社会的和谐团结。

完善的民生保障体系应当包括教育、就业、医疗、居住、衣食、养

老、出行、社会安宁、生态安全、文化体育、济困助贫、公民权益等社会保障。构建发达完善的民生保障体系，非一蹴而就，且涉及方方面面。因此，我们首先需要确立民生战略，从全局和长远上把握中国特色社会主义民生保障体系构建大局，同时要考虑构建多元化机制，动员各种可以动员的力量，共同构建长效化、制度化、科学化、可持续的民生保障体系。我们可以考虑构建由政府为主导的公共民生保障体系、社会力量主导的社会民生保障体系和市场力量主导的市场民生保障体系构成的多元统一的民生保障体系。为此，首先要建立政府公共政策体系，完善政府公共财政和社会公共产品供给体系；其次，要开放社会和市场资源，推动构建社会化和市场化民生保障体系。特别是现在，可以尽量把民间蕴藏着的巨大财力和庞大的流动性过剩引向民生保障体系建设；最后，在公民中推动自主自立精神，提升公民自主创业、自主发展的能力。只有广大公民拥有自主生存发展能力和自主自立精神，民生保障体系才具有根本的生命力和活力，才是可持续的。同时，必须高度重视民生保障体系建设的制度化，即加快形成中国特色社会主义民生保障制度。

解放思想　自我超越
——六论解放思想

20世纪70年代末80年代初发生的思想解放运动，是要使我们从历史上承传下来的教条主义、"左"的思想路线束缚中解放出来，掀起中国改革开放的时代浪潮。今天，我们进行的新一轮思想解放，则是要从自己的过时观念、经验、思维方式和既得利益的樊笼中解放出来。唯有进行新的思想解放，才能放下包袱，焕发勇气，激活智慧，开拓前进。这需要我们学习苍鹰精神。动物学家研究发现，鹰的平均寿命可达70年，但鹰到了40岁的时候，它的爪子开始老化，以至无法抓捕猎物；它的喙变得又长又弯，以至无法把食物吃到嘴里；它的羽毛变得又长又厚，翅膀异常沉重，无法轻快地自由飞翔。这时留给鹰的只有两种痛苦选择，或者老化死亡，或者经过一个痛苦的过程重获新生。通常情况下鹰会选择后者，即走上痛苦的自我更新之路。它首先飞到山顶上筑巢，然后将自己的喙不停地在岩石上击打，直到脱落，再等待它重新长出；新喙长出后，再用它将爪指甲拔除；新的爪指甲长出后，再用它将羽毛一根一根拔去。在此过程中，人们往往会听见鹰的惨烈叫声回响在山谷中。5个月后，鹰脱胎换骨，又轻快地自由飞翔，用它的利爪捕抓猎物。今天，我们广东人能否学习苍鹰精神，浴火重生，自我超越，迈向新的辉煌呢？

广东人曾经是生机勃勃的改革创新者，以敢为人先的精神率先打破坚冰，推动了中国的改革开放，取得了令世人瞩目的辉煌成就。但是今天，广东人发展起来了，富裕起来了，慢慢地背上了沉重的精神包袱，改革创新的锐气慢慢地消减下来了。精神、心态的老化是改革创新的最大敌人，是实践科学发展观的最大敌人。广东要以排头兵精神超越原有发展模式，创新改革发展之路，必须要解放思想，自我超越。只有超越自我，才能超越历史，才能创新发展，才能迈向新的高峰。

（一）要从传统GDP思想樊笼中解放出来，树立科学理性GDP的新理念

自从工业革命以来，人类经济发展就表现为GDP的增长。GDP作为衡量社会财富生产和增长的基本指标，在经济理论研究和经济工作实践中具有核心意义。从一定意义上说，改革开放以来所进行的一系列思想解放、体制改革和对外开放，都是为了解放社会生产力，为了GDP的增长，为了生产越来越多的社会财富，满足人民群众日益增长的物质和文化生活的需要。因此，GDP的增长速度和规模成了衡量我们改革开放成果，衡量我们全部工作成效的综合性、核心性指标，也成了我们制定政策的主要出发点。无疑，改革开放以来，对GDP的追求，对于推动改革开放、推动经济社会发展发挥了重要的积极作用。但是，经过30年的发展，我们面临的问题和挑战发生了重大变化，即不仅是GDP的增长，财富的增长；传统的GDP增长方式带来的负面问题越来越广泛、越来越严重，甚至造成了不可持续发展的巨大危机。情况的变化要求我们从传统GDP理念中解放出来，要重新反思发展是什么、为什么要发展、怎样去发展、怎么样的GDP才是有价值的等一系列新问题。在以前，我们可以不管白猫黑猫，抓到GDP就是好猫；但是在新的历史起点上，在面临一系列新问题、新

挑战时，就必须要作观念调整。今天不是白猫黑猫，抓到 GDP 就是好猫，而是不管白猫黑猫，只有用科学方式抓到对环境友好、能切实增进人民幸福、促进社会进步、可持续发展的 GDP，才是好猫。今天不仅仅是"发展是硬道理"，而且只有"科学发展才是更硬道理"。因此，解放思想，争当实践科学发展观排头兵，首先就要从传统 GDP 观念中解放出来，树立科学 GDP 理念。科学 GDP 不是不要 GDP，而是要高质、高效的，能真正不断实现生态效益、社会效益、文化效益的，能增进人民福利、促进社会进步、体现发展对人的终极关怀的，能不断提升发展能力、改善发展境况的可持续发展的科学 GDP。我们需要用科学理性的 GDP 理念，衡量和引领我们走向科学发展道路，开辟科学发展新境界。

（二）要从"小富则安""安于守成"的惰性文化心态中解放出来，树立富而思进、开拓进取、永攀高峰的创新精神

20世纪末，江泽民同志到广东考察的时候就很有针对性地向广东干部群众提出，要"致富思源，富而思进"，要"增创新优势，更上一层楼"。岭南文化是一种奇特的文化，既有开放兼容、革新进取的积极一面，也有"小富则安""安于守成"的保守一面；既有百舸竞发争上游的竞争心态，也有安身立命求安乐的与世无争一面。一般处在落后、困难、险境时，积极、进取一面就更多地凸显出来；在领先、佳境、顺利时，消极、保守一面就更多地凸显出来。由此就形成了近代以来广东一种奇特的"穿堂风"现象。在西风东渐的大格局下，广东往往最先受到世界先进文明影响，然后南风北上辐射全国，在北方开花结果，但在广东本地却往往开花不结果，由先行变后进。现在，在改革开放大潮中似乎也再次出现"穿堂风"现象。前20年，特别是在20世纪80年代，广东顶住各种压力和冲击，以敢为人先的勇气，生机勃勃地推动改革、开放，为全国的改革、开放、发展"杀出一条血路"。但是，经过一二十年的发展，广东改革开放的锐气大不如前了，特别是近十来年，除了 GDP 依然快速增长外，广东在改革开放等方面的新思路、新举措、新制度创新已乏善可陈了，中国改革开放的主流已经北上，广东已经逐渐自我边缘化了。即使是深圳、珠海、汕头，也已在自我"去特"，自我放弃特区改革创新风格和先行作

用。至于在一些县、镇地方政府和民间中的"二房东""二地主""二世祖"心态的营商方式、生活方式,更是广东文化心理中消极保守一面的典型反映。必须认识到,在群雄并起、百舸争流的时代,逆水行舟,不进则退。市场经济不相信眼泪,国际竞争更不相信眼泪。在面临新挑战、面向新的历史起点的关键时刻,广东的干部群众必须吸取历史经验教训,革除岭南文化中的消极因素,弘扬广东人敢闯、敢为人先的创新精神,以人一我十、人十我百的进取气概,努力在全省上下形成永不骄傲自满、永远开拓进取的勇气和强大的精神动力,才能使广东始终站在全国改革开放发展的前列,始终以排头兵姿态引领中国改革开放和现代化建设。必须看到,我国的改革发展已经进入新的历史起点,面临新的挑战,需要广东人民再次站在改革开放发展的前沿,以排头兵姿态,思想解放、解放、再解放,体制改革、改革、再改革,对外开放、开放、再开放,不断地率先为破解全国改革开放发展面临的问题和挑战提供经验。

(三)要从安守珠江的"船老大"短视思维樊笼中解放出来,树立面向海洋、走向世界的"远洋船长"全球思维理念

广东要实现经济国际化和科学发展,需要 10 年、20 年甚至更长时间的努力,但我们不应时长而不为;广东这一步必须迈出去。同时,广东经过 30 年的发展,已经建立起自主走向世界、自主参与国际分工的初步基础。问题是我们要解放思想,转变观念,调整战略,创新制度。特别是要努力从"船老大"思维方式转向"远洋船长"思维方式。必须看到,广东人一方面思想很开放,放进来,走出去,下南洋,过金山,很有"天下虽大任我闯"的气概。但是,广东人又有安守本土、不思闯荡的心态。比起浙江温州人全世界满天飞的开放发展心态,广东人就显得过于内敛守成了。有人说广东人是"坐商",浙江人是"行商"。从某种角度上说是有一定道理的。此外,广东人还有守在广东吃广东的恋土心态,往往缺少全国大局意识和战略思维。这与排头兵的地位、作用是不相适应的。而且,现在广东经济社会发展之船已经由小舢板长成大轮船,并开始驶出珠江口,要走向太平洋、印度洋、大西洋了;"船老大"的观念、经验不足以走向世界了。这需要我们各级党委、政府,还有各企业、事业单位的领

导者要从"船老大"变成有世界眼光的"远洋船长"。否则,广东的经济社会发展难以迈上新的历史台阶。

(四)要从见物不见人的传统理念中解放出来,树立以人为本、关注发展的终极关怀,依靠人、发展人、实现人的需要的新理念

见物不见人的思维理念,是由"唯GDP综合征"派生出来的,是与科学发展观相对立的。这种观念在广东省也有明显的反映。比如:发展动力中重物质要素,轻人的因素;在发展过程中重经济效益,轻人们在过程中的感受;在发展结果上重物质财富收获,轻实现人的需要。由此,在全局统筹上往往重物质经济建设与发展,轻精神文化和社会的建设与发展;在权利与资源配置上,重物质经济强势部门,轻非物质经济弱势部门。由此,必然造成生态、经济、社会、文化、政治和人的发展失衡,阻碍实现科学发展。由见物不见人的传统思维转向以人为本的理念,是思想解放的重要内容,也是发展理念的重大飞跃。现在我们要争当实践科学发展观排头兵,就必须要克服"见物不见人"的传统理念,树立以人为本、依靠人、发展人、实现人的需要的科学发展价值理念。我们要建设的中国特色社会主义,应当是高于资本主义的先进的社会文明形态;这种文明形态必然是以人为本,最符合人类自身的发展本性,体现人类发展进步的本质要求,实现中国特色社会主义在生态、经济、社会、文化、政治诸领域对人的全面的价值实现和终极关怀。为此,只有进一步加强对干部特别是领导干部的科学理性精神和人文价值精神的熏陶,提升他们的人文情怀,才能从根本上转换发展方式,提升发展内涵。

(五)要从官本位的政治周期心态中解放出来,树立事业为本、建功为民的理念

实践科学发展观,干部特别是领导干部是关键。必须看到,经过改革开放30年的洗礼,我们的干部特别是领导干部的整体素质有了不可同日而语的提升。但另一方面,在30年的政治体制变迁和政绩评价方式的负面影响下,在干部特别是领导干部中形成了两种与实践科学发展观要求相

矛盾的不健康的心态，即官本位的"唯GDP综合征"和"政治周期综合征"。原来在改革开放特别是市场经济冲击下淡化了的"官本位"意识在干部队伍中又不知不觉重新被强化了。而且，这种官本位意识又患上了"唯GDP综合征"和"政治周期综合征"，对我们改革开放发展的工作大局产生了强烈的影响。例如"政治周期综合征"，即5年一届的任期制使许多领导干部在考虑一个地方、一个单位的工作时，不考虑长远问题，不考虑战略问题，只考虑5年，甚至只是3年可干的事。为官一届，3年抢时间干事树政绩，剩下2年宣传政绩跑官要位子。结果真正需要处理的可持续发展问题、长远发展战略问题没人愿去想，没人想去做；不能吹糠见米的、打基础的事不想干。如果大家都不想为千秋大业种大树，只想为下任升官捞政绩做吹糠见米的事，我们的事业就危险了。可以说"唯GDP综合征""政治周期综合征"是落实科学发展观的体制大敌，思想大敌。我们必须克服或淡化官本位意识及其伴生的"政治周期综合征"。这除了在干部队伍中推动解放思想、转变观念、自我超越外，还需要改革我们的组织人事制度、政绩评价体系和评价方式，使我们的干部特别是领导干部真正成为带领全省人民自觉实践科学发展观的带头人。

（六）要从经验主义、实用主义的"务实"观念中解放出来，树立面向未来、面向理想，用科学理性武装的新务实精神

务实是广东人的一大优点和特点。务实精神和作风成就了广东改革开放30年的辉煌；如果没有广东人的这种一切从实际出发，一切从实效着眼，不尚空谈、注重实干的务实风格，就不可能有改革开放和发展的成功。但是，在改革开放发展新的历史起点上，光有务实作风已经不够了，拒绝科学理性的务实更会后患无穷。几十年的实践表明，广东人往往"小脑"发达"大脑"不足，务实有余理性不足。这既是优势，又是劣势，今天则成为阻碍广东迈上历史发展新台阶的思想障碍。我们还看到，有些同志往往以"务实"排斥科学理性、排斥前瞻视野和战略思维，这是很危险的。中国的崛起面对着错综复杂的世界，中国的发展有着内部更复杂的矛盾、问题，我们事业的成功需要经历许多代人的努力。这不仅需要我们继续保持务实的精神和作风，更需要我们能够时时仰望天空，怀抱

理想，面向世界、面向未来，以宏大的战略视野科学地驾驭我们事业的发展。因此，广东人应在保持"小脑"发达的同时，要补"大脑"不足，要广泛开拓理性文化资源，让"大脑"发达起来，要用科学理性精神武装务实精神。

去年（2007年），温家宝总理在同济大学给大学生们做报告时，深情而富远见地说：一个民族要有一些关注星空的人，他们才有希望；一个民族只是关心脚下的事情，那是没有未来的。关注星空，是让我们要有理想情怀、远大抱负；要有世界眼光、面向未来；要敬畏宇宙，敬畏苍生，走向崇高。今天，我们环顾广东这片愈益物质利益化的尘世热土，虽然市场经济、物质文明有了很大发展，但不能不看到我们的精神家园在沉落；我们似乎缺少了仰望星空的情怀。我们一些人没有了精神解放的追求和理想信仰的支撑，因此精神缺钙，灵魂无依。由此，思想解放的更深刻的任务在于推动思想的升华，理想的复归，精神家园的重建。唯有精神跨越高峰，实践才能跨越高峰；唯有一批怀抱理想、仰望星空、务实苦干、开拓创新的领导干部队伍，才能以世界视野和全国大局意识面向未来、面向民族复兴，谋划广东新发展，把广东发展引领到新的巅峰。

（2008年2月16日稿。本文发表于《南方日报》2008年2月18—23日）

中国现代化创新与人文社会科学的使命
——兼论人文社会科学期刊的责任

从文艺复兴到启蒙运动以来逐步出现的人类文明现代化，至今已成为全球各个国家、各个民族文明发展的共同主题。20世纪最后20年，我国通过改革开放全面起动了国民经济工业化，初步实现小康。进入21世纪，以全面建设小康社会为第一步，我国进入了全面建设社会主义现代化、实现中华民族伟大复兴的历史新阶段。中华民族在21世纪的这一伟大历史主题，理应成为我国人文社会科学关注和研究的中心。人文社会科学应当更多地关注人类在当代的历史命运，必须对人类现代化倾注巨大的人文情怀。

一、物本现代化：人在传统现代化中的错位

数百年来的现代化运动，推动了人类社会从传统农业文明到现代工业文明的飞跃，并在两个世纪之交开始了由现代工业文明向现代知识文明的新飞跃。但是，传统的现代化一方面创造了以前所有历史无法比拟的巨大的物质财富，推动了人类文明翻天覆地的巨变。但另一方面又使人类文明面临新的危机：以无止境地消耗地球资源为代价，以物质财富增长为中心的发展，导致地球资源趋于枯竭，生态急剧恶化，使人类种群与地球环境之间爆发巨大冲突，人类文明已面临不可持续发展的生态危机；以实力或暴力为根据的激烈的生存与发展竞争，引发了全球范围内人类社会的分裂和激烈的社会冲突，使人类文明面临严重的社会危机；在人类通过生产力发展获得并支配了巨大的物质财富的时候，人类又失去了对生存意义的自觉理解和对生活崇高价值的追求，成为无限追逐物质财富和高消费的怪物，导致人文价值精神的坠落和贫瘠，陷入严重的精神危机。

导致人类文明现代化陷入不可持续危机的根本原因，是这种现代化的

异化性质,即与人相对立的以物质财富增长为中心的物本现代化。这种现代化文明有六个明显特征:以物质财富增长为中心的异化文明,以三高(高消耗、高效率、高消费)为特征的经济运行,以追求物欲满足为中心的社会消费,以个人主义为中心的社会价值体系,以竞争为基本法则的经济社会秩序,以暴力(实力)为根据的国际社会秩序。这种背离人类文明发展历史本质的现代化必然走向与人的对立和与自然的对立。现在物质财富丰富了,人类发展能力提高了,但人类并没有真正消除贫困,也没有获得真正的幸福,更没有获得真正的自由。相反,人与自然的矛盾、人与人的矛盾、人与精神主体的冲突在更广泛的领域、更深刻的程度展开。危机和冲突向人类提出了深刻的历史课题,要求人类作出深刻的历史反思:人类文明发展的本质和根本意义是什么?人类文明现代化究竟要追寻什么?我们必须拷问现代化的人文意义!

所幸的是,历史留给了中华民族进行历史再选择的机会。作为后发现代化国家,中国不应盲目步西方后尘,重新"克隆"西式现代化。中国的现代化必然具有双重的历史意义:一方面汇入世界现代化发展大潮,追赶发达国家的现代化;另一方面全面创新现代化文明,在创新中超越传统现代化文明。中华民族的伟大复兴必然是发展的追赶和创新、超越的统一。历史给了我们选择的权力:我们拥有发展的后发优势,可以借鉴西方现代化的经验和教训,在深刻把握现代化的基本趋势和真正的人文意义的基础上,作出超越式发展的历史选择。历史给了中华民族落后的痛苦,历史又给了中华民族选择、创新、超越的机会。21世纪有可能是中华民族的世纪。但是,面向21世纪,文明竞争的真正赢家还未确定,也许还是美利坚帝国,也许是中华民族,也许是印度……但中华民族不应错失千载难逢的历史机遇。

创新和超越的起点,只能是让现代化回归人本立场,用人文社会科学的新视野,重新理解人类文明发展的历史本质和现代化的人文价值。无疑,中国的现代化既处在出发点上,也处在人类现代化再选择的十字路口上。人文社会科学必须为中华民族新的历史选择提供理论指南和思想武器。这就是中国人文社会科学新的历史使命。

马克思列宁主义、毛泽东思想指引了中国人民夺取革命胜利,成为自己历史的主人,掌握了历史选择的权力;今天,我们必须从马克思主义的人本主义立场出发,创新人文社会科学,并用新的理性视野对现代化路向作出符合人类文明发展本质和人类历史本性的选择。

二、人本发展观:中国现代化创新的出发点

从理性来看,传统现代化文明陷入历史误区的根本特征是现代化对人的异化或人在现代化中的错位。在传统的现代化中,人们更多的是追求客体的现代化,即物质财富和制度环境的现代化;或者把现代化仅仅看作是物质世界的人化和人对物质世界的占有和支配,忽视了现代化的本质是人自身的现代化,是人类精神世界的进化和升华。特别是在资本主义社会,把人变为现代化的工具和物质财富积累的源泉;现代化不是服务于人的现代化,不是人自身的现代化。这就必然导致现代化离开人类文明发展的历史本质,走向反人类的误区中。

现代化在现实中的错位,也导致了我们对现代化认识的错位。即使一些从事现代化研究的国内外大师,都难逃现代化认识陷阱。人们往往侧重于从客体(生产力、社会制度等)角度考察现代化,疏于从人的角度考察现代化。他们往往把现代化归结为 GDP 增长、国民经济工业化、社会城市化等等。无疑,现代化必然会表现为工业化、城市化、信息化、知识化等,但这些都不应是现代化的实质或本质。我们实际应当更多地考察上述一系列变化的人文意义,考察其中应当体现的人自身的发展和人的本质的实现。实际上,在现代化理性范围内,不论是经典型现代化理论,或是依附型现代化理论、世界体系型现代化理论,包括其他诸多的现代化理论,都较多地研究现代化的历史表象,往往忽视对现代化人文价值本质的考究。如帕尔默和科尔顿就将现代化解释为:"20 世纪后期,全世界各民族都还在经历现代化的历程。它有许多形式,其中最明显的标志是飞机、超级市场、电脑技术和城市人口积聚。结果之一,是在文明的某些方面出现新的全球一致性。这是一个过程。"更有甚者,企图建立数学模型来定义现代化,或对现代化进行精确的定量判断。这些都表明在现代化研究中仍然缺乏人文意识,仍然未能真正回归人本立场。

把现代化由以物质财富增长为中心的物本现代化（实质资本现代化）转向以人的幸福的增进和促进人的自由全面发展为根本价值取向的人本现代化，是当今现代化文明再革命的根本主题，是现代化的全面创新。现代化文明的创新首先要求我们进行发展观的变革和创新，即回归到人本发展观上来。人类文明史就是人自身的发展史、成长史。当然，人的发展包含着人与自然关系的发展和人与人之间社会关系的发展，但人始终是历史的主体、人与自然关系的主体、社会关系的主体。而人作为人并不是以其物质存在为本位，而是以其精神存在为本位的；因为把人与一切物质存在形式区别开来的，正是人的自由自觉的精神世界。人类的文明史一方面是人的精神世界成长和精神人格升华的历史，另一方面是人类精神世界不断对象化，从而改变自然面貌的历史。在此过程中，人类不断由必然王国走向自由王国。

人本现代化的本质在于以人为本位，而不是以财富、以物质或以人之外的客体为本位出发去考察和判定现代化的本质和意义。现代化从根本上说是人的现代化，是人作为人发展的特定历史阶段，即人从传统人到现代人的跃升。人从动物界到原始人的转变，是人从自然动物界中上升为文明生物的第一次历史跃升；人从原始蒙昧人到传统农业文明人的转变是人作为文明生物的第二次历史性跃升；人从传统农业文明人到现代工业文明人的转变是人的第三次历史跃升；进入21世纪，人类作为文明生物又面临第四次历史性跃升，即由现代工业文明人向现代知识文明人的跃升。现代化至少表征着人作为文明生物的第三次和第四次的历史跃升。

人类作为文明生物进化的主线就是不断由必然王国走向自由王国，实现人作为真正的人自由全面的发展。一方面是人自身精神世界的进化和发展，表现为精神意识的自觉化、人格的升华和精神能力的成长；另一方面，人的精神世界发展又外化于、人化于外部世界，表现为人所依存的客体环境的发展，如农业文明社会、工业文明社会等。其根本特征是生产力的发展程度，如锄头、机器、火车、航天飞机、计算机等，既表征着人的精神世界、精神能力的发展程度，也表现为客体世界的人化程度，因此也就表现为人相对于自然和社会的自由发展程度。人的历史就是由不自由走向自由的发展史。现代化就是人类自由的发展过程，是人的自由发展史的一个历史阶段或历史过程。因此，度量现代化进程或水平的根本尺度是人的自由能力水平和自由程度，是人类生产力、人类社会制度和人类精神世界互动发展的统一。一切离开人、离开人的自由的发展去奢谈现代化，都是背离现代化的人文价值本质的。

从人的发展角度考察的现代化必然是人类文明全面的、统一的、持续的发展过程，它是以人为主体的，是人与技术、经济、环境、社会、文化、政治协调互动持续发展的过程。因此，人本现代化首先把人的幸福的增进和人的发展置于发展的中心，作为发展的出发点和归宿，同时促进经济和社会的协调发展，人与自然的和谐共存，物质文明与精神文明的共同进步，实现人类文明的协调、持续发展。

三、人本现代化与人文社会科学的使命

当我们只是考察和追求物本现代化或客体现代化时，人除了作为物本现代化的工具并如何更好地发挥其在物质财富创造中的作用外，便被置于现代化研究的视野之外。虽然人文社会科学也介入了现代化的研究，但就其本身发展而言，真正有意义的是自然科学和科学技术。因此，一个相关的现象是人们更关注可以直接带来技术进步和增加物质财富的自然科学，人文社会科学被忽视或轻视了。人们更多地关注物质财富的增长，更多地关注物质财富的分配，而人作为人在现代化中的感受和人的价值被冷落了，对人的现代化中的人文关怀被忽视了。这种情况也深刻地反映到我们今天的现实生活中。

但是，当我们把现代化真正回归到人本现代化上，当我们严肃地考察现代化的人文意义时，当我们考虑现代化中的人文关怀以及人文价值的实现时，人文社会科学就具有特别重要的科学意义了。人是什么？人的历史本质是如何在现代化过程中展开和发展的？人如何在现代化进程中扩展其自由及条件？在现代化中如何发展人的自由自觉的精神意志和促进人格的升华？人在现代化进程中如何重构与自然的关系、与社会的关系、与自己的关系，真正保障人的自由全面发展？我国作为发展中国家如何在新的人本现代化发展观指导下，探索人本现代化道路，并取得现代化国际竞争优

势？这些都关系到现代化发展的方向，关系到我国的现代化创新和超越，关系到21世纪中华民族在人类文明发展中的地位。

无疑，马克思主义依然给予我们重要的启迪。马克思在《1844年经济哲学手稿》中指出："有意识的生命活动把人同动物的生命活动直接区别开来。正是由于这一点，人才是类存在物。……仅仅由于这一点，他的活动才是自由的活动。"列宁在他的人类解放学说中多次强调，无产阶级共产主义革命的根本目的，就是创造人类解放的条件，实现人作为真正的人自由全面的发展。这也是现代化的根本目的。我国的现代化发展，既要最大限度地吸收西方发达国家的现代化成果，站在西方发达国家的肩膀上推进现代化，同时又必须从全新的人本现代化的角度把握现代化的方向和进程。实现这一伟大历史任务，人文社会科学具有义不容辞的历史责任。首先，我们要从人本发展观出发，重建人本现代化理论与研究方法，并据此探索与揭示现代化的历史本质、发展进程和发展规律，用以引导现代化的发展。其次，推动人类本质精神的重建，唤起人们的自由自觉的主体精神意识，发展人的人文价值精神，提升人的科学理性精神，升华人的崇高人格，发展人作为主体人的能力。最后，要考察现代化进程中人与自然、经济、社会、文化等之间的发展关系及其协调互动规律，促进人类文明的持续、协调、全面发展。

因此，促进人的现代化对于现代化而言具有本体意义；只有客体现代化，没有人的主体现代化，不可能有真正的现代化，也不可能实现现代化的目的。人的主体现代化首先反映在人作为自由自觉的精神主体的自我意识的觉醒和人格的升华，反映在人作为类的社会群体的类的意识的觉醒和社会意识的升华，人作为类的社会和谐统一。对于现代社会而言，自觉的人文价值精神、科学理性精神和社会契约精神，是人的自由自觉精神意识的成熟、人类的意识的健康成长和健康人格的升华的三大精神支柱。她引导人作为文明人精神境界走向崇高，人作为类的人走向社会的共济统一，人作为自然的人走向人与自然的和谐共存。人只有作为自由自觉的精神主体，实现自我意识的觉醒和人格的升华，才能克服传统现代化中必然包含或导致的人与自然冲突的生态危机、人与人冲突的社会危机和功利的人与主体精神的人冲突的精神危机，真正使现代化进程回归到人本现代化的轨道上，并使这种现代化不断促进人的解放，不断实现人的自由全面的发展，不断增进人的幸福，不断促进地球生命圈文明的进化和完善。

人本现代化与物本现代化不同，后者依赖本能的利益导向和竞争而发展；前者则要求用科学的人文思想武装人们，促进人的精神世界的发展和成熟，在自觉的精神主体的干预下，实现人与自然的和谐统一，实现人的社会的和谐统一，实现人的自然生命和精神主体的和谐统一。江泽民同志曾经指出，要以先进的理论武装人，以正确的舆论引导人，以高尚的精神塑造人，以优秀的作品鼓舞人。这从现代化的角度看也是十分重要的。这也正是人文社会科学的责任。在讨论现代化时有一种观点，现代化也是走向世俗化，现代化必然排斥精神走向高尚。这只是人类被动屈从于世俗力量的软弱反映。我们必须通过科学建立自觉的、积极的、符合人类文明演进历史方向的社会主义现代化进程。

基于上述的讨论来看，2003年在南方举行的第三届全国人文社会科学期刊高级论坛及其所取得的成果，就具有特殊意义。作为人文社会科学发展的重要载体，人文社会科学期刊对于我国今后的现代化历程具有特别重要的责任。它必须关注对现代化本质的深入理解，关注现代化中的人文意义和对人的人文关怀，努力推进人本现代化理论的创新与发展，促进人的自由自觉精神意识的成长和引导人的人格升华。从这个意义上说，人文社会科学期刊当与现代化同行，并努力传递人们对现代化的理性思考，用理性思想武装现代化实践。

（2004年2月10日稿。本文发表于《广东社会科学》2004年第一期）

清溪镇农村城市化社会发展综合实验规划大纲

序 言

清溪镇地处美丽富饶的珠江三角洲腹地,位于东莞市东南。东临惠州市惠阳县,南交深圳宝安县,西接东莞市塘厦镇、樟木头镇,北连东莞市谢岗镇,面积141.5平方公里。清溪属丘陵山区,东、南、西、北均是峰高几百米乃至近千米的连绵山脉,中间是面积达90多平方公里的低丘盆地,可作城市用地开发。清溪镇辖21个管理区,106个自然村。常住人口近13万,其中,本地人口约2.85万,外来人口约10万。

清溪南距香港40多公里,西北距广州110多公里,处于东莞市、深圳市、惠州市及正在崛起的大亚湾"淡澳走廊"交会的金三角。这种特殊的地理区位优势,将使清溪成为四地经济、文化、社会往来的结合部和汇集区,为清溪城市的发育提供了决定性的地缘条件。

清溪拥有奇妙的自然地理环境。四面环山,陆地通衢,可谓开合自如;高山流水,一展平川,可谓"四水归堂";路网纵横,水源充足,可谓兴业宝地。清溪是珠江三角洲难觅的建设生态型城市的天然沃土。

清溪原是一个贫穷落后的偏僻山区小镇,有"东莞西伯利亚"之称。1978年改革开放之前,经济发展基本是以传统的农业经济为主,生产要素和各种资源也大多配置在农业生产中,全镇80%以上的劳动力从事农业,基本没有工业基础;人民生活贫困,劳作入息仅够维持生存,温饱问题还没有解决。但是,在落后的社会生产力和僵化的社会经济结构后面,酝酿着经济社会大变革的历史冲动,潜涌着城市化、现代化的历史激流。

党的十一届三中全会以后,在改革开放政策的指引下,清溪镇的经济社会面貌发生了天翻地覆的变化。农村家庭联产承包责任制的实施,极大地解决了农村生产力,特别是20世纪80年代中后期,农村经济突破了封闭和半封闭的自然经济和产品经济格局,向商品经济和市场经济飞速发展,为清溪的城市化建设打下了坚实的经济基础;农村经济由单一的农业经济迅速转向现代工业经济;以"三来一补""三资"企业为主要形式的外向型经济的发展,使清溪镇国民经济进入了高速增长轨道;农村工业经济的发展,使农村商品交换的数量和范围迅速扩大,带动了商业、交通、邮电、银行和其他社会服务业的迅速发展;第一、第二、第三产业的全面繁荣,促进了政府财政收入的稳步增长,为清溪城市化建设提供了较为雄厚的财政力量。清溪正在开始由传统农业社会向现代社会过渡。进入90年代,大规模的道路建设全面拉开了清溪城市建设的帷幕。清溪已在大踏步向工业化、城市化和现代化迈进。

在现代化道路上走在前面的国家和正在起步的发展中国家的城市化、现代化的实践表明,经济增长不等于社会发展;只有不断满足人的乐生需要、重视人的自身发展,经济的增长方式才会带动社会、文化、科学技术的发展和环境的优化,才会推动人类社会走向文明和进步。社会主义的核心问题就是满足人民群众不断增长的物质文化生活的需要,并以此促进和保障人的才能自由而全面地发挥和发展。因此,一个社区经济社会的发展,应最大限度地满足人们的需要,改善人的生存和发展的环境,提高人的综合素质,改进和挖掘人的潜能。这不仅是经济社会发展和进步的目的和标志,也是推动经济社会全面繁荣和进步的根本动力。党的十一届三中全会以后,我国经济发生了巨大的变化,逐步富裕起来的人民,在解决了温饱问题之后,开始对改善生活质量、优化生存环境、丰富精神生活、提高生活档次提出了更新、更高的要求。这种强大的发展原动力,不仅动摇着千百年来形成的传统农业社会的根基,而且必将汇集成一股强大的历史潮流,推动着农村城市化的发展迈向新的成长阶段。

我们正处在两个世纪之交,清溪正处于从传统社会到现代社会的历史大变革。毫无疑问,未来的20年里,无论对于当代清溪人还是对于未来清溪的子孙后代,都是极为关键的历史时期。清溪人民能否自觉地掌握自己的历史命运,以超前的历史洞察力,把握历史发展大趋势,科学地吸纳人类社会发展的文明成果,创造性地选择新的历史发展制高点,确立全新的发展战略,这不仅关系到现在10多万清溪人民的幸福,也关系着清溪子孙后代的福祉。当今国内外的可持续发展浪潮,为清溪的社会发展提供了极为有利的发展环境。清溪在满足基本需求之后,已经具备了主动选择未来发展道路的能力和可能性。清溪人民面向21世纪,将以自己的独特优势和风格,满怀历史自信心,走在人类历史发展的共同大道上,用自己的智慧和勤劳在清溪140多平方公里的大地上创造一个现代化的人间天堂。

一、发展思想纲领

18世纪首先在欧洲发生的工业革命,掀开了人类从传统社会走向现代社会的伟大历史序幕,展现了人类灿烂辉煌的美好未来。但是,现代化的先导国家和地区的工业化、城市化、现代化的发展实践表明,工业化、城市化、现代化对于人类自身的生存和发展来说,并不一定是一个香甜的历史果实。工业化、城市化、现代化既可能给人类创造一个美好的天堂,也可能给人类带来一个"现代地狱"。关键是确立科学的发展观,制定正确的发展战略和发展政策。

清溪正在掀开工业化、城市化、现代化的历史新序幕。无论相对于世界上发达国家和地区,还是相对于珠江三角洲其他发达地区,清溪的工业化、城市化、现代化都相对地落后了。这既是一个发展劣势,又是一个千金不换的发展优势。清溪可以总结工业化、城市化、现代化先导国家和地区的经验教训,选择新的现代化战略制高点,发挥"后城市化"和"后现代化"优势,实行超前发展战略,实现后来者居上。

推进清溪农村城市化既是一项伟大的社会试验,又是一项庞大的社会系统工程,必须确立新的发展思想纲领,制定新的经济社会发展路线。这就是以人为中心,以科学技术进步为基本发展动力的环境、经济、社会、文化与人的协调、持续、稳定发展的发展路线。

(一) 确立人本主义的新发展观

以人为中心的综合发展观认为:发展首先和发展的主体——人的发展相关。发展是以人的发展为中心的整体社会的各个领域的综合变革过程。因此,社会发展的各项工作必须围绕培育人、造就人、保护人和服务人展开。目前，各个国家和地区都非常注重经济发展，但由于没能重视发展的主体——人的自身发展的需求，结果，经济发展并没有带来人们预想的幸福与快乐。于是人们开始由以"增长第一"向"以人为中心"新的发展思想转变。人们愈加认识到，只有以人为中心的发展方向才是正确合理的发展方向，只有以人为本位，方可以解决发展最终目的这一根本性问题。离开了人的发展，整个发展事业就失去了起始源泉、根本动力、正确目标和检验标准。发展的最终目的在于满足人们各种层次的需要；只有以人为本位，方可最大限度地开发人力资源、智力资源和一切社会资源，形成一股巨大的、持久的历史动力，我们的解放人类的崇高事业才会拥有永不衰败的生命力。

(二) 确立经济社会持续发展的思想

在传统社会走向现代社会的大变革过程中，人类社会变革与发展的速度越来越快，变革与发展的周期越来越短，每一个发展周期对下一发展周期的影响越来越大。在人类社会步入世纪之交的关键时期，人类比以往更注重持续发展的选择。我们必须建立长期的发展观点，保障和优化后代的继续发展的条件，这是每一代的历史责任。我们必须要在不威胁后代人生存需要的前提下，寻求满足我们当代人自身需要的发展途径，从而使我们的社会能够长期沿着持续、稳定、协调的方向发展。

我们注意到，协调人与自然的关系，保障经济社会的持续发展，已成为全球普遍关注的世纪性议题。持续发展是在人类发展过程中，传统发展方式面临一系列危机与挑战的背景下提出的。过去，由于受生产力发展水平的限制，我国的经济一直以粗放外延式发展为特征，以高投入、高消耗、高污染实现经济的高速增长。目前，我们的经济正进入高速增长阶段，如果继续坚持传统的发展模式，只注重追求眼前经济的高速增长，忽视经济社会长期发展的要求和条件，我们将会出现父辈耗尽子孙今后生存和发展的资源，恶化子孙今后的发展条件的局面，我们将愧对子孙后代。因此，持续发展问题，也就是我们对子孙后代负责任的问题。对此，我们必须要有高度的历史责任感，制定经济社会持续发展的路线和政策。

我们从现在起必须摒弃传统的发展模式，从被动地解决社会发展问题，转向主动地追求社会发展，走向社会经济的综合发展。选择既发展经济又保护环境的持续发展战略；制定和实施既可满足当代人类需求，又不对后代人满足其需求构成危害的可持续发展战略，把近期发展与长远发展结合起来，在保持经济高速增长的前提下，实现资源的永续利用，实现经济效益、社会效益、生态效益的统一，真正把国民经济的发展引向持续发展的轨道，探索出一条具有中国特色的可持续发展道路。

（三）确立经济、社会、科技、生态与人协调发展的思想

人类社会是一个包括环境、经济、科技、社会、文化与人六大基本领域的有机统一的动态性开放大系统。社会发展与进步是一个各发展领域相互协调、相互促进的动态过程。只有保障社会的综合协调发展，才能保障发展真正增进人类的利益。因此，社会综合协调发展是宏观经济社会综合规划决策追求的重要价值目标，协调与平衡是现代经济社会良性发展与进步的基本条件。因此，新发展观摒弃单纯经济发展观或其他片面发展观，强调经济社会发展系统内部的结构平衡与协调，促进经济社会长期持续、稳步发展。

世界上许多发达的资本主义国家，在取得经济高速增长的同时，由于没有协调好经济、科技、生态之间的关系，为高速发展付出了沉重的代价。我们国家过去在经济发展上也存在过只顾追求单纯的经济增长，而忽略社会总体协调发展的做法，致使我国长期以来，在受到人口迅速增长困扰的同时，经济上又盲目过热发展，造成我们目前生存空间不断缩小，生态基础更加脆弱，环境污染更加恶化。这些问题都不同程度地转化为巨大的经济压力，并使社会各类矛盾不断加深，使社会稳定基础受到威胁。

因此，在清溪推进农村城市化过程中，必须同时推进社会各个方面、各个领域的协调发展。必须坚持经济发展是社会综合发展的基础，进一步加速经济发展，壮大清溪经济基础的发展政策；必须坚持环境是人类生存与持续长期发展的基本条件，不断改善和优化环境，建立环境与经济、社会良性循环机制的发展政策；必须强调科技的引导和促进作用，强调科技、经济、社会、生态之间的协调关系，寻求一种经济社会与自然生态环境、资源供给相协调的新型发展关系。

(四) 确立科学技术是第一生产力的思想

在当代,科学技术的蓬勃发展,已广泛渗透到经济生活的各个领域,成为推动经济社会发展的主要动力,向科学技术索取知识、技能和财富,依靠科技进步促进经济社会的发展,已成为当代人类的共识。科学技术不仅作为生产力推动着经济发展,而且作为一种知识体系和观念财富推动着社会进步,推动着从社会的道德风尚到人们的价值观念、从社会形态到婚姻家庭组合、从生产方式到生活方式和思维方式等一系列的文明进步。随着人类对科技进步主导作用日益深刻的理解,用科技引导社会发展已引起普遍的关注和重视。

因此,在今后的发展中,必须树立科学技术是第一生产力的思想,确立科技、经济、社会一体化观念,使科技意识成为人们的自觉行动。把科学技术运用到工农业生产中,用现代技术装备各部门,努力提高人民的科技素质;把科学技术应用到城市建设和管理,以强化城市中心区的现代化综合功能,用现代科学技术对城市进行全面的规划、改造、建设和管理,实现城市建设的合理化、科学化和现代化;把科学技术应用到社会主义精神文明建设,以提高人的综合素质为目标,培养人们的科学精神、科学意识,建立科学、健康、文明的生产方式,创建良好的社会风气和社会环境。

清溪镇推进农村城市化,促进传统社会向现代社会的大变革,必须抓住人这个历史发展的中心,依靠科学技术的进步,推动环境、经济、文化、社会与人的综合协调发展,保证这一发展的持续性。

二、总体构想

(一) 历史任务

工业化、城市化和现代化是清溪镇经济社会走向 21 世纪的基本趋势,是十几万清溪镇人民面临的历史发展主题。清溪镇农村城市化综合发展试验的总任务,是自觉地把握清溪农村城市化的成长规律,通过政府的主导作用，促进经济、社会、文化、科技与人的持续、稳定、协调、高效的发展，完成清溪国民经济由传统农业经济向现代工业经济的飞跃，传统农村社会向现代城市社会的过渡，清溪人由传统人向现代人的跃升。在由传统农村社会向现代城市社会的大变革中，为清溪人民再造最适合于人的乐生、个人才能自由全面发展的美好新社会。（下图表明清溪农村城市化的基本系统结构）

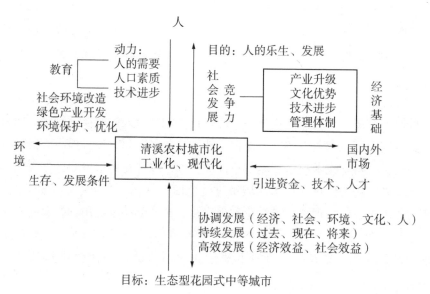

（二）指导思想

清溪镇农村城市化综合发展试验的基本指导思想是：

——在推动农村城市化中，以满足人的乐生和发展为中心，加速工业化和国民经济的全面繁荣，保护和优化自然生态环境，改造和发展社会环境，进一步做好城镇建设、文化教育、卫生体育、劳动就业、新区建设、社会服务、社会保障、社会安全等各项工作，为清溪人民创造一个良好的生产、生活、生存环境。

——充分依靠科技进步，加强科技对经济与社会的引导作用，促进人口、资源、生态环境的协调发展，并从根本上建立清溪经济社会持续发展的生产力机制。

——进一步深化改革，扩大开放，发展和完善社会主义市场经济，积极发动群众参与农村城市化这场伟大的社会试验活动，不断提高人的素质，满足人民群众日益增长的物质生活和精神生活的需要，促进整个社区沿着文明、公正、民主、和谐的方向健康发展。

（三）发展目标

清溪镇农村城市化的总体目标是：以科技进步为动力，坚持科技、经济、社会、生态之间协调发展的原则，做到经济效益、社会效益、生态效益相统一，逐步把清溪建设成为拥有灵敏、便捷、优良的城市基础设施和城市管理功能；科学的、法制的，具有新加坡特色的城市规划建设；最适于人的生存和发展，清洁、优美、安静、健康的生活环境；社会化程度高和区域覆盖面广的社区服务体系和社会保障体系；倡导精神文明建设、良好的社会治安管理系统、文明健康的生活方式等具有中国特色的中等发达社区。

第一，经济方面（到 2010 年，以下同）：
（1）国内生产总值达到 138 亿元，年均递增 29.5%；
（2）人均国内生产总值达到 24000 元，平均递增 12.5%；
（3）第三产业在国内生产总值的比重达到 45%；
（4）社会总产值达到 263 亿元，年均递增 29.1%；
（5）工农业总产值达到 156 亿元，年均递增 30.4%；
（6）国民收入达到 118 亿元，年均递增 29.0%；
（7）财政收入达到 14 亿元，年均递增 18.3%。

第二，科技方面：
（1）每万人拥有科技人员 400 人；
（2）人均科研经费 200 元；
（3）科技进步对经济增长的贡献率达到 60%；
（4）高新技术产业占国民生产总值的比重达到 25%；
（5）科技进步年递增速度达到 10%；
（6）科技经费投入每年递增 9%；

(7) 新产品产值率达到30%。

第三，社会方面：

文化教育：

(1) 政府文化建设支出达到5000万元/年；

(2) 人均文化生产消费达到1500元/年；

(3) 平均受教育时间10年；

(4) 人均教育经费250元；

(5) 每万人口在校大学生数40人；

(6) 高中升学率达到97%以上；

(7) 成年人口识字率达到96%。

卫生保障：

(1) 每万人口拥有医卫人员数60人；

(2) 每万人口拥有病床数25张；

(3) 城镇婴儿入托率达到80%；

(4) 婴儿死亡率下降到0.5%以下；

(5) 农村管理区医疗站覆盖率达到99%；

(6) 享受社会保障人口占全社会劳动者的比重达到95%；

(7) 敬老院床位每百老人40张。

人口素质：

(1) 到2010年人口规模达到30万人；

(2) 人口自然增长率控制在10‰以内；

(3) 外来人口年均增长率控制在6%以内；

(4) 适龄青年受高等教育比重达到15%～20%；

(5) 脑力劳动者占全社会劳动者的比重为20%；

(6) 社会总劳动力年均递增6‰；

(7) 人口城市化水平达到99%以上；

(8) 平均预期寿命达到76岁。

生活质量：

(1) 职工人年平均工资38000元；

(2) 农村人均年纯收入28000元；

（3）人均年生活用电880度；

（4）人均住房面积38平方米。

社区服务：

（1）每万人口拥有商业网点数200个；

（2）每万人拥有公共交通车辆65辆；

（3）自来水普及率达到97%；

（4）广播人口覆盖率达到98%；

（5）有线电视覆盖率达到98%；

（6）每百人拥有电话65部；

（7）家庭电脑普及率达到40%。

社会治安：

（1）城市人口待业率控制在1%以内；

（2）交通事故死亡率下降到0.1%以下；

（3）刑事案件发案率降低到13件/万人；

（4）青少年犯罪占刑事案件立案率比重为40%。

精神文明建设：

（1）参加精神文明建设人口占总人口的比重为18%；

（2）文明企事业单位占单位总数的80%；

（3）文明街村占街村总数的85%；

（4）文明户占家庭总数的95%。

生态环境：

（1）人均拥有绿地面积20平方米；

（2）工业废水处理率达到90%；

（3）工业废气处理率达到93%；

（4）工业废渣处理率达到90%。

（四）发展阶段

清溪未来十几年的发展主要是实现农村城市化，形成依靠科技进步，促进经济与社会协调发展，人民物质生活和精神生活得到极大满足，具有新加坡特色的现代化中等规模的城市。为实现此目标，需要分两个发展阶段。

第一阶段（1994—2000年）：农村城市化的原始积累阶段。

这一阶段的主要任务是：①进行农村城市化的全面规划、开发，进行城市基础设施的全面建设，形成中等规模城市的基本框架和初步功能，使城市中心区的经济、贸易、金融、文化等功能基本具备；②在城市经济实力进一步提高的基础上，实现由农村到城市的观念变革，形成一套包括价值、道德、文化等在内的价值观念体系。

具体来说，在这个阶段要保持经济的适度增长，建立协调的产业结构，发展卫生保健事业，广开就业渠道，疏通信息传播系统，保障居民的基本权利，普及和发展各级各类教育培训，大力推动文化繁荣，实现以全体社会成员的知识智能提高和精神观念的更新为导向，以经济社会发展为重点的城市生活各个领域的综合发展。这是农村城市化发展的初始阶段。

第二阶段（2001—2010年）：农村城市化完善、提高阶段。

这一阶段的主要任务是全面建设具有新加坡特色的中等城市规模，由农村社区全面转向城市社区。①在实现第一阶段主要任务的基础上，全面实现和完善中等城市规模的各种功能，全面建立、健全城市的建设和科学管理体系；②和上述功能相配套的，包括先进科学技术的运用，雄厚物质技术基础的建立，社会政治制度的合理、健全等的全面发展。

具体来说，在这一阶段要强化科学技术是第一生产力的思想，加速用先进的科学技术建立优化的产业结构，改造束缚人、压抑人的社会政治环境，鼓励人的自我成才，培养出一代新的优秀人才，社会事业长期扩充的人力资源，完成以实现人的价值为主导的、以科学技术和政治发展为重点的社会领域的综合发展。这是发展的高级阶段。

通过这两个阶段的持续发展，将把清溪建设成为经济繁荣、科技先进、文明富庶、协调发展，并具备高效能的基础设施、高水平的管理工作、高质量的生态环境和生活条件、高度的社会分工协作和高度的社会主义精神文明的社会主义现代化的中等城市。

三、农村城市化布局

城市空间发展是一项综合性、战略性、政策性很强的系统工程。它必须立足于区域的自然、经济、社会条件，综合城市现状，在把握城市及其经济社会的演化方向和适合居民需求的前提下，制定出一个切实可行的战略规划，才能实现经济社会综合发展的要求。

城市空间发展是面向未来的，其内容涉及城市自身体系的建设及城市居民生活需求的最大满足，更注重区域内科技、经济、社会各行业的协调发展，旨在通过城市资源要素的合理空间配置，获取最大的发展利益，取得良好的经济效益、社会效益、生态效益，不断改善人民群众的生活，最大限度地满足人民群众日益增长的需求，推动社区向更高的阶段迈进。

清溪镇未来空间发展态势，应按各区域功能特点，合理布局，统筹规划，统一开发。

（一）城市中心区

该区域以镇区为中心，并辅之以东、西、南城区3个副中心，重点发展城市的政治、文化功能，建成全镇的中心区。开发建设清溪镇，实现农村城市化的目标，是一项艰巨的跨世纪工程。从改善和强化城区功能的角度讲，中心城区的开发、开放对促进清溪社会结构的转型都有着非常重要的作用，其意义已超出开放本身。目前，清溪镇已开始步入全面城市化轨道，大规模城市开发的帷幕已经拉开，城市发展正处于迅速扩张的膨胀阶段。因此，应着重规划布局好中心城区功能，使这一区域成为清溪的行政管理中心、金融中心、文化娱乐中心等，并对周围邻近地区发挥强有力的辐射作用。

（二）中心商务区（CBD）

规划在镇区东南部组建清溪镇的中心商务区，重点发展清溪镇的商贸功能。CBD通常是由国际金融、贸易、保险等公司、集团的首脑机构、行政经济管理机构和为这些机构、人员服务的各种高级设施所构成，它不同于商业购物中心或闹市区,而且往往与之有一定的分离而相对独立设置。清溪镇 CBD 之所以选择在东南部,是因为它靠近市区,与城区各部分,特别是交通节点有方便的联系。清溪镇要在未来十几年内建成具有新加坡特色的中等规模城市,就不得不超前考虑建设 CBD 的可能性,并且要处理好它的发展建设问题。通过组建中心商务区,进一步增强清溪的聚合、辐射功能。

(三) 农田保护区(现代化农业试验基地)

该区域着重发展现代科技农业,为清溪镇农村城市化建设提供强有力的农业支撑体系。清溪在迈向城市化的进程中,不仅要建设起强大的城市建设和管理系统,还要继续稳定和发展农业,建立起为中等城市服务的现代科技农业基地。随着大规模城市开发的进一步拓展,可控制、利用的土地会越来越少。但是,无论城区怎样发展,也要预留农业保护区用地。今后十几年,清溪要建成下列现代科技农业基地。①优质水稻、瓜果生产基地;②淡水鱼养殖基地;③生猪、三鸟及珍稀动物养殖基地;④名、优、特、新水果基地;⑤各类花卉种植基地;⑥热带速生林和热带植物园基地。

(四) 工业开发区

该区域主要发展城市的工业项目,在全镇范围内建成若干个工业开发区。工业化是城市化的原动力,没有工业的大规模发展,城市化就缺乏足够的原始积累,缺乏进一步腾飞的前提条件。清溪镇在布局工业项目时,一定要高起点、高标准,严格按照今后将要建成具有新加坡特色的中等规模城市的总体发展目标进行,要尽量避免那些有严重污染项目的立项、上马,多开发技术含量高、带动系数大的行业、产业,以突出清溪未来新城市建设的特点。在未来几年内,清溪镇要有目的、有重点地建设好以下工业区:银泉工业区、金山工业区、银山工业区、银湖工业区、银河工业区、茅峰工业区、香元辅工业区、金龙工业区、铁矢岭工业区、金桥工业区、金星工业区、银星工业区、珠宝工业区、九乡工业区、油甘坪工业区、皇坑工业区、角岭工业区。

（五）高新技术产业开发区

该区域以重点发展高、精、尖科学技术为主。科学技术是第一生产力，是生产诸要素优化组合的龙头。虽然目前清溪镇还不具备发展高新技术产业的条件，但随着现代化中等规模城市的建成，支持现代化城市发展的主导因素将是科技产业。因此，清溪从现在起，要预留一块空地，辟为高新技术产业开发区。在开发区内，要有计划、有重点地应用、推广高新技术成果，加快发展高新技术，带动传统产业的技术和产品向高层次提升。在布局上，要采取集中管理、集中经营的发展方针，逐步建立起适应高新技术产业发展的体制、机制和环境条件。力争到2010年，高新技术产业要初具规模，成为清溪镇国民经济发展的重要支柱。

（六）教育文化卫生区

该区域的主要任务是发展社区的教育、文化、卫生事业。清溪镇新城市在建成城市中心区的同时，还要建设大利、新长山、土桥、三中4个文化教育中心区。大利是清溪东部地区的中心，新长山是西部地区的中心，土桥是南部地区的中心。这3个小区是各自区域的行政、教育、文化中心。因此，必须将这几个中心地区按现代化城区标准进行综合配套建设。在教育方面：要围绕理顺教育管理体制的要求，形成新的运行机制，优化教育结构，深化教育、教学改革，提高教学质量和效益。为适应农村城市化的要求，着手培养城市意识教育、文明意识教育、经济意识教育、环保意识教育、交通意识教育、美育意识教育。在文化方面：为满足社区人民群众迅速增长的精神文化的需要，应大力开展群众文化工作，继续办好《清溪文学》，并注重加强文化市场的管理。在卫生方面：从大卫生的观念出发，在紧紧抓住骨干卫生设施建设的同时，应大力推进社区急救、医疗、预防、保健、中医、教育、科研和情报信息8个网络的建设和改善。在抓硬件的同时，积极推进软件的配套建设。一是应对各级各类卫生技术人员进行继续教育；二是开展医院的全面质量管理的研究和实践，逐步形成一套适合城市化建设要求的卫生管理体系。

(七) 高级别墅、商住区

该区域重点建设清溪镇的高级别墅区和商住区。为了加速清溪农村城市化的要求，拟初步建设7个高级别墅区和3个大型住宅区。7个高级别墅区有聚富新村、契爷石水库、神梗、长山头半岛、新长山油库后山、长山头横溪、荔横百家村等。3个大型住宅区有鹌鹑菽、河柏桥、旧中心小学。清溪镇今后的别墅区，特别是住宅的建设，一定要结合农村城市化的特点，在规划设计上要因地就势，巧用地形，合理规划建设用地。在建筑设计上要体现意念创新和力求增加美感；在建设上要十分注意地方特色，力求在层次与造型上多样化，要保护和改善生态环境，加强绿化，多植树，多种草，力争把清溪建设成一个能提供不同风貌和多种选择，环境多姿多彩，具有个性和魅力的城市。

(八) 自然生态保护区

该区域重点建设成为清溪镇的自然生态保护区。为了保持未来清溪新城市的生态平衡，应在镇区北部银瓶山建立自然生态保护区。为了清溪社会的持续发展，为了清溪人民子孙后代的乐生，应树立生态观念，把保护自然生态提高到首位。健全环境管理体系，建立和完善一整套自然生态保护规章制度，从整体上协调发展和生态环境的关系，防止对自然资源的掠夺式经营。对镇区开发重大建设项目一定要进行环境影响评价和生态论证，要充分预测开发项目可能带来的生态后果，大力开展环境生态科学研究，充分利用自然界的净化能力，提高环境投资效果，提高生态质量。

四、发展任务

清溪镇要从一个相对偏僻和封闭的传统农村社区，迅速改造成为现代化、多功能的城市社区。全面实现农村城市化，面临着许多矛盾和问题，需要付出极大的努力。发达国家和地区的城市化经历了曲折漫长的发展过程，付出了沉痛的代价，教训极为深刻。清溪镇，作为珠江三角洲地区新崛起的一个新兴城镇，正在利用当地和外部多种发展资源，采取政府主导下的"大清溪战略",实现全社会的超常规发展,即用短短十几年的时间,基本实现农村城市化,完成发达国家几十年、上百年才能完成的事业,同时又要避免城市化过程中的"城市病"和发展过程中的"发展病",保证社会经济各领域协调发展,肩负着极为沉重而又光荣的历史使命。

（一）超常规发展国民经济

经济增长是一切社会成长和环境建设的基础和前提,从农村转向城市、从片面孤立发展到综合协调发展,都必须依靠经济增长手段来实现。清溪镇从改革开放初期就认识到这一点,并以统一征收和开发土地资源为龙头,大办外向型"三来一补"和"三资"企业,及使经济实力大大增强,各部门发展已呈现出良性循环的好势头,产业结构和生产布局初步得到优化。但由于社会综合发展的领域十分广泛,要求又很高,按常规的经济发展规模和速度,是不能满足社会发展需要的,必须继续发挥经济建设排头兵的作用,实现经济的超常规发展,并以此为龙头带动全镇各项社会事业的全面发展。

在今后农村城市化过程中,清溪镇国民经济发展的主要矛盾:一是相对薄弱的国民经济基础与大规模城市化建设需求不相适应的矛盾,二是现有的以第一产业和第二产业为主体物质生产性产业结构与城市功能发育要求不相适应的矛盾,三是相对落后的产业基础与激烈的国内外市场经济竞争不相适应的矛盾。

因此,在今后的12～15年内,要抓住经济社会发展的主要矛盾,围绕加速清溪农村城市化进程,促进社会综合协调发展,建设发达的生态型新加坡模式的中等城市这一中心任务,超常规发展国民经济。其主要任务是:

第一,继续加大国民经济发展力度,推动国民经济超常规发展,迅速扩大国民经济规模,顺利完成农村城市化、现代化的原始积累。

第二,调整产业结构,把传统乡村型产业结构转变为现代城市型产业结构,加速清溪农村城市化进程。

第三,加快科学技术在清溪国民经济发展中的渗透和应用,促进产业升级，提高全镇国民经济在国内外市场的竞争力，保障国民经济的健康、持续、良性循环发展，为全镇社会综合发展奠定坚实的经济基础。

清溪镇国民经济发展的基本产业政策是：以人为中心，以科学技术进步为动力，促进产业的变革与发展，形成以高科技农业为基础，以外向型加工业为主体，以开放型第三产业为主导的新兴城市国民经济产业体系。

第一产业：

在农村城市化过程中，必须十分重视农业在清溪农村城市化中的基础地位和作用，运用新兴农业科学技术，推动农业产业化、市场化、城市化，逐步把清溪农业由传统山区型农业转变为现代城郊型农业。

第一产业四大发展任务：

一是配合农村城市化，开发农业科学技术，建设城市"菜篮子"工程农业，保障城市副食品供给；二是配合城市大规模建设和城市绿化、美化需要，发展和建设绿色生态系统，优化和美化城市环境；三是大力发展商品农业、创汇农业和"三高农业"，突出蔬菜、优质水果、园林绿化和养殖业的地位，建立若干个商品农业生产基地和加工基地；四是依托优美的山水资源，发展绿色旅游生态农业。

为了保障四大任务的实现，必须在城市化过程中，保留和建立面积8000亩的农业保护区；必须严格保护山地自然生态；必须严格规划和预留足够的城市带；必须保留和开发平缓地、坡地，建立高科技工厂化的商品农业。

第二产业：

第二产业是农村城市化的经济主力军，必须有计划地、大规模地推进国民经济工业化，不断向工业化的广度和深度进军。

清溪镇拓展和深化国民经济工业化的基本路线是：主要侧重高新技术产业、外资企业、内联企业、无污染产业，上档次、上规模、出效益、外向型，建设若干个工业小区和高新技术开发区。工业的转型要在现有外向型产业群的基础上，大力拓展海外市场，参与国际竞争，以对外贸易为龙头，带动产业升级和技术改造，形成清溪强大的外向型、集群化工业体系。

第三产业：

第三产业则主要侧重开发房地产、交通运输业、金融保险业、旅游业、商贸业、饮食服务业等，将社会发展的各项福利事业逐步产业化，形成多元化、开放型的第三产业、第四产业群体，使清溪产业逐步过渡到以第二产业为基础、以第三产业为主体、以第一产业为补充的现代化产业体系。

（二）高标准规划和建设城市体系，加速农村城市化进程

清溪社会的发展目标归根到底是要建设一个城乡一体化的生态型中等城市。围绕这个目标，除大力发展生产力之外，必须大规模进行城市"硬"环境和"硬"设施的规划建设。

——发挥清溪青山绿水的自然地理优势，突出自然生态特点，高标准规划、设计和建设生态型城市。

——建设高起点、大跨度、网络化、永久性的基础设施体系，形成全镇基础设施"一盘棋"，为整个清溪实现农村城市化综合发展构造出基本"骨架"。

——改造旧村落，建设新城市。将传统的农村旧村舍就地改造成城市综合居民区，配套现代化的生产生活设施和文化娱乐设施，发展城市社区文化和福利。

——采取"藤瓜式"的城镇新模式，即以道路网为"藤"，以大小工业区、农业生产基地、第三产业和高新技术开发区为"瓜"，以"藤"带"瓜"，以"瓜"促"藤"，规模经营，良性循环，早日完成覆盖全镇的城市开发过程。

——以房地产开发为龙头，带动开发区、花园别墅区、住宅区等功能区和高层建筑建设。

（三）大力发展科技教育事业

科技是清溪镇超前推进农村城市化发展的主要动力，经济社会和生态环境各个领域的建设都离不开科技和教育的支持。必须在大力发展国民经济的同时，全力发展科技与教育事业。

——建立清溪农村城市化综合发展的科技、教育支持体系。在近期内

要建立一个多学科专业、开放型的专家支持系统，保障经济社会发展所必需的技术资源。并借助这一系统，带动人才智力的引进和高新技术项目的引入，推动新兴产业的兴起。

——多渠道引进和培养科技人才和教育人才。要采取有力的社会人才政策，使科技人才引得来、留得住、用得好。要保障和改善专业人才的生活条件和福利待遇，要为他们创造优良的科研和教学条件。

——要注重引进项目的技术水平。要向技术含量高、具有强劲竞争力和辐射力的项目实行政策倾斜，不断提高清溪产业档次，建立产业开发和市场开发的领先地位。要严格控制和逐步淘汰那些落后过时或污染严重的项目。

——扩大办学规模，改善教学条件。实行二级办学，镇级要办好中等专业职业技术学校、中心中学、中心小学、中心幼儿园，并以此为龙头，带动各级教学上台阶。在已经普及初中教育的基础上，1995年普及高中教育。

——要改革教育体制和教学方法，向实用技术人才的培养倾斜。学校的教学目标和教学内容要避免过去那种片面追求升学率的错误做法，要围绕建设新加坡式的生态型花园城市，培养实用人才。教学内容要兼顾基础知识和基本技能、理论与实践、技术与管理、书本知识与社会知识、技术性"硬科学"与策略性"软科学"等。要重点突出电子计算机知识、英语、工业知识三项基本应用知识。

——要从小抓起，围绕农村城市化的历史大变革和建设现代化文明城市新生活方式，对中小学生进行全面系统的精神、道德、观念和行为规范的更新，重点突出城市意识、文明意识、经济意识、环保意识四大意识的教育，要有机地将知识灌输与人格培养结合起来。

（四）重视发展文化体育事业

以人本主义为核心的社会发展观特别注重人的自身成长，社会进步蕴含着人的身心健康和素质提高。因此，社会进步要为人们创造一个优良的精神文化生活环境和氛围。

——建设一批较高档次的文化体育和医疗卫生基础设施，包括文化馆

（科技馆）、图书馆、博物馆、影剧院、歌舞厅、青少年宫、体育中心、康乐中心、医疗保健中心等等。

——鼓励群众性的社团和民间艺术活动，大力发展社区文化建设，变传统的村舍文化为现代市民文化，形成浓郁的、具有较高基调的清溪特色乡土文化，体现出求实创新、奋发向上的"清溪精神"。

——启用广播、电视、报刊等宣传和信息工具，大力开发文化资源，形成文化中心和文化市场，丰富居民的文化娱乐生活，焕发人民的精神面貌。

——奖励在文化体育建设方面作出突出贡献的有关人员，增强干部群众对文化体育活动的参与意识。

（五）建立健全社会保障和社会福利制度

社会保障和社会福利事业是直接服务于人的重要的社会发展事业。它不仅满足人们生活福利和生活安全保障的需求，而且对社会的稳定产生重大的影响。在从农村到城市的社会大变革中，特别需要加快发展社会保障和社会福利事业。

——建立健全一整套完备的社会保障系统，包括治安防范体系、社会保险制度、安全生产制度、医疗保健制度、环境保护制度、防灾抗灾系统、残疾孤寡和贫困户救济制度、就业保障制度、退休保障制度等，为清溪人民创造一个从出生到老年的乐生、安生的完整的社会保障体系。

——注重解决人民群众普遍关心的热点问题，如"菜篮子"问题、住房问题、入学问题、就业问题、工资福利问题、交通问题、治安问题等等，使社会保障和社会福利与经济建设同步发展。

——建立健全镇、区、村（生活小区）三级医疗保健网络，购置先进的医疗保健设备，培养和引进高水平的医护人才，推广和普及医疗卫生常识，经常性地开展卫生防疫和妇幼保健活动，将疾病发生率、婴幼儿死亡率和医疗事故降低到最低限度。

——发展各类社会基金事业，包括退休基金、残疾人发展基金、教育基金、医疗保健基金、社会治安基金、科技开发风险基金、灾祸援助基金、就业援助基金、居者有其屋基金等。

——发展社会服务事业，包括各类咨询服务、公共交通服务、科技信息服务、家庭服务等等。

（六）建设四通八达的信息网络系统

信息网络的发展水平既是社会发展的重要标志，又是推动社会发展的重要动力，信息产业在经济社会发展中的地位正迅速提高，重视信息网络建设是社会发展不可或缺的一部分。清溪镇地处珠江三角洲腹地，可以承接三角洲大中城市的信息资源，加速清溪信息网络的建设。

——建设一批具有世界先进水平的现代化信息设施和设备，扩大信息源，挖掘全方位、多元化的信息资源，建设容量庞大的信息库，形成信息集散中心。

——迅速向干部群众普及现代化信息知识和技术，以提高工作效率，节约时间和金钱。

——用好已有的信息工具，如电视、电话、电脑、传真、寻呼台、图书馆、报刊亭等，提高其普及率，扩大其容量和沟通途径。

——开辟信息服务市场，为生产生活、教学科研提供及时而准确的信息。

——以开发信息产业为龙头，带动全镇产业升级和技术进步，形成一支强大的信息产业群体。

（七）创新城市化的社会管理体制

现代化城市是一个高度紧密结合的复杂的社会巨大系统，要有效地管理一个现代化城市，必须加快建立科学、高效的城市管理系统和城市管理体制。这是清溪农村城市化的一项重要的社会发展配套工程。要逐步建立一个在政府主导下，以市场经济为基础的、民主自治的、科学高效的现代化城市管理体制，形成一个既有民主自由、又有协调统一的、宽松和谐的城市经济、文化、政治生活新局面。

——改善和发挥政府的主导作用。政府的主导作用是把那些关系到全局和长远意义的事业，紧紧地控制在手中，进行科学规划、实施和管理，如土地开发、基础设施建设、产业结构和生产布局的走向以及科技教育、社会治安等社会事业，都要由政府主管或出面组织。政府决策要规范化、科学化、民主化和权威化，力避决策的盲目性、随机性和脱离实际。

——随着市场机制的建立和完善，政府主导作用要由直接干预逐步向间接控制过渡，给社会以宽松的环境，以利于开展公平竞争，使社会经济的各项事业不断得到改造、创新和提高。

——社会事业的许多领域要逐步由福利型向产业型过渡，形成强大的第三产业、第四产业群体，形成"小政府、大社会"的社会管理模式。

——由政府出面，成立一个由银行、财税、邮政、公安、司法等各职能部门参加的统筹协调委员会，打破条块分割式的交叉管理弊端，调动各部门的积极性，协调各方利益，使之为地方建设开"绿灯"，形成以镇委镇政府为核心的、各部门各地区支援配合的地方社会管理机制。

——推动群众自我组织、自我服务、自我管理、自我协调、自我教育的社区群团组织的建设，借助和发挥这些群团组织在城市管理中的基础作用。

（八）加强人口管理和建设

人口管理和建设包括人口规模、人口结构、人口素质、人口分布、人口流动、人口繁殖、人的精神面貌等许多方面。清溪镇人口管理和建设要做好以下几个方面的工作：

第一，把握好人口规模总量。按照"大清溪战略"，到下世纪初人口达到30万左右（其中约3/4为外来人口），基本符合清溪经济社会和环境的容量和承受能力，继续执行计划生育政策。

第二，提高人口素质。包括提高身心素质、文化水平、精神面貌、思想品德、生存能力和民主法制观念。

第三，调控人口结构和分布。人口结构包括年龄结构、性别结构、就业结构、素质结构等方面，按照人口结构规律和经济社会发展的需要，合理调控人口结构。人口分布应和城市功能分区相适应，注意解决人口流动不合理现象。为解决人口正常流动问题，可开通连接镇内外的公共汽车、出租汽车。在就业结构方面，要改变劳动力过分集中在工业企业的现象，有计划地将劳动力引向第三产业和各项社会事业。

第四，把好外来人口的质量关，解决好外来人口所带来的各种社会问题，处理好本地人口与外来人口的关系，树立清溪社会人观念，形成团结、和睦、向上的清溪人口社会群体。

（九）合理开发利用和保护资源环境

资源环境问题是人类普遍关心的重大问题，也是清溪建设新加坡花园式生态城市，为清溪人民创造美好生活环境的社会发展重点工程。在农村城市化过程中，清溪镇人民政府必须高度重视保护、发展、优化自然生态环境，合理开发和利用自然、社会资源。

——将保护资源环境、再造优美环境作为全镇法制化的行为准则，避免先破坏后治理的掠夺式开发模式，采取边开发边治理的建设性策略，使经济社会建设与生态环境建设同步进行。

——要利用和保护好现有的山水资源，建设若干个大小不等的人工生态区域，避免水土流失、山体滑坡、动植物灭绝、水源断绝、水质恶化、空气污浊等人为灾害的发生。

——大型项目的上马必须进行可行性论证，充分考虑到对环境的影响，对于项目的区位选择、污染程度、污染范围与治理方案，都要考虑周全，杜绝污染型项目的引入。

——借助兴修水利、商品农业基地、自然保护区、大型花园别墅区等大工程，促进生态环境优化。

——大力实施绿色产业开发和生态环境保护工程，从人与环境协调统一的目标出发，建立集绿色产业开发、生态环境保护与优化、社区美化、人类自然教育等四位一体的绿色产业开发体系。

五、发展政策

政策和策略是一切社会经济活动取得成功的保证和前提。采取什么样的政策和策略，是关系到事业成败的关键。清溪镇农村城市化社会综合发展工程是一项前无古人的伟大创举，涉及经济社会和生态环境领域的方方面面，是一项十分复杂的社会改造和社会进步系统工程。因此，必须从实际出发，制定一套符合清溪镇镇情的社会综合发展基本政策，促进清溪镇农村城市化的顺利进行。

（一）超前发展政策

超前发展包括思想意识超前、方法手段超前、发展结果超前等含义。我们目前所经历的经济社会发展之路，是几十年、上百年以前发达资本主义国家所走过的道路，其曲折复杂的发展之路为人类留下了许多思考和教训。清溪今天的发展决不能重复资本主义的老路子，而应当发挥"后城市化""后现代化"优势，积极承接人类所创造的一切有价值的成果，吸取前人教训，发挥社会主义制度的优越性，乘改革开放之东风，走出一条符合我国国情和清溪镇镇情的城市化发展之路。抓住机遇，运筹帷幄，避免盲目，减少被动，实现赶超战略，开辟一条通往"人间天堂"的农村城市化综合发展道路。

（二）社会发展事业市场化政策

社会综合协调发展，需要大规模发展各项社会事业。发展各项社会事业，必须摒弃一切由政府"大包大揽"的"大锅饭"式传统社会主义社会事业发展模式。要把社会各项事业的发展逐步转向社会主义市场经济轨道上，实行社会服务商品化，社会事业发展产业化，逐步建立社会发展事业自我造血、自我发展、政府主导、市场调节的良性循环经济体制。政府要按照价值规律规划、指导和管理社会事业发展，使各项社会事业发展获得巨大的经济活力和利益动力，不断走向繁荣。

从产业结构分析，社会综合发展的多数社会事业属第三产业。社会事业的发展与当地经济实力密切相关，在经济发展还未充分发达的条件下，存在社会事业发展与经济基础薄弱的矛盾，往往容易忽视社会综合发展，片面发展经济。解决社会事业发展与经济发展矛盾的唯一出路是实行社会事业发展产业化政策。因此，政府要最大限度地把社会综合发展的各项事业转化为第三产业，使之进入市场，按照市场经济规律运行。要逐步通过社会综合事业产业化促进第三产业发展，通过第三产业发展推动社会综合发展。要逐步建立、健全社会综合发展事业的经济核算制度，实现社会综合发展事业的经济效益和社会效益的有机统一。

社会综合发展事业产业化代表了社会进步的趋势。社会发展事业要进行自我改革和改造。变单纯服务为有偿服务，改变传统的服务模式，提高服务质量，增加服务类型，开展综合服务，多种经营，多渠道筹集资金，摆脱社会事业既是社会的基本需要，又是社会沉重包袱的困境，由计划福利型转向市场产业型，加速社会主义市场体系的发育。

（三）政府主导政策

我国建设有中国特色社会主义市场经济的基本政策，预示着将逐步形成"小政府、大社会"的社会运行新格局。未来经济社会活动将以市场调节为主，通过市场竞争提高水平、优化结构。但是，改革的深入并不是要取消或削弱政府在经济社会发展中的主导作用。相反，由于经济社会现代化和综合协调发展，是一个涉及方方面面的复杂的系统运动过程，而且，我们需要通过自觉的历史实践，创造性地吸收人类文明发展的一切积极成果，使社会城市化、现代化的发展最大限度地符合人的乐生与发展需要，这就需要摒弃非理性的自发发展方式，依靠政府在发展中的主导作用，团结全体人民在一个共同的发展目标下自觉奋斗。完全可以预料，如果放弃政府的自觉的主导作用，我们社会的城市化、现代化必然会跟在发达国家后边，亦步亦趋，重蹈发达国家城市化、现代化的覆辙，我们将永远落后。为此，我们只有发挥社会主义政治制度的优势，通过政府的主导作用，进行城市化、现代化发展目标、发展道路和发展模式的再创造，争取后来者居上。特别是对于清溪这样一个相对偏僻的丘陵山区，只有在市场经济条件下，把潜在地缘优势和得天独厚的自然环境转变为现实的发展优势，在迈向21世纪的发展大潮中再造新优势，才能加速经济社会的发展。为此，必须通过深化体制改革，加强地方政府的建设，改善干部队伍素质，提高政府及其各部门的科学决策和宏观管理能力。

必须在发展社会主义市场经济的条件下，转变政府行政职能，改革政府行政管理方式。今后，政府在农村城市化和社会综合协调发展上的主导作用主要反映在宏观领域内：确定经济社会发展的战略方向和战略路线；制定经济社会发展规划；制定适合于清溪当地实际和需要的发展管理条例，建立社会运行的规则和规范；对经济社会发展、运行进行指导和监督；协调各方利益关系；教育、引导和团结全体人民为清溪共同利益奋斗。此外，要抓好经济社会发展的基础建设，创造经济社会发展的共同的物质技术条件。

（四）科技先导政策

科学技术已成为当今社会发展和人类成长的主要动力和手段。我国也已将科学技术面向经济社会主战场作为科技发展和应用的主导方向。作为发展中的清溪镇，更应当充分利用人类智慧的一切成果，推动科技与经济社会有机结合，使科技由间接生产力转化为直接生产力，以科技武装人的头脑，以科技装备生产工艺，以科技改善经济社会的发展环境，以科技改善人民生活，以科技改变人们的思想观念。只有将科技渗透到经济和社会领域中来，经济社会发展才能具有强大的生命力，才能抢占经济社会发展制高点，在激烈的市场竞争条件下建立自己的竞争优势，赢得生存和发展的主动权。

清溪镇农村城市化要求高起点、高标准、高质量、高效益，牵涉到许多技术难题，只有紧紧依靠科技手段，将现代科技引入到经济社会的各个领域中来，才能顺利完成农村城市化的改造和升级。当今科技市场竞争激烈，引进和开发技术的重点在关键技术、实用技术，防止技术改造周期过于频繁，同时要保证技术水平的连续性和可更新性。因此，清溪镇要将"科技立镇""科技兴镇"作为一项基本政策，使之深入人心，长期不变。

（五）群众路线政策

人民群众既是社会发展与进步的直接受益者，又是社会发展与进步的主体和动力。清溪农村城市化综合发展是一项艰巨而复杂的系统工程，需要广大群众（包括外来劳工）共同努力和奋斗。

首先，要通过宣传和动员，把清溪农村城市化综合发展由"政府战略"变为"公众战略"，使全镇群众成为清溪农村城市化现代化建设的主力军，从而取得清溪经济社会综合发展事业的无穷动力。

其次，实行群众事业群众办、群众管、群众得益的发展政策，通过群众自觉的积极的社会活动，全面繁荣社会事业。

最后，要把群众的社会综合事业发展的历史实践和群众的自我教育结合起来，使群众在参与、推动社会发展过程中实现由传统人到现代人的历史性转变。

（六）综合协调政策

经济社会是一个极为复杂的社会巨大系统，包括经济增长、科技进步、文化发展、环境保护、社会保障、思想道德和人的自身发展等许多领域。内部存在着既相互促进，又相互制约的复杂关系，尤其是经济发展与社会发展、物质文明与精神文明、人与自然之间的对立统一关系最为突出。要加强各子系统的优化，使之相得益彰，避免顾此失彼，保障清溪农村城市化的过程，也是社会综合发展的过程。

六、发展条件及对策

（一）发展条件

清溪镇农村城市化综合发展有着极为优越的条件，使清溪社会综合发展获得可靠的保证。

第一，组织思想的保证。一定地方的领导才能和领导艺术往往对地区经济社会发展起到关键作用。在同一起跑线和相似的发展条件下，谁先采取积极主动的措施，抓住机遇，科学决策，谁才能在竞争中处于领先地位。清溪镇领导班子在20世纪80年代中后期得到了调整，逐步形成一支热爱清溪、献身清溪、精诚团结、密切配合、相对稳定的领导班子。镇委镇政府领导各司其职，带领全镇人民紧紧团结在镇委书记周围，形成一股奋发向上的拼搏精神，誓将清溪建设成为具有新加坡模式的、社会综合发展的花园式中等城市。强有力的政府为经济社会各领域的协调发展起到关键作用，使清溪农村城市化综合发展可以规范化操作，法制化经营，尤其是统筹全镇土地，统一规划，统一开发，为建设"乌托邦"式的新清溪开辟了广阔的道路。镇委镇政府目光长远、视野辽阔、认识超前、措施得力、手段强硬，为农村城市化综合发展在组织思想上提供了可靠保证。

第二，政治政策的保证。从政治环境看，国家将进一步对外开放，朝着有中国特色的社会主义市场经济迈进。广东作为我国对外开放前沿基地的作用将进一步加强，珠江三角洲地区在经历了前十几年的改革开放以后，面临再发展的战略大调整时期。而清溪通过十几年的努力，奠定了强大的经济基础，社会事业也得到初步发展，所面临的问题，是将传统的农村社区逐步改造成为基础设施和文化娱乐设施配套的、环境优美的现代化城市社区，实现经济社会和环境综合发展、协调进步。这种转变同国家科委等上级部门所一贯强调的社会发展思路和发展政策相一致。清溪镇的努力方向，实际上就是如何将建设有中国特色社会主义的伟大思想落实到地方经济社会发展的实践中来。可见，全面开展农村城市化综合发展的时机已经到来，机遇难得。

第三，土地和基础设施的保证。开展农村城市化综合发展需要足够的土地和配套完善的基础设施为前提。只有土地面积充足，且取得其长期使用权，才能为社会综合发展提供必要的发展空间和发展的回旋余地。清溪镇土地面积辽阔，可供用于城建的土地达60平方公里以上，为开展城市化综合发展提供了恰当的区位和充足的空间。清溪土地资源的特点是有山有水、类型齐全，自然和人文风貌保存良好，没有被前期大规模开发破坏，有利于做好生态保护和优化。清溪镇在开发初期已认识到统筹土地的重要性，已将所有土地收归政府手中，并进行统一规划、统一开发，投入巨资用于道路、通讯、供水、供电等基础设施建设，已初步形成具有较高水平的、配套比较齐全的基础设施网络体系，刹住了乱用土地、乱建私房等破坏性、掠夺式土地割据行为。其高起点、高标准、高质量的基础设施，足以配套一个中等城市的综合发展需要，为全镇有计划、分步骤地开展农村城市化综合发展创造了极为有利的条件。

第四，资金和人才保证。清溪镇能否在十几年时间顺利完成农村城市化综合发展的伟大任务，资金和人才是关键因素。离开资金和人才的支持，各种规划和设想都只能是纸上谈兵。清溪镇发展前期已充分认识到这一点，因此特别将资金和人才引进摆在突出地位。下一步城市化综合发展，对资金和人才的需求将更加迫切。然而，清溪社会是一种动态的、外向型的、开放型的社会大系统。一方面通过内部优化组合，使人才和资金得到最充分、最有效、最合理的使用；另一方面可以承接系统外部资源，将外部相对充裕的资金和人才吸引过来，为清溪经济社会系统增添新鲜血液。在一定时期内，资金和人才问题，首要的还不是是否充裕的问题，而是怎样更加合理地加以利用、使之发挥最大综合效益的问题。清溪镇每年都从国内外引进大量的资金和人才，镇内自筹资金和培养人才的能力也大大增强，现有生产建设规模所需的资金和人才基本上能够得到落实。虽然大规模的农村城市化综合发展的序幕已经拉开，对资金和人才需求将更加迫切，但只要认真落实吸引资金和人才政策，资金和人才问题将不再是制约因素。尤其是随着农村城市化综合发展进程的加快，清溪投资环境将极大地改善，必将吸引更多的资金、更优秀的人才加入到清溪现代化建设中来，形成人才－资金支持社会发展，社会发展造就人才－资金的良性循环新局面。

（二）发展对策

为保障清溪镇农村城市化综合发展的顺利实施，必须制定土地、资金、技术、管理等方面的基本对策。

第一，土地开发对策：

（1）统筹全镇土地，统一征收、统一规划、统一管理、有偿使用，严禁乱建私房、违章开发。

（2）土地开发兼顾经济社会和环境建设各组成部分，反对片面强调工业用地的传统做法，保证充足的社会发展用地。

（3）各级各类社会综合发展用地都要留有余地，小区规划和单体设计要美观大方，与总体布局协调配合。

（4）合理利用、保护和节约土地资源，功能分区，因地制宜，由单一的沿路"线"状开发转向组团式"块"状开发。

第二，资金对策：

（1）多渠道筹集资金，大力引进外资、港资、台资及内地资金，充分利用各种金融机构，发挥财政信贷作用，积极开展集资和募捐活动，加速资金周转。

（2）引导资金投向由单一经济建设向社会综合发展和基础设施建设领域渗透。

（3）提高资金使用的综合效益，兼顾经济效益、社会效益和生态效益，近期效益与长期效益。

第三，科技教育对策：

（1）引进先进技术和专利，注重消化、吸收、改进和创新，开发当地技术资源，建立科技开发风险基金。

（2）将现代科技与城市化综合发展有机地结合起来，使科技渗透到社会综合发展的各个领域及其发展的全过程，发挥科技在社会发展中的主导地位。

（3）积极与科研机构和大专院校开展合作，建立科技市场，促进其科研成果在清溪转化为直接生产力，带动清溪高新技术产业的发展和产业升级。

（4）建立科技馆（文化馆），普及科技知识，提高科技意识，在全社会形成学科学、爱科学、用科学的良好风尚。

（5）进行全民城市化综合发展的思想教育，由"政府战略"转化为"全民战略"。

第四，人才对策：

（1）每年有计划地从国内外引进或招聘一大批优秀科技人才、管理人才、教育人才，使科技人才增长和累积速度超过经济增长速度，形成清溪人才资源库。

（2）合理使用人才，使专业特长与从事职业相对口，杜绝学非所用，浪费智力。

（3）为知识分子、技术人员、管理人员提供优厚的生产、科研和生活条件，提高其工资和福利待遇。

（4）稳定科技教育队伍，形成尊师重教、尊重知识、尊重人才的良好社会风气。

（5）挖掘当地人才潜力，提高其科技、管理和决策水平，走引进和培养相结合的路子。

（6）依托省市有关科研部门，协助清溪建立集资询、策划、操作于一体的专家支持系统，引导清溪城市建设和社会发展建立在科学和民主的基础之上。

第五，市场对策：

（1）在镇内要建立与社会主义市场经济相适应的开放型的市场网络体系，商业网点要求综合化与专业化、集中与分散相结合。

（2）稳定港澳市场，开拓海外市场，扩大国内市场，提高清溪商品在国内外的知名度。

（3）经济社会活动以市场导向为基本原则，充分发挥市场调节的杠杆作用，将社会事业产业化、外向化，使之在市场竞争中成长壮大。

第六，城市管理对策：

（1）加强政府职能，依托城建环保和国土部门，统筹城市建设用地，统一规划、统一建设基础设施。

（2）监督城市开发建设和旧社区改造，严格按城市建设规律和要求，有条不紊地进行。

（3）维护城市功能，加强城市供给、交通通讯、供水供电、劳动就业、社会福利、流动人口、社会治安、环境卫生等热点难点问题的管理，保障城市顺利运转，并向更高层次迈进。

第七，借鉴对策：

（1）吸取发达国家和新兴工业化国家或地区城市化和经济社会发展的经验教训，为清溪农村城市化综合发展提供样板和参照系，力争高起点、高标准、高速度、高效益地建设清溪新城市。

（2）吸收中华民族传统优秀文化的精华，使之渗透到清溪农村城市化综合发展的实践中来，逐步形成集古今中外文化优势于一体的"清溪模式"。

（3）借鉴兄弟市镇在社会综合发展方面的先进经验，并发扬光大，使之在清溪创造出更加辉煌的成就。

（1994年4月稿）

附：东莞市清溪镇社会发展综合实验区重点工程计划要点

要确保清溪镇社会发展综合实验目标的实现，必须把握综合发展的主要内容，面向21世纪制定相应的专项具体发展计划，采用工程控制管理方法，逐步推动社会综合发展。

01 新兴工业发展计划

清溪镇工业发展已进入高速增长轨道，预计未来15年内将会以不低于20%的年增长率增长。在工业发展方面，镇政府的主要任务是进行产业选择和控制，制定新的工业发展政策，保证工业发展与城镇发展、人口发展、环境保护等要求相一致，力避工业化可能带来的"工业化综合征"。

——有计划发展"三来一补"及"三资"企业，但要在行业、产品水平、技术档次、生产力构成、管理方式、厂房建设等方面进行合理的控制。一般不再引进有明显污染（废水、废气、废渣、废料、噪声）和技术档次低的项目。根据产业群成长理论，今后清溪工业发展的主线是，在"三来一补""三资"企业比较发达的基础上，通过大规模拓展外向型企业，推动工业产业升级、上档次，形成工业区位优势，特别要重点引进虽偏于劳动力密集，但技术含量较高、产品档次高、市场前景好、经济效益好、产业扩散潜力大的项目。为了在高层次上引进外资、项目及企业，在抓好投资硬环境改造的同时，要特别重视投资软环境的建设：一是建立培养技术工人和专业人才的教育培训系统；二是加快形成较大容量的信息库和信息网络，以及具有先进水平的通信系统和电视通信系统。

——面向21世纪，积极发展有利于增强整体经济实力、促进社会综合发展的工业项目，形成以轻型加工业为主体的工业体系。重点发展电子工业、计算机和信息通信设备工业、自动化电器设备工业等高新技术产业，以及以无公害农畜产品为原料的天然食品加工业、纺织服装工业、制鞋工业等轻型工业。

——超前发展满足城乡经济社会生产、生活需要的供配电、供水、交通设施设备、高级建筑装饰材料等基础工业，以及与第三产业相配套的其他基础工业。

——逐步改造现有工业企业，建立现代企业制度。重点推行以股份公司、无限责任公司、有限责任公司等为主要形式的现代公司企业制度。

——鼓励和支持建立工业企业民间行业社团商会，逐步建立工业行业民间自治协调机制。在此基础上，逐步改革政府工业管理体制，形成规范化市场经济体系。

——开辟几个工业开发区，组织好工业区内外的经济联系，发挥规模经济效益，节约用地，加强管理。

02　现代"菜篮子"工程计划

为了满足未来城乡28万人口的日常生活食品供给需要，从现在起就要做好规划，建立"菜篮子"工程农业保护区，面积8000亩。按照无公害、省用地、多品种、高产量、低成本、高质量、均衡上市的要求，运用现代化农业技术，建设"菜篮子"工程农业，满足本地市场70%的消费需要。

——利用平缓坡地逐步发展和推广无公害无土栽培蔬菜基地5000亩。通过生产-科研的结合，运用生物工程技术开发蔬菜新品种，提高蔬菜品质和产量，保证蔬菜均衡上市，保证市民菜篮子丰富多彩。

——建立专业化、农场化、科学化禽畜饲养基地。年产肉猪15万头，产三鸟100万只，产蛋60万公斤。

——充分利用山塘、水库、河涌发展水产品，开发新的水鲜品种。年产水产品200万公斤。

——建立占地800亩的野生食用动物饲养场，满足市民多层次食品消费需要。

——发展菜篮子食品后加工，为市民提供可即烹调蔬菜、鱼肉食品以及可即食用肉菜食品，减轻家务劳动，减少生活垃圾和环境污染，丰富市民饭桌。

03　21世纪绿色产业开发工程计划

最大限度利用清溪镇山地资源，开发绿色产业，这也是社会综合发展的一项重要战略任务。

绿色产业开发要从清溪山地资源的特点和优势出发，结合社会和市场的需要，向多角度高效益方向发展，包括生态优化、环境美化、满足市场需要、创造经济效益、发展旅游、服务教育等等。

——发展旅游观赏型绿色植物系列，将蔬菜、水果、林木、花卉等绿色植物与山水风光、人文景观融汇成一个大型绿色风景区。

——山地建设成为绿色生态环境保护区和速生林繁育种植基地。

——高规格、高质量建设城乡道路绿化带、公共绿地。

——抓好示范，推广单位、家庭、庭院绿化、美化计划。

——组建绿色产业开发公司，发展庭院美化绿化绿色产品，提供单位、家庭庭院绿化美化承包服务。

——绿色产业开发与自然教育相结合，建立面向珠江三角洲中小学自然课程教学的自然生态教育基地，组建自然生态教育综合服务公司，发展自然生态教育产业。

上述发展项目，要纳入市场轨道，采取商品化、市场化、产业化开发方式，逐步形成绿色产业市场，推动绿色产业走向自投资、自积累、自发展的良性循环轨道。

04　21世纪教育工程计划

教育是社会发展综合实验的战略基础，必须从现在开始就要科学规划，制定立体教育工程计划，并采取有力措施，分步实施，逐步形成适应社会综合发展需要、加速人才培养、具有清溪特色的教育体系。

——建立包括相关高等院校、中等专业职业技术学校、科研机构等领导的清溪教育咨询委员会，依托这一机构，建立清溪镇立体教育外围支持网络系统，创造全方位、高质量的教育发展支持环境。

——全力抓好基础教育。建设以镇中心幼儿园为核心，分布各个居民聚集区的幼儿教育系统，幼儿入园率达80%以上，并逐步形成规范化、高质量的幼儿教学体系；小学教育是基础教育的基础，必须面向全体学生全面提高教学质量，建设以镇中心小学为中心，分布于各个管理区、镇域小区的小学教育系统，适龄儿童入学率达到100%。小学毕业及格率100%，平均分80分以上；建设以清溪中学为中心的中学普遍教育系统。高质量发展初级中学教育，初中毕业及格率98%以上（含中等专业职业技术教育），高中毕业会考通过率保持在98%以上。

——要围绕社会发展综合实验对人才的要求，面向实际，调整和改革基础教育内容和教学方式。在完成国家教委教学大纲和应试要求的基础上，增加或加强外国语言教育、电脑技术教育、工业知识教育、美育教育、市场经济知识教育。

——为促进教育事业的发展，实行严格的就业招工制度，全镇任何政府机关、企事业单位不得录用高中毕业以下学历的人员；未达高中学历的人员必须接受未达学历教育并及格后方能就业；逐步推行就业上岗前培训教育制度，保证就业职工具有合格的智力知识水平。

——加快发展中等专业职业技术教育和成人继续教育，大规模培养技术工人和中等专业技术人才。

——建设一所综合性清溪学院，走新型办学、培养人才道路。重点培养市场经济开发管理人才、企业经营管理人才、外向型经济管理人才、工业技术人才、现代农业技术人才、地方政府行政管理人才。

——根据需要与相关高等院校合作，在清溪建立高等院校分校，发展高等专业教育，培养高级专业人才。

——教师是教育之母。全力抓好师资队伍建设，力争使每一位教师都达到国家规定的专业合格证书水平。

——在全镇开展教育意识宣传活动，形成尊师重教的良好教育发展氛围。

05　21世纪青少年自然－生存教育基地建设工程计划

发挥清溪自然资源优势，面向珠江三角洲大中城市中小学生，开展大自然教育，开发自然教育产业。

——根据中小学自然教育需要和清溪地质地貌、水文水系、气象气候、动物植物、土质土壤、生态景观等特点，发展多样化自然生态教育，培养学生热爱自然、保护自然、合理开发自然的积极性。

——保留和设置各类农业生产观摩区、农业生产发展史展示区、珠江三角洲传统农村保留区等，用于农业发展史教育展示。

——以自然环境为基础，设计和开发20套用于对学生进行生态环保教育、生存意志和生存能力锻炼、团队精神教育的野外游戏和活动项目。

——开设自然知识教育、生态环保教育、生存意志和生存能力教育、团队精神教育、自然美育教育等综合教育服务。

——建立自然教育发展服务公司，与省教育主管部门联手产业化开发上述教育服务。

06　现代电子－人高技术社会治安系统建设工程计划

社会治安是关系千家万户生命财产安全，关系投资者生产经营安全，关系社会安定和稳定，改善投资环境的重要工作，必须运用现代化光电技术和电子技术，建立光电、电子－社会－人的高技术社会治安防范系统。

——开发和推广企事业单位、居民住宅楼宇单体电子监控报警系统。

——根据清溪地理特点，建立镇域社会治安电子监控网络系统。

——建立镇社会治安防范监控指挥中心，沟通镇内外。

——建立用无线通信设备、机动设备装备的镇快速反应保安队。

——在企事业单位、机构、居民住宅建立群众性联防组织。

由上述系统有机地组成人－机高技术社会治安防范系统。同时，制定镇社会治安管理条例、人口管理制度，加强社会治安管理意识宣传教育，遵纪守法教育，通过多管齐下，形成一个有威胁力、覆盖面广、快速反应、有效的社会治安防范体系。

07　社会保障系统建设工程计划

实施社会保障计划，是保证全体社会成员乐生发展，满足社会成员的生存、生活安全感，维护社会稳定，促进社会进步的重要条件。目前，清溪镇的社会保障事业发展缓慢，生存、养老、防灾、稳定等的安全感需要特别突出。因此，必须有计划地发展社会保障事业。

——加快发展人寿保险、就业保险、养老保险、财产保险、计划生育保险、健康保险、投资保险、智力开发保险等，科学规范地运用保险基金发展和扩大社会保险保障事业，力争参加各类社会保险的人口占总人口的90%以上。

——发展各种社会基金事业，重点发展就业基金、退休基金、灾害援助基金、残疾人发展基金、教育基金、医疗保健基金等等。

——有计划地控制人口的生育、输入和流动，协调和平衡人口与经济发展的关系，推动充分就业。促进产业升级，发展多元化产业体系，为人们创造多元化的就业机会；改善劳动环境和条件，变革生产方式，增进生产过程的创造性和自主性因素，促进劳动与乐生的逐步统一。

——制定社会化安全生产条例，建立社会化安全生产制度，保障社会活动和生产过程中人的生命安全。

——建立法律、行政、发展援助处，为需要寻求社会帮助的公民提供社会公共援助与支持。

——大力宣传和执行国家制定的法律、法规，加速建设法制化社会，创造一个对全体社会成员具有高度安全感和社会保障力的社会法制环境。

08　社会服务系统建设工程计划

发展社会服务事业，是提高社会工作和生活方便度，改善社会生活质量的重要条件。

——法律咨询服务。

——行政咨询服务。

——会计财务咨询服务。

——公共交通服务。

——旅游服务。

——家庭劳务服务。

——购物咨询服务。

——就业服务。

——邮政通讯服务。

——饮食服务。

——工作场所、家居设计装修服务。

——社会教育服务。

——婚姻、生育、家庭咨询服务。

——社会援助服务。

——社交礼仪服务。

09　社会商业发展工程计划

发展社区商业是沟通生产与消费的桥梁，是繁荣市场、保障供给、促进社会经济发展的重要环节。必须随着国民经济的发展有计划、有步骤地发展城乡商业。重点发展社区生活商业服务、旅游购物商业、生产资料流通商业、大流转批发商业以及各种生产要素流通市场。

——做好城乡商业发展规划工作。到 2010 年，全镇城乡商业发展规模、商业网点建设、商业从业人员发展比例、商业经营方式等都要达到一定的水平。

——在镇中心区按高标准建设大型综合购物中心和专业零售市场，逐步形成 2～3 条商业大街。商业发展布局按综合、方便、合理、繁荣方针，采取广场商业文化和街道商业文化相结合模式。

——在居民住宅区按方便生活原则设置小型社区综合商业网点，以直接零售为主，发展方便居民生活的多种销售服务。

——配合清溪旅游业的发展，依托深圳特区，逐步发展旅游购物商业。

——从满足当地和周边地区经济发展和社会生活需要出发，建设和发展生产资料市场。

——发挥清溪作为广州、深圳、东莞、惠州等城市地理交会点的地缘优势，发展面向珠江三角洲、面向国内市场的大型批发商业。

——配套发展商业运输、买卖结算、期货交易、商业公证、银行信用、商业通讯、人才交流等商业服务。

10　21 世纪社会文化建设工程计划

现代文化是社会综合发展，建设现代文明新生活，丰富人们精神生活，全面提高生活质量，促进人们由传统人向现代人跃升的重要组成部分。遵循娱乐、教育、丰富、普及、参与、向上精神发展社区文化。

——建设政府主导文化，重点发展有线广播电视、文化活动中心、镇图书馆、科技交流活动中心等等。

——扶持和发展社区文化、企业文化、机关文化、家庭文化、校园文化、社团文化、自娱文化等，形成多层次的广泛的群众文化体系，开发文化市场，全面繁荣城乡文化。

——定期组织节日文化活动、大型专题文化活动、传统文化活动，争取每年形成几个文化生活高潮。

——发展群众文化技艺社团，开设群众文化技艺进修班，促进社会成员文化技艺才能的发展和文化美育素质的提高。

——在发展普及性群众性文化活动的同时，积极组织高雅艺术文化观赏、推介活动，引导群众提高文化生活情趣和文化审美能力、文化参与能力。

11 城乡一体化建设改造工程计划

清溪镇现有106个自然村，农村人口22354人，在社会综合发展实验过程中，要有计划有步骤地把传统乡村改造为现代新社区，原有农村人口每人留100平方米土地作为永久住宅用地，用于住房改建更新。这一标准包括这一部分人口以后的自然增长人口住宅用地。为此，必须对这部分用地实行严格规划，以村为单位统一规划，整体改造，统筹建设。

——充分节约和使用定额住宅用地。不鼓励并限制再建平房或低层楼房，一般住宅楼在6层以上，并以村为基本单位统一集中建设的办法，形成小型生活住宅区。

——做好村舍改造建设规划。要按照布局合理、设施完备、功能配套、环境优美的要求对乡村居民聚集区进行规划；要配套绿化、文化、体育、娱乐、教育、社交等公共活动场所；要配套好供水、供电、供气、有线通讯、信息网络、有线电视网等管道铺设；根据现代生活方式需要创新家庭居室结构布局，如立体化复合结构、适度封闭与适度开放相结合、社交场所与家庭起居间的科学组合，科学美观的防盗装置、家庭绿化与美化装饰等等。

——要在住宅小区按照配套、方便要求建设生活服务设施，公共交通设施、保安设施。

——要扶持发展社区文化、艺术、专业交流社团组织，活跃社区文化生活，发展社区居民多重社会归属感，帮助农村居民完成由传统社会到现代社会的社会变迁，建设现代化新生活。

——通过社区管理委员会和社区社团组织指导居民建设新的就业方式和工作方式，开展成人教育，使之适应新的就业机会和新的就业方式。

12 21 世纪城镇建设计划

城镇建设是城镇经济、社会文化、科学教育、政治生活硬件载体，且具有永久特点。必须从有利于人们的乐生、发展和社会协调出发，精心规划、精心设计、精心建设、精心管理，真正使城镇建设造福于子孙万代，不要给子孙后代留下难以纠正的遗憾。

——高瞻远瞩地、精心地、系统地搞好城镇发展总体规划。要在原有城镇发展规划基础上，组织经济发展、社会学和社会心理学、综合技术科学、城镇规划设计、生态环保、历史学、美学艺术、系统工程等方面专家协同研究，修订清溪镇城市发展总体规划，务求产生一个超前、科学、有清溪特色的城镇发展总体规划。城镇整体建设必须满足布局合理化、设施现代化、功能多元化、环境生态化、建筑艺术化、城乡一体化、管理法制化、人口高质化、社会协调化的要求进行规划，保证未来城镇走上环境、经济、社会、文化与人协调发展的良性循环轨道。

——在城镇总体发展规划基础上，加快搞好城镇小区详细规划和单体概念设计，保证城镇建设的实施严格贯彻城镇发展总体规划的精神和要求，逐步形成有清溪特色的城镇建设风格。城镇建筑设计要把经济价值、社会价值、建筑价值、艺术价值、心理价值、旅游价值等评价标准有机地统一起来，在清溪真正建设起一批高质素、高艺术价值的建筑。

——城乡建设实行政府主导规划管理、市场引导投资建设的管理体制。政府严格按照规划进行建设审批、建设管理、建筑质量审核、整体协调。

——严格进行建筑质量监控，保证城镇整体和单体建筑质量。由清溪城镇建设规划设计专家委员会研究制定清溪城镇建筑建设评审技术标准。

13 21 世纪人本——生态家庭住宅发展工程计划

以小型住宅区为基本单位，以住宅建设为龙头，形成社区新生活方式，创造人们乐生、发展的良好的社区生活小环境。

社区住宅设计、建设要重点解决几个问题：

——家庭的相对封闭和家庭之间的相互沟通，克服现代化过程中的人际关系疏离趋势，建立家庭之间的亲情感，发展家庭的社会归属感。

——建设互助型社区生活模式及相应的社区服务系统和硬件条件。

——建立良好的社区生活生态环境。

——建立良好的社区文化生活环境。

——建立社区之间的沟通网络系统。

——实行居者有其屋。

——有效地解决养老扶幼的方式和硬件条件。

——建立社区居民自治社会组织体系。

居者有其屋：平均每人居住面积 40 平方米以上。

社区活动区：平均每人占有社区公共活动场所 10 平方米以上。

生态保护区：平均每人拥有绿色面积 35 平方米。

住宅楼内平均每 6 户有一间 8 平方米以上公用佣人（保姆）用房和一间 8 平方米以上的公共临时放物室，一间 12 平方米以上接待客人的临时居住用房。每 12～20 户有一个公共文化、社交、娱乐活动场所。

全镇建立一个社区服务中心，每个住宅小区设立一个社区生活服务点，提供购物、办事、维修、信息、社交、教育等社区生活服务。

每一住宅区配套建设一套老人愉和园住宅，一间幼儿园。

14 21 世纪社区多媒体信息网络建设工程计划

信息化是现代社会发展一大趋势。建立社区信息网络系统，可以沟通社区内外信息联系，提高信息分配、利用效率和全社会工作办事效率，推动社会管理科学化，改善综合投资环境，促进社区发展。

——建立社区信息服务中心和社区信息库。

——在政府及社会公共管理机构、企事业单位、家庭普及电子计算机。

——在整个清溪镇建立完善的以计算机技术为主体的社区信息网络，实现全镇居民在镇内的信息共享。

——与镇外信息网络联网，沟通清溪与外部的信息联络，实现全镇居民在更大范围的信息共享。

——发展社区通讯，开通 IDD 通讯电话 12 万门。

——在全镇进行计算机操作和开发利用技术、技能的普及教育，全面推广计算机应用。

——建立和完善社区信息、档案的管理组织系统和制度，形成系统完整的社区信息档案库。

——发展有线电视网络和电视通讯，加速社区通讯的现代化。

15　21世纪社区环境保护工程计划

要从协调人与环境的关系出发，搞好社区环境建设和环境保护，社区环境保护突出四个环节：环境规划、环境建设、环境优化、环境维护。

——按照绿化、美化、净化要求做好社区环境的建设和保护规划。

——科学、充分、合理地利用各种空地建设公共绿化带，绿化率不低于45%。

——在镇制定企事业单位、家庭绿化、美化计划，促进单位、家庭协调绿化。

——坚决抓好生产"三废"和生活垃圾的无污染处理。

——制定卫生管理条例，严格卫生管理。建立环卫队伍，监督和维护卫生清洁；调动企事业单位、家庭、个人积极性，实行卫生维护门前承包制度，促进卫生维护群众化。

——在全镇制定企事业单位卫生管理制度和管理标准，定期进行单位卫生检查评比。

16　现代家庭文明新生活建设计划

家庭是城乡生活的基本细胞，是人们乐生、发展的重要社会组织，在社会发展综合实验过程中，政府要有计划地指导社会家庭建立和发展现代文明幸福家庭新生活方式，促进社会的协调、和谐。

——建设幸福婚姻新机制。

——建设社会工作－家庭生活协调新机制。

——创新家庭居室设计和装修，形成环境幽雅、格调高雅、布局合理、情趣高尚的家庭居室环境。

——建立社会－家庭一体化教育体系，使家庭成为社会教育的基本单位，社会先进道德、文化、知识传播、繁衍的重要基地。

——倡导家庭文化，活跃家庭精神生活，提高现代家庭素质和家庭生活质量。

——在镇推广家庭卫生计划，促进建设文明卫生家庭。

17　自由时间发展计划

社会和个人自由时间的发展,是个人才能自由全面发展扩大和丰富人生的先决条件。提高社会劳动生产率,解放个人的自由时间,是社会主义发展的重要目标。在加速社会综合发展实验进程中,清溪要注意把提高社会劳动生产率和扩大社会成员生活自由度结合起来,逐步缩短工作日,增加自由时间,消除现代化高节奏生活给人们带来的巨大心理压力。

——大规模提高社会劳动生产率,缩短工作时间。到 2010 年,每年平均休年假 25 天。

——发展继续教育时间。企事业单位职工每年继续教育时间在 20 天以上,专业研究技术人员每年进修继续学习时间在 30 天以上。

——发展社会群众性文化艺术创作娱乐活动项目、社团组织,充实群众的自由时间。

——开发各种形式、各个领域广泛的群众性技艺、职业技术、理论研究等方面的业余教育,协助社会成员发展个人的兴趣和才能,并推动这些才能用于增进社会福利。

——引导个人和家庭建立和发展现代化家庭新生活,将解放出来的自由时间用于充分展示和发展丰富的个人生活。

——发展旅游事业,为社区居民创造更广泛的接触大自然、接触社会生活、增长见识的条件和机会。

——逐步优化产业结构,改善生产条件,变革生产方式,增加生产、工作过程的创造机会和创造因素,最大限度地使生产、工作过程由人生的负担变成乐生的过程。

18　新道德建设计划

社会新道德建设的中心是培养一代有理想、情操高尚、有社会责任感、有礼貌、自我行为约束能力强、遵纪守法的现代化新人,促进社会的协调、和谐发展,创造优良的社会人际环境。

——从人本主义精神和科学社会主义道德观出发,以清溪社会发展综合实验为目的,研究、订立并传播清溪新道德规范。

——从基础抓起,在中小学有计划、有组织、循序渐进地进行新社会道德培育和教育,一方面要开设专门的道德规范教育课程;另一方面,要把新道德教育、培养渗透到各个教学领域和各个教学环节，渗透到学生的家庭、社会生活中，并通过学生的行为，在全镇发育、完善社会新道德规范。

——从人们接触较多的公共事业部门和服务部门做起，大规模开展职业道德培育、宣传、教育。这些部门是社会的窗口和道德观念的传播枢纽，必须首先在这些部门倡导新社会观念、新职业道德观念、新人际关系观念、新礼貌规矩、新行为规范，并通过他们的言行举止影响社会。要在这些部门首先解决在过去"吃大锅饭"年代滋生起来的公共事业服务部门"门难进、脸难看、话难说、事难办"的状况，形成"进门如归家、相看脸亲切、说话最舒心、互助办事好"的新氛围。这些部门的表率作用起得好，将有力地推动清溪全社会建设起一个富于亲和力的和谐新社会。

——从单位要求做起。现在，一种良好的社会新道德难以在全社会成气候的一个重要原因，是缺乏各个社会单位对每一个社会成员具有巨大约束力的社会组织的有力依托。因此，要使新社会道德规范在全社会蔚然成风，必须要从每个社会成员所归属的单位开始要求，要在各个单位开展推广新社会道德规范计划活动。

——做好家庭的新社会道德规范的孕育传播。家庭是一个对社会道德规范起着最有激励作用的社会细胞，并对社会道德的继承和传播起着极为重要的作用。因此，要大张旗鼓地在全镇家庭推广"新社会道德规范家庭计划"，突出抓好为人观念、价值观念、行为观念、社交观念、审美观念、集体主义观念等的培育，使家庭成为清溪镇新社会道德观念产生的肥沃土壤。

19 返璞归真旅游开发工程计划

开发山地资源，建设山地旅游基地，发展以"自然"为主题的返璞归真旅游，是优化清溪生态环境、繁荣清溪社会经济、提高人们生活质量、促进清溪对外开放的重要发展工程。计划用8～12年的时间，建成以山水为依托，长达30公里的自然旅游带。

——依托茅田三级水库建设"小蓬莱仙境"。

——建设野生禽畜兽鱼动物放养基地，发展野生放养禽畜兽鱼捕猎、烧烤旅游。

——建设自然观赏植物区，发展自然教学旅游。

——设计发展以山地为依托的游乐基地，发展野外游戏活动项目。

——建设山地、水库体育活动区，发展自然体育旅游。

——利用花卉、优质水果、作物新品种等集约化经营的农业开发，发展旅游观光农业。

20　社会医疗保健发展计划

建立健全社会化医疗保健体制，是保证社会成员健康乐生的基本条件。清溪社会化医疗保健体制，实行"三结合"：社会福利保健与市场化医疗保健相结合，以后者为主；保健与治疗相结合，以前者为主；社会医疗机构政府办和民间办相结合，以政府办为主。

——镇政府办好镇中心综合医院，各管理区和自然村办好门诊部，形成城乡医疗保健主体网络。

——与省、市医疗设备先进、医疗水平高的大医院挂钩，形成清溪外围重大疑难疾病诊治的网络，并借助这些高水平医疗机构的力量，抓好本地医务人员的医疗培训。

——扶持民间和有医疗专业技术的个人，特别是有特殊专科医疗技术专长的人开办医疗保健机构，作为政府主办的社会医疗保健主体网络的补充。

——以防为主，在群众中普及疾病防治和保健常识，总结推广自我保健和家庭保健方法，减少疾患，提高全体人民的身体素质。

——把搞好个人、家庭、单位和整个社区卫生作为社会医疗保健体系的基础，抓好、抓扎实，防止和减少疾患的发生。

——抓好医疗队伍医德、医技、医风的建设，制定规范化的医疗制度，提高医疗服务质量，防止和减少医疗事故发生。

——开展妇幼保健工作，提高妇幼健康水平，促进人口素质上升。

——发展老年医疗保健，延长人们健康生命，充分体验健康欢乐人生。

21　21世纪城乡交通网络建设工程计划

城乡交通网络建设是经济活动和社会生活正常进行的重要基础条件。

要按照通畅、方便、合理、美化的要求超前规划、科学布局、高标准建设好城乡交通路网。

——在1995年前高标准建成110公里混凝土路面一级公路，形成城乡交通主体骨架路网。

——建设对外开放的镇域交通出口。加速疏通、完善已建南、西向5个交通出口；加快完成清溪—惠阳交通出口建设，疏通清溪—惠阳、大亚湾的东向出口；抓紧规划、设计和建设银瓶山公路隧道，打通清溪至惠州的北向出口通道。由此，使清溪四通八达全方位对外开放，营造清溪镇作为深圳、广州、东莞、惠州各市相交会的金三角地缘优势，为清溪迈向21世纪创造良好的外缘环境。

——超前规划、科学设计，加速实施建设城乡二级路网。科学设计交通枢纽的交通走向，实现重要交通路口无直接交叉通车，保证在正常情况下交通枢纽的绝对畅通；主干道路无交叉通车，保证正常情况下无需停让，顺畅通车。

——建设过境公路，建设实现过境交通与镇内交通分道分流，形成良好交通秩序，减少镇区尘埃、废气污染。

——按交通规范要求设置交通标志、交通指挥灯、路灯，实施和执行国家制定的交通法规，尽快实现城乡交通规范化。

22　21世纪人口发展计划

清溪建设28万人口规模的中等社区，在现有12万外来人口的基础上，未来15年内还需要输入16万人口，形成典型的输入型人口增长模式，同时人口增长具有长周期效应的特点。因此，政府必须要有计划有组织地输入人口，做好本地人口与外来人口的同化融合工作。这对于今后清溪社会的和谐和稳定十分重要。必须从现在起就要把这件工作抓好。早抓早主动，早有利。

——镇政府要立足于清溪社会的长治久安战略大局，制定科学、超前的人口发展政策和人口社会政策。

——要根据清溪社会综合发展进程，考虑人口增长长周期效应规律，有计划、有组织地输入外来人口。以25年为一个人口增长周期，制定人口输入的时序规模；从经济社会发展需要出发，控制人口输入层次结构；

从合理建立婚姻家庭社会需要出发，协调人口输入性别结构；从提高清溪人口素质出发，严格控制人口输入质量，输入人口一般需要具备高中毕业学历，重点引进知识技术型劳动力和具有大专以上学历的专业科学技术人员。

——确立大清溪人意识，防止排外思想。要引导全体社会成员摒弃狭隘乡土意识，树立社会人观念，促进本地人口与外来人口的思想、观念、文化、生活的同化、融合，形成团结、和睦、向上的清溪人口社会群体。

——要抓紧计划生育工作，严格控制人口自然增长。

——采取有效措施，普及各类教育，加速提高本地人的文化水平和整体素质，以适应农村城市化的要求和人口协调增长需要。

23　人类生命潜能研究开发计划

直至20世纪，人类在认识、改造和控制外部环境方面取得了辉煌的成就。但是，人类在认识、改造和控制自身的生命过程方面，却仍很落后。随着生物工程技术的大规模开发，在未来的21世纪里，人类将在自主控制自身生命过程方面取得重大进展。清溪可以依托得天独厚的自然地理环境，借助中国传统中深厚的人类生命过程控制知识和技术（主要是气功、中医理论和技术等），引进特殊人才，在现代科学技术基础上研究、开发人类生命过程控制技术，并使之与返璞归真自然旅游产业的开发相得益彰。

——引进人类生命过程控制技术特殊人才，开发人类生命过程控制技术研究。开展人类生命过程控制技术的研究。

——结合开发自然旅游，开展人类生命过程控制技术的传授，开发人类生命潜能。

——把人类生命过程控制技术运用于疾病的诊断和治疗，服务于人们的保健和健康。

——以对人类生命过程和病理的全新理解，结合人类生命过程控制技术的应用，建立中医中药开发基地。

——结合自然旅游基地建设，开发自然理疗康复中心。

24　社会公共关系拓展计划

为了实现清溪社会综合发展的目标，要逐步建立具有清溪特色的社会公共关系形象，培养文明社会公共关系意识，广泛拓展清溪社会公共关系，推动经济社会全面繁荣。

——设计制定镇徽、镇标、镇旗、镇歌。树立清溪良好标识形象，增强全镇公共社会凝聚力。

——发展清溪礼宾计划，推广普通话和英语等交际语言，培养公众新型礼宾观念，建立文明礼宾规范，发展开放型社会公共关系，使清溪成为文明、开放、热情的礼仪之镇。

——发展和完善全镇公共社会服务行业和政府服务指导机构，形成新型公共关系服务体系。

——积极发展镇域外（包括国内外）经济、社会、文化关系，争取镇外、国内外朋友对清溪社会综合发展建设事业的支持。

——镇政府设立对外关系发展办公室，统筹镇对外关系开发工作和接待工作。

25 婴幼儿社会化抚育发展计划

发展婴幼儿社会保健事业，有利于提高人口素质、家庭生活素质、妇女素质，是社会综合发展事业的重要组成部分。

——开展妇女孕期和婴幼儿保育家庭指导，提高家庭婴幼儿保育质量。

——镇中心医院建立素质较好的婴幼儿保健科，开展婴幼儿保健咨询指导和疾病诊治。

——建设婴幼儿保育机构，在镇区形成以镇中心幼儿园为龙头的婴幼儿保育网。

——要逐步建立和发展婴幼儿保育师资队伍，从根本上提高婴幼儿保育水平。

——推广妇女可间断性就业机制。在妇女怀孕及婴儿、幼儿养育期间，妇女可以暂时中断就业3～8年，以便减轻妇女社会负担，使妇女更好地承担养育子女的责任，保护妇女身体健康。社会保障妇女在间断性歇业后重新就业的权利和提供相应的就业机会。

26 老年社会保障计划

发展老年社会保障事业，对于老人老有所养、养有所乐、颐养天年，促进家庭幸福及社会稳定都十分重要。要随着社会经济的发展，逐步把这项事业搞好。

——依托敬老院建立老人俱乐部，作为镇老人活动中心。

——各管理区要设老人活动室。

——通过老人活动社团，组织定期和不定期的各项老人竞赛活动。

——新型建筑住宅要创新设计，方便老人生活和子女照顾老人。要进行尊老护老家庭指导，使老人晚年有一个舒心的家庭环境。

——要发展老人医疗保健事业。

27 现代化社会管理体制改造工程计划

建立社会主义现代化的社会管理体制，这是顺利推进社会发展综合实验，建设健全、向上、美好的清溪新社会的重要保证。要超前设计，逐步改革，加快建立起新型的社会管理体制。

——超前设计和规划与社会主义市场经济发展相适应的大社会、小政府的政府－社会管理新体制。

——要根据城乡一体化社会管理的需要，按照科学、高效、精简的方针，改造、发展、完善经济社会行政管理组织架构。提高行政公务人员的思想素质、业务素质、道德素质。建设一支人格高尚、办事高效的政府公务员队伍。

——随着社会事业的发展和人口的增长，有计划地组织和建设社区居民自治管理组织，逐步形成规范化、民主化的社区管理体制和运行机制。

——有计划应用和推广电脑等现代管理技术，大力借鉴和移植国内外社区管理的先进体制、先进方式、先进经验，逐步形成有清溪特色、科学高效的社区模式。

——重视和加强全社会的经济、文化、人口、教育、城建、社会、行政、政治、科学、自然等方面的信息档案管理，建立完善的社会化档案管理体系。

——推动政府行政管理社会化、服务化，开辟与政府双向沟通的渠道，加强与政府的联系，保证社会的协调和稳定。

28 社会福利普遍提高计划

在大规模发展经济、推动社会综合发展的同时，争取经济社会发展成果在全体社会成员中共享,普遍增进社会福利,保障社会的长治久安,这是社会综合发展的一个重要目标。

——制定普遍提高社会福利政策,在鼓励一部分人先富起来的同时,引导先富者带动后富者走共同富裕的道路;通过社会福利政策、财政政策、各种社会发展计划促进社会发展成果在全体人民中的公正分配。特别要采取有力措施解决贫困户脱贫问题。

——注意关心和提高外来人口的经济效益和社会地位,使他们在清溪享有平等的生存和发展的权利、机会和社会地位。

——政府要成立社会福利发展协调处,负责制定社会福利普遍提高政策和社会福利发展计划,协调社会福利关系。

——研究和吸取国际社会福利普遍提高的经验、政策,逐步形成有清溪特色的社会福利普遍发展政策体制。

(1994年4月稿)

深圳率先实现现代化构想

（1999—2010 年）

1999 年 3 月，在全国人大九届二次会议广东代表团讨论会上，中共中央总书记江泽民同志提出，广东要在全国率先基本实现现代化。从改革开放先走一步到基本实现现代化先走一步，这是党中央和全国人民赋予广东人民新的历史使命。广东省委、省政府要求把深圳建设成为有中国特色社会主义示范市，在率先基本实现现代化的新长征中继续先行一步。据此，我们提出深圳到 2010 年实现中等发达的有中国特色社会主义现代化的基本构想。

一、基本发展形势

（一）现状估计

现代化是当代世界性历史进程。从英国工业革命以来，发达国家的经济发展已经经历了工业化初级阶段、工业化中级阶段、工业结构高度化阶段、工业化成熟阶段、后工业经济阶段等，现在正在进入知识经济阶段。伴随这一过程，已经发生或正在发生着一系列现代性社会变迁，即经济市场化、人口社会化、社会城市化、政治民主化、环境生态化、生活高质化、管理科学化、精神人文化等。第二次世界大战后，工业化、现代化浪潮由欧美中心地区向世界各地扩散，成为世界性历史进程。社会主义作为人类走向现代化的一种制度选择，经历了凯歌式前进到挫折低潮的曲折历程。改革、完善、复兴社会主义和全面实现现代化，是我们面临的两位一体的历史任务。改革开放以来，深圳建设有中国特色社会主义事业的发展，实际上也汇入了世界性现代化历史总潮流。在近 20 年的发展中，深圳以开放促改革，以改革促发展，以发展复兴社会主义，使深圳由原来南方边陲的一个农业县,发展成为颇具规模的现代化大城市,已基本实现现代化,初步具有中国特色社会主义现代化的雏形。表现在如下方面:

第一,在经济发展方面,已基本完成国民经济工业化任务,三次产业构成达到1:50:49,经济发展综合水平为人均国内生产总值33289元(按官方汇率现价折算为4035美元),已接近或达到基本实现现代化的指标。现代化发展指标研究的国际权威,美国社会学家阿·英克尔斯认为,基本实现现代化的经济指标是人均国民生产总值(GNP)3000美元。考虑到目前世界经济的新发展,基本实现现代化的经济指标提高到人均GNP 4000~4500美元较合适。据世界银行统计,1997年在世界上排行第26~48位的上中等收入国家人均GNP为3126~9655美元,平均值为4520美元。按照世界银行发展报告1997年统计数据中133个国家的排序,深圳经济发展综合水平约在第40~41位之间;与世界人均GNP平均水平5130美元相差约4年的发展时间;落后于上中等收入国家人均GNP平均水平(4520美元)两年多时间;落后于发达国家人均GNP平均水平(2.57万美元)15~18年时间。如果考虑到人民币实际购买力,33289元人民币所包含的实际财富量可达到6000美元以上。那么深圳经济发展的综合水平约在世界平均水平之上。因此。无论从什么角度看,现在深圳已进入世界上中等收入水平,接近或基本实现现代化。

第二,在社会发展方面,已初步完成由传统农业社会向现代城市社会的社会变迁,基本实现城市化。1998年,全市居民总户数中,非农业户超过75%。

第三,在制度建设方面,突破了传统社会主义体制模式,通过改革,初步形成有中国特色社会主义市场经济新体制和民主-法制政治制度基本框架。

第四,在文化发展方面,加速由传统农业文化向现代都市文化的变迁,在原来的"现代文化沙漠"上发育出一片葱郁的"现代文化绿洲",有中国特色社会主义现代文化雏形已露端倪。

第五,在环境发展方面,已开始越过由第一阶段、第二阶段工业化带来的生态环境退化的低谷,进入环境整治和优化的新阶段。特别是近年来城市生态环境得到迅速而有效的治理,正在形成后来居上的新的城市生态环境，城市可持续发展能力明显提高，已跃居珠江三角洲经济区九大地级城市的前列。

深圳建设有中国特色社会主义现代化的基本经验可以概括为：坚定不移地以邓小平理论为指导，解放思想，实事求是，科学决策，突出"特"字，勇于实践，大胆创新。把学习吸收世界现代化文明积极成果与超越西方文明结合起来，把坚持社会主义与创新社会主义结合起来，把承传中华民族传统文化与超越中华民族传统文化结合起来，通过把"破旧"与"立新"紧密结合起来，形成了改革促发展、发展促稳定的良好局面，实现了巨大的历史飞跃。深圳的实践及成就初步回答了什么是社会主义和社会主义能否更好、更快、以更少代价地推进现代化建设等重大历史课题；初步显示了邓小平建设有中国特色社会主义理论和办特区决策的正确，为探索新的社会主义发展道路和实现社会主义的复兴带来了巨大的希望。

（二）发展趋势

世纪之交，深圳经济社会发展正面临着由工业化经济起飞阶段向全面推进现代化建设新阶段的转换（如下图所示）。

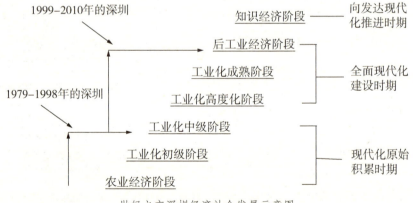

世纪之交深圳经济社会发展示意图

到2010年，深圳的现代化将达到什么样的状态呢？经济现代化是社会、文化、政治、环境与人诸方面现代化的基础。首先预测2010年深圳经济发展的程度。按未来国内生产总值年增10%的可能趋势分析，到

2010年深圳经济总量（国内生产总值）将达到5000亿元，人均GDP可以达到10万～13万元。按官方汇率现价折算约合现值1.2万～1.6万美元。如按人民币实际所代表的财富量，人均GDP应在1.8万～2.3万美元之间，即接近西方的发达水平。按最乐观预测，到2010年世界人均GNP约为8200美元，高收入国家人均GNP可能达到37000美元。因此，到2010年，深圳经济发展的综合水平（人均国民生产总值）约为当时世界平均水平的2倍（1998年约为80%），达到中等发达现代化水平；约等于当时发达国家平均水平的1/2（1998年为1/6）。深圳将在2002年赶上当时的世界平均水平，与发达国家的发展差距将由现在的15～18年缩短到7～10年，可望在2025—2030年之间在经济综合发展水平上赶上发达国家。从新兴工业化国家的发展经验看，当人均GDP达到3000～4000美元，以国民经济工业化为主要内容的经济起飞阶段（现代化原始积累阶段）即告结束，开始进入全面现代化建设新时期。

因此，未来12年是深圳由工业化第二阶段向第三阶段和第四阶段转换，并向后工业经济推进；由经济起飞转向全面推进现代化建设；由基本实现现代化向中等发达现代化迈进的重要历史时期。

（三）面临的挑战

从国际上看，20世纪90年代以来，世界经济科技发展在知识革命的推动下，正进入一个大发展、大调整的时期。工业文明正在明显衰退（据有关专家分析，目前全世界80%的制造业生产力过剩30%～40%），知识文明正在兴起。处于第三次现代化浪潮下滑期的新兴工业化国家与进入第四次现代化浪潮上升期的发达国家之间，产生明显的产业对冲与摩擦（亚洲金融风暴是这一矛盾的直接反映）。西方国家挟知识经济之优势，不仅迅速收复20世纪七八十年代的"失地"，而且向新兴工业化国家和其他发展中国家展开咄咄逼人的攻势，造成了强大的压力。而日益强化的经济全球化趋势，既给新兴工业化国家提供了新的发展机遇，但又给发达国家打、压、冲击发展中国家和地区提供了直接的国际环境和机制。在此背景下，金融风暴过后，新兴工业化国家和地区都在迅速调整发展战略，面向未来，面向新一轮高新技术产业主导发展展开无情的竞争。不进则退，不进则输。我们的发展已没有退路。我们的出路只有一条，那就是把握机遇，迎接挑战，果断地迎着高新技术革命而上，迎着知识经济而上，迎着经济全球化而上。

　　从国内看，经过改革开放20年的大发展，沿海地区已先后完成了国民经济工业化起飞任务，进入阶段性产业调整期。原有产业群普遍进入买方市场，在现有经济格局下出现了生产力的大面积相对过剩。开拓新市场，一方面有赖于中西部地区工业化启动带来的市场扩张，但目前中西部地区工业化启动仍步履维艰；另一方面有赖于沿海地区通过新产业群的开发开拓新市场。但沿海地区受制于技术创新和产业创新能力的不足和新一代企业家群体成长的滞后，而未能在产业创新和新市场开发上有相应的进展。这是当前经济增长回升乏力的基本原因。以沿海地区的产业创新和新产业群的开发，带动国内产业布局和市场结构的区域重组，这是实现经济成长阶段性转换、推动新一轮经济增长高潮到来的关键。我们必须看到，在工业化起飞阶段先走一步的广东，由于适应于下一阶段经济发展需要的文化、理性、科技、人才基础先天不足，在经济上新台阶时显得有点力不从心。相反，原来发展相对滞后于广东的华东地区正以其文化、科技、人才优势迅速赶上来。对此，广东要有足够的忧患意识。

　　深圳作为处于国际、国内两大发展压力的接合部，既面临着严峻的挑战，又处在非常重要的发展机遇期。深圳需要顺应国际和区域产业循环的大趋势，把经济发展转向依靠技术进步和产业创新上来，通过加快产业升级和结构优化，获取跨世纪经济发展的主动权和战略机动能力，再造对内对外辐射新优势，推动产业在区域间的良性互动循环。

　　此外，20年改革开放带来经济大发展的同时，也出现了一系列负面问题。如经济秩序的失衡（走私、制假贩假、经济腐败等）、精神家园的失落（黄、赌、毒的不时泛滥，道德失落危机，价值观错位等）、生态环境的恶化等等。这既反映了现代化过程中社会、文化、政治、环境的发展和人的成长明显滞后于经济发展（从现代化综合指标分析可以看到，深圳的社会人文发展指标与科技教育发展指标明显落后于经济领域的发展指标），也对有中国特色社会主义现代化的发展构成明显的压力。经济发展对于实现现代化极为重要，但经济发展不等于现代化；只有把经济发展成果转化为全面的现代化文明成果，才能真正实现现代化。同时，经济发展的成果并不自动地转化为全面的现代化文明成果，它只有通过政府的社会发展政策和主导作用才能实现。因此，如果不能在推动经济发展的同时，有效地促进社会的全面进步，我们的现代化是不能成功的，有中国特色社会主义的优越性是无法体现的。目前，我们的改革正进入攻坚阶段。而社会主义经济体制以及其他方面体制改革的深入，更加逼近改革的深层次问题和要害问题。坚定地坚持社会主义和有效地革新社会主义，这将依然是世纪性难题。

纵观国内外形势，深圳的跨世纪发展将面临三大挑战：

第一，在工业化中期阶段结束、产业结构升级和区域布局重组的关键时期，处于国内国外两大压力接合部的深圳，能否尽快建立起具有强大的技术创新能力、产业升级能力和市场开拓能力的开放的可持续发展的国民经济产业体系，保持国民经济持续、健康、高质发展，并对国内产业结构调整和区域布局重组发挥积极的辐射作用？从当前看，虽然深圳经济发展形势相对较好，但近几年经济发展指标也明显下滑，这表明深圳的产业创新能力仍与国际、国内经济发展的新形势不相适应。

第二，在经济起飞阶段向全面现代化建设阶段转换条件下，能否形成社会全面进步的机制和能力，把迅速增长的物质文明成果转化为全面的现代化文明成果，并争取在不太高的经济发展水平上，创造出高于西方的现代化文明？情况表明，在经济发展的量的水平赶上或超过西方发达国家还不是太难，最难、最具挑战性的是在经济持续增长的同时全面提高经济、社会、政治、文化、环境和人的发展质量。

第三，能否在全面推进现代化中继续发挥社会主义制度优势，通过改革、完善和从根本上确立比较完善成型的有中国特色社会主义制度，实现制度现代化。在这方面，我们既受到教条主义的"传统社会主义"观念的束缚，又要抵御来自西方资本主义的压力。我们必须要在实现现代化过程中形成有中国特色社会主义的强大的自生长机制和能力。

二、跨世纪发展方向和2010年发展目标

(一) 发展方向

深圳现代化发展正处在重要的历史转折点。确定现代化发展路向，是影响几代人、几十亿人发展的重大决策任务。

现代化是当代人类社会发展的总趋势。西方资本主义率先开始了这一历史进程。但300年来西方在创造巨大的现代化文明成果和提供一系列发展经验的同时，又暴露了西方式现代化的巨大的历史局限性及其反人类、反自然的性质。主要反映在工业化文明造成的人口爆炸并正在迅速超越环境容量，传统工业化导致的环境恶化和资源枯竭威胁着人类的生存，竞争引起的大规模的社会分裂、阶级对抗和国际战争瓦解了人类驾驭自身命运的共同意志，利益对抗和对财富的追逐造成了人类人文价值精神的退化、精神家园的失落，等等。这一切表明，西方式的现代化文明模式，也难以持续发展，更不能为发展中国家直接仿效。特别是科学技术和社会生产力的新发展，正日益显露西方现代化资本主义性质的历史局限性。

因此，我们在迈上现代化道路时，就面临着如何选择现代化发展路向这一重大决策任务。邓小平创立的建设有中国特色社会主义这一重大命题实际上已给我们指明了创新现代化文明的方向和任务。党的十五大报告提出了我国社会主义现代化事业跨世纪发展的宏伟蓝图。显然，不能照搬西方式现代化模式。我们要在大胆吸收西方现代化文明积极成果的同时，通过创建有中国特色社会主义现代化模式和实现发展战略的创新，吸收西方现代化的积极成果，克服西方现代化的历史局限性，建设比西方资本主义现代化更优越、更公平、更符合人类发展本质，更有利于促进人的全面解放和人的自由全面的发展，更适应于地球生态环境的可持续的新型社会主义现代化。因此，深圳建设有中国特色社会主义和率先基本实现现代化示范市具有双重的历史意义或双重的历史任务，即一方面要追赶世界现代化潮流，另一方面又要创新现代化文明。创新现代化文明是建设有中国特色社会主义现代化的灵魂，没有创新就没有中国特色。创新现代化文明，需要把握四个方面的要义：

第一，正确把握现代化与人的关系。必须把现代化发展定位在马克思

主义的人本发展价值观上，即争取人类的全面解放，努力实现人的乐生与自由全面的发展，而不是如资本主义那样，以无穷地榨取剩余价值、无限地追逐物质财富为目标。

第二，正确把握现代化与自然的关系。必须在现代化的意义上重建人与自然的和谐关系，保证人类文明的可持续发展，而不是如传统现代化那样，肆无忌惮地向自然索取，加剧人与自然的冲突，造成人类文明的危机。

第三，正确把握现代化的世界一般进程与中国特殊国情的关系。必须从中国的特殊国情出发，建设与中国国情相适应的现代化文明。

第四，正确把握社会主义与现代化的关系。一方面通过有中国特色社会主义道路创新现代化文明；另一方面，在现代化发展的国际竞争中发挥和显示社会主义制度的优越性，实现社会主义的伟大复兴。

因此，深圳建设有中国特色社会主义和率先基本实现现代化示范市的试验，不仅具有重要的全国意义，也具有重大的世界意义。现在，深圳已拥有了全面推进现代化建设的必要的经济基础和发展经验，完全有可能再用30年左右的时间，真正建立起优越于西方资本主义的有中国特色的社会主义现代化新文明。

这种新的有中国特色社会主义现代化的历史方向是：以人为本，以全面提高人民的生活水平和生活质量，提高人的自觉自主的主体精神意志，发展、提高、完善人的综合素质和健全的人格，促进人的全面发展和全面解放为目的，通过走有中国特色社会主义道路，建设一个以强大的创新体系为基础的具有持续产业升级能力的可持续发展的国民经济体系；在经济持续发展的基础上，全面推动社会文明现代化，建设一个充满人文情感亲和力的理性和谐的现代社会体系；美化环境、净化社会，高标准全面整治、优化和建设世界一流的生态化花园式环境；繁荣文化、升华心灵，全面实现文化现代化，建设一个文化发达、情操高尚的精神文化和社会文化体系；科技领先，教育为本，建设一个与知识文明社会相适应的现代学习型社会，从根本上建立起现代化文明可持续发展的智能基础；推进民主进程，加快法制建设，建立一个社会民主、政治昌明、安全稳定，既有全社会的集中统一、又有个人自由和心情舒畅的社会主义民主－法治政治体系。为全体人民创造一个经济发达、政治民主、文化繁荣、情操高尚、环境优美、规范有序、和谐安宁、展现人性的美好的社会主义现代化社会。

创新现代化，建设有中国特色社会主义现代化文明，必须立足三个超越：一是在承传和吸收西方现代化文明积极成果的基础上，面向未来创新现代化文明，在现代化文明形态上超越西方传统现代化文明。二是在承传传统社会主义历史遗产的基础上，创新社会主义，超越传统社会主义模式。三是在承传中华民族优秀文化遗产的基础上，推动民族文化的创新和现代化，超越中华民族传统文化。只有通过承传、扬弃、创新、超越，才能真正创造出有中国特色社会主义的现代化文明，才能建设真正有中国特色的社会主义现代化的示范市。

实现超越式发展，我们有三个重要的历史条件：一是具有后发现代化的再选择优势，二是拥有在共产党领导下社会主义制度的强大的历史选择和历史整合能力，三是拥有建立在马克思主义科学历史观基础上的科学的理性价值判断能力。马克思主义唯物主义历史观和追求人类解放的美好的共同价值观，可以指导我们科学地反思西方现代化文明，科学地理解人类现代化文明的发展本质，从社会主义价值观和全人类解放的根本立场出发，创新现代化文明。哲学社会科学的发展，及其与决策集团结合的程度，决定或制约着我们对现代化的理性选择能力和对现代化发展全局的驾驭能力。

（二）发展目标（2010年）

未来12年，是深圳由经济起飞阶段转向全面现代化建设阶段，为有中国特色社会主义现代化新文明奠基、定位的关键时期。到2010年，深圳要实现下述跨世纪发展目标：在基本实现现代化的基础上，全面推进和实现中等发达水平现代化，构建和奠定有中国特色社会主义的、发达的、新现代化文明的发展基础和基本框架。然后，再用20年左右的时间（约到2030年）在整体现代化文明发展水平上超越西方现代化文明，建成比较符合于人类发展本质，让人民充分乐生与发展的繁荣富裕、民主法治、文明进步、和谐美好的社会主义社会。

到2010年，把深圳建设成为中等发达的现代化社会，需要实现九大战略任务：

（1）建立创新、活力、配套的产业体系。

（2）建立公平、规范、高效的经济秩序。

（3）建立数码、网络、通达的信息社会。

(4) 建设安定、廉明、有序的法治社会。
(5) 建设安宁、舒适、情感的人文社会。
(6) 建设便捷、开放、礼仪的国际城市。
(7) 建设自然、人性、高质的生态环境。
(8) 建设学习、创造、智慧的智能社会。
(9) 建设人本、理性、自觉的精神文化。

实现 2010 年发展目标，需要实施由文化立市战略、经济强市战略、科教兴市战略、开放带动战略、可持续发展战略等构成的建设有中国特色社会主义的、率先基本实现现代化示范市的基本战略体系。其中，特别需要重视文化立市战略。从世界现代化一般进程和创新有中国特色社会主义新现代化文明的特殊历史任务看，文化的变革和发展是实现由经济起飞向全面推进和实现现代化战略转换的重要前提，也是把经济文明成果全面转化为社会、文化、环境、制度与人的现代化的关键。在这个时期，文化的变革与发展有三个重大意义：一是形成全新的精神文化环境，促进人的自主、自觉的主体精神意志的觉醒与发展，培养"四有"新人，实现人的现代化，为现代化的持续推进提供强大的历史动力。二是为经济、环境、社会、制度的现代化提供必要的文化战略平台。许多国家现代化发展的经验与教训证明，现代化变迁的最深刻、最困难，也是最容易疏忽的环节就是文化的现代化；没有相应的文化战略平台，是不可能顺利地全面推进现代化的。三是创造与提供大规模的高质量的精神文化产品，以丰富和满足在经济较充分发展基础上广大人民日益增长的精神文化生活的新需要。因此，我们必须把文化立市战略作为跨世纪发展的基础战略。

（三）发展指标（2010 年）

到 2010 年，深圳要达到以下现代化发展指标：
人均国内生产总值：11.6 万元（约 1.4 万美元）
三次产业构成：0.8（％）：43.2（％）：56（％）
生产外向依存度：326%
城市人口占总人中比重：95%
基尼系数：0.33

城镇恩格尔系数：22%

每万人拥有医生：33人

民事立案数与刑事立案数之比：10/1

公共教育经费占GDP：6.5%

电话普及率：90部/百人

科技进步贡献率：65%

人口自然增长率：10‰

土地经济产出率：24752万元/平方公里

可持续发展能力指数：3

此外，我们还提供了一套由五大领域15个方面40项指标构成的，深圳到2010年实现中等发达现代化水平的详细指标体系（见《现代化指标研究与分析》一文）。

实现上述发展指标，将使深圳经济社会发展在10个方面取得明显变化：①实现产业结构优化升级，由传统制造业主导发展转到高新技术产业和功能性第三产业主导发展上来；②实现经济发展动力转换，由依靠资源和资金为主转到依靠科技进步和管理创新为主上来，建立学习创新型社会；③实现发展阶段转换，由经济起飞转到经济、环境、社会综合协调发展上来，全面提高发展质量；④实现人民生活高质化，由以提高生活水平为主转向以提高生活质量为主，由丰裕小康水平上升到富裕高质水平；⑤形成对外开放新格局，由原来主要承接亚洲新兴工业化国家和地区产业循环，转向与香港建立"双星互补"结构为基础，向欧美发达地区拓展，形成高起点、大跨度国内外产业循环新格局；⑥建立市场经济秩序，全面"由乱入治"，形成规范化、法制化、公共化、效率化的经济新秩序，基本克服"假、冒、伪、劣""权钱交易腐败""走私""漏税"现象；⑦实现文化观念新飞跃，人文价值精神和科学理性精神成为经济社会生活重要文化基础；⑧实现发展方式转换，经济社会发展由片面追求经济或财富增长转向可持续发展轨道，基本形成人与环境和谐共存的发展格局，可持续发展能力处于国内领先地位；⑨初步实现社会治理方式转变，由人治式社会管理转向民主法治式社会管理；⑩信息技术在经济、社会、文化诸领域大规模应用，初步建立现代信息社会。

三、建立以创新为基础的持续增长的国民经济体系

经济发展仍然是未来全面推进现代化建设新阶段的首要任务。在这一新阶段,经济发展的主要任务是:

(1)把国民经济发展由一般制造业主导发展转到高新技术产业和功能性第三产业主导发展上来,实现由工业化第二阶段向第三阶段和第四阶段转换的产业结构升级。到2010年,三次产业构成达到0.8∶43.2∶56,高新技术产品产值占工业总产值达到50%以上。

(2)经济发展动力由依靠资源、资金为主转到依靠科技进步、科学管理为主上来,实现科技开发的大规模有机结合。到2010年,科学技术进步贡献率达到65%。

(3)依据当前国际、国内产业成长总格局,提高开放水平,加快形成强大的产业区域循环的传动能力。

(4)围绕经济上台阶要求,深化经济体制改革,完善和发挥市场经济的作用,建立强大的产业创新市场机制,全面提高宏观经济和微观经济的战略管理水平,保障经济健康稳定地运行和发展。

要实现上述经济发展目标,必须实施创新与持续发展能力战略,把经济发展的立足点由经济增长目标为主转向以增强经济持续发展能力为主上,有效地解决经济发展的短期目标和长远战略的统一。这一经济发展新战略的核心是建立产业创新体系,形成产业升级能力。产业升级能力包括六个方面:产业结构升级和优化能力,产业技术升级能力,产业组织升级能力,产业市场升级能力,产业战略管理升级能力,产业开放升级能力等等。产业升级能力源于产业创新能力,包括技术创新、制度创新、文化创新三个基本方面。

建立产业创新体系,要抓好八个重点环节:

第一,加快建立和强化科学研究与技术开发系统,形成产业创新的技术支撑体系。根据后发工业化、现代化国家经济成长的技术进步模式演变的一般趋势,以及深圳的发展现状及未来的战略地位,在未来的10~20年间,深圳的科学研究与技术进步模式应逐步由以技术输入为主转向输入

型技术进步模式和自主开发型技术进步模式相结合的二元技术进步模式。要突出形成和强化技术开发能力和技术应用能力。要集中力量办好深圳大学，在深圳大学创办开放式网络化的技术开发研究院；要以深圳大学为基础，形成包括各教学、科研机构的科学研究和技术开发主导系统；要以上述系统为依托，加强与国内教学、科研机构的双边或多边技术合作；要积极拓展国际科研与技术合作关系，提高追踪国际前沿技术的起点和能力；要进一步依托大型企业，办好专业化产业技术开发中心，加强技术的产业技术转化能力；大力推动教学科研机构与企业的结合，加快产学研一体化体系的形成；要实施引进技术消化、吸收、创新系统工程；要建立非常设的主要由专家构成的决策研究性质的科学委员会，提高产业技术进步的战略决策和战略管理能力，加强政府在产业技术进步中的主导作用；要实施产业技术进步的有限目标战略，即突出重点，集中力量，有所为，有所不为，在面向21世纪的信息产业、机电一体化产业、生物工程产业、新材料产业、教育产业等若干产业领域建立深圳的技术发展优势。形成和强化技术进步的自主开发能力和支持系统。

第二，研究、制定、实施专利战略。从长远看，不仅要开发、应用先进适用的高新技术，而且要加快建立拥有自主知识产权的技术体系。实施专利战略，是实现由引进技术为主到自主开发技术为主的战略转变的战略杠杆。要结合深圳主导产业的发展和演变，以技术专利为中心，从建立全球专业技术情报系统、加强研发战略指导，到完善专利管理、促进技术开发应用等，形成技术进步战略管理体系。

第三，形成产业持续创新与结构持续优化的机制体系。随着新技术革命的深化，产品和产业更新周期越来越快。任何一个国家或地区，只有形成强大的产业创新和结构优化能力，才能在不断变化成长的世界经济中保持持续发展能力。要高度重视建立微观产业创新机制和宏观产业结构优化机制；要重点建立和发挥企业破产机制、风险投资机制和创业投资机制；要进一步扩大、发展和完善以股票市场为主要渠道的资本流通和资金配置机制；要建立和完善政府产业发展政策的引导作用和市场的资源配置作用，并将其有机地结合起来。

第四，建立有利于促进产业持续创新的产权体系。要建立和完善包括国有、集体、股份制、民营、外商等多元化的现代产权制度；特别是要建立、完善知识产权制度；要特别重视建立知识产权机制和知识产权向经济产权转换的机制，形成规范、高效的产业创新的产权动力体系。在继续创新国有资产产权管理体制的同时，重点规范和确立民营产权保障体制；要进一步形成与社会主义市场经济相适应的产权观念。

第五，实施科学管理工程，建立管理科学化的支持系统。科学管理，既是产业创新的重要内容，又是产业创新的重要保障。目前，无论是微观管理还是宏观管理，管理的科学理性水平还比较低，管理资源严重不足、素质偏低，是产业创新和经济发展的瓶颈问题。要向管理要创新，向管理要质量，向管理要发展；要进一步发展管理科学工程教育；要通过走出来、引进来的办法，大规模、高起点培养经济技术管理人才；要制定管理科学化标准，并通过标准化管理引导管理科学化；要建立企业诊断咨询组织，为企业提供管理咨询服务；要进一步扶持并发展策划、设计咨询研究机构。

第六，实施企业家工程，建设一支具有强大的产业创新组织能力的企业家队伍。企业家是生产力形成、发挥、创新、发展的主导要素。在后工业化和后发现代化国家和地区，由于经济高速发展，容易出现企业家队伍成长滞后和"合格的企业家"供给不足的现象，引发国民经济间歇性衰退或经济成长乏力。目前，企业家成长滞后已成为约束经济发展的最主要原因。要把企业家问题摆到经济工作的首位；要采取各种可能的措施和手段，加快建设一支不断进取的新型企业家队伍；要通过宣传教育，在全社会形成尊重企业家、理解企业家、支持企业家、保护企业家的风气或氛围；特别是要对民营企业家一视同仁，可以仿效大革命时期的黄埔军校，创办一所深圳商校，采取实战教学方式，加速企业家队伍现代化；要制定和实施企业家国际培训计划，由政府委托社会组织机构有计划地组织企业经营管理人员到发达国家考察和培训，要特别注意培训民营企业家；要注意从有经营管理潜质的科技人员中扶植新型的复合型企业家。

第七，建立中小企业产业创新的社会化支撑系统。中小企业在产业创新中具有特别的组织意义。在继续抓好大型企业工作的同时，要特别注意抓好中小型企业工作。在国有经济改革中采取"抓大放小"对策，但是在产业发展上则要"抓小放大"。因为大型企业竞争能力相对较高,市场驾驭能力强,可以放手让大型企业在市场经济中竞争发展。相反,中小型企业产业发展配套能力差,市场驾驭能力弱,需要政府建立起包括技术开发支撑系统、金融支撑系统、流通支撑系统、信息支撑系统等的中小型企业产业创新支撑系统。

第八,促进信息技术,特别是计算机网络系统技术在企业经营管理和市场经济运行中的应用。促进技术信息资源和经济信息资源的共享。要积极发展电子商务系统、商务信息支持系统等。

四、构建公平、互助、自律的社会命运共同体

社会组织方式和社会管理方式的人道化、科学化、规范化是推进社会现代化过程中社会变迁的基本趋势。从改善和提高社会组织水平,引导生活方式的现代化变革,提高社会生活水平和质量,促进社会全面进步出发,实现社会管理方式现代化。通过社会管理方式的变革,形成一个合理、稳定又充满活力的现代社会结构系统所需要的制度架构和社会生活组织方式。深圳创新社会管理模式的总目标,是坚持以人为本的经济社会协调发展思想,通过提高社会生活环境、社会组织、社会制度的现代性素质,全面提高人的社会生活水平和社会生活质量,保障社会公平、优化社会秩序、健全社会组织、完善社会服务体系,营造公平、互助、自律、和谐、文明的社会命运共同体。

围绕上述目标,突出建立和健全社会管理四大机制,把深圳社会建设成为文明、公平、稳定、舒适的现代化新社会。

第一,建立健全社会管理的公平机制。逐步由效率优先向效率公平并重转变,形成有中国特色社会主义的公平型社会管理模式。首先,确立按劳分配与按要素分配相结合的公平分配机制,为全体社会成员创造和提供公平的竞争机制、公平的发展机会机制、公平的自由流动机制。其次,优先建立和健全社会保障体系,包括发展社会保险体系,完善社会救济制度,构建理想的社会"安全网",保障人民安宁。

第二,建立健全社会管理的共建机制。通过构建中间层次社会组织,

建立管理、服务两位一体的社会管理机制，发展"人人为我，我为人人"的社会互助机制，逐步推动互助型社会管理模式的形成。

第三，建立健全社会管理的均衡机制。以依法治市为重点，推动社会管理由行政管理向法治管理转变，逐步形成自律自治的社会管理模式，全面建立现代社会法治－自律秩序。

第四，建立健全社会管理的服务机制。以改善和提高居民社会生活质量为目的，发展和完善社会服务体系，特别是建立起便捷、完善的社区服务体系。

五、实施后城市化战略，建设一流的花园式生态城市

城市化是工业化、现代化的必然趋势和重要成果。西方城市化曾经经历了一个城市化、城市空心化、再城市化的曲折的发展过程。深圳要发挥后发城市化优势，总结发达国家城市化的经验和教训，避免城市空心化的厄运，从现代城市文明的可持续长远发展出发，吸收现代世界城市化发展的最新成果，面向未来，立足超越，实施后城市化创新战略，自觉指导和控制城市的开发和发展。

从创造高质素现代生活、保障现代化文明可持续发展出发，形成高标准、高起点、系统完善、创新超前的城市发展规划。在规划设计城市、开发建设城市、管理维护城市时，需突出实施五大原则，即生态城市原则、人文城市原则、安宁城市原则、舒适城市原则及高效城市原则，确保将深圳建成一个有深圳特色的、超前发展的现代化城市。

实施城乡一体化战略，处理好特区内和特区外的关系；要有统一的以特区内市区为中心的城市组团规划；要在继续抓好特区内市区建设的同时，重点抓好特区外的城市化规划和建设，形成以特区为中心，青山、绿水、城区错落有致，城乡交融一体化的城市组团布局体系。

建立科学理性的城市发展调控机制体系，特别是把城市开发治理纳入法制化轨道，依法治城。要从城市环境综合治理入手，全面优化城乡环境，建设国际一流的生态化现代城市形态，为人们建造一个"天更蓝、地更绿、水更清、城更静、居更好"的幽美、舒适、洁净、怡人的人文家园。

六、深化改革，全面推进制度现代化

制度现代化是诸领域现代化的重要前提和制度保障。制度现代化的目标是：

（一）全面确立和完善社会主义市场经济体系及与之相适应的社会主义市场经济法制体系，使国民经济运行全面进入规范、健康、协调发展的轨道

在过去18年的改革发展中，深圳已初步形成了新型的社会主义市场经济体制的基本框架。在未来10年间，深圳经济体制改革的重要方向是按照现代世界市场经济运行的要求，全面完善社会主义市场经济体制，并充分发挥市场经济对于社会主义经济生活的全面调节作用，使国民经济的运行健康、全面地纳入市场经济体制系统。突出抓住五个重点：

第一，加速社会主义市场经济体制法制化建设，把市场经济运行纳入法制化框架。要进一步确定市场经济法规建设规划，有计划地把市场经济关系和市场运行规则用法制形式固定下来，确立社会主义市场经济新秩序。

第二，要通过市场经济体制建设，形成四大市场能力。

一是形成和提高市场经济体制的产业创新能力和产业结构升级能力，要强化市场经济的产业更新机制、生产力更新机制，特别是促进科技与产业结合或一体化的能力，逐步消除保护落后、抑制先进的机制。二是改善和提高市场经济体制的调节、优化国民经济运行和社会利益分配的能力。要逐步消除超经济因素对市场经济运行和利益分配的影响，形成公平的竞争机制和合理的分配机制。三是以促进产业区域循环、产业技术及各生产要素流动为中心，提高国民经济运行的开放能力。要由销售市场和要素市场的开放为主推进到以产业开放为主。四是通过完善市场经济体制建设提高国民经济抵御国际国内经济风险特别金融风险的能力，保障经济安全。

第三，通过进一步转变政府职能，改革政府经济管理方式，提高政府调节市场运行的理性水平，努力提高政府驾驭市场经济运行和发展的能力。要发展社会化市场经济的民间组织，提高市场经济的社会自组织能力，形成政府＋民间经济组织＋企业的市场经济的组织体系，促进市场经

济的健康有序的运行。

第四,加强市场经济的信息化建设,提高市场经济运行的透明度。与计划经济运行不同,反映市场经济运行特别是市场经济的宏观运行的信息往往是非直观性的,增加了政府和企业自觉驾驭市场经济的难度。必须加强对市场经济运行系统的研究和开放的市场经济信息系统的建设。不是削弱而是要强化和提高经济发展和市场运行的研究,要尽快掌握经济成长及市场经济运行的趋势、规律。要建立市场经济运行的监测、分析、预警系统,提高市场经济运行的透明度。要发展市场经济咨询系统,沟通和扩大研究机构、信息系统与政府和企业的对接,提高政府管理经济工作和企业经营活动的科学理性水平。要加快推广信息技术在经营活动和经济管理中的应用。

第五,确立现代社会主义市场经济伦理精神和产业精神。社会主义市场经济的健康正常的运行和发展,需要相应的社会主义市场经济的伦理精神和产业精神。这是在建设社会主义市场经济体制时往往容易被忽视的问题。深圳可以利用先行优势,率先探索确立有中国特色社会主义的市场经济伦理精神和产业精神,为现代市场经济体制和机制的有效发挥,以及市场经济的发展提供精神文化环境和精神动力。

(二)以建设勤政、高效、廉洁的政府为中心,以民主政治建设、法制建设、改善政府行政管理为主要内容,加快政治体制改革进程,率先建立有中国特色社会主义现代化的民主法制政治体系

未来10年左右,是加速推进社会主义政治现代化的关键时期。一方面,随着经济的进步和经济利益集团的多元化,人们的知识水平、社会化水平和社会事务参与能力的提高,形成对政治民主化进程的较强压力;另一方面,社会的正常、规范、健康的运行和发展迫切需要加快社会法制化步伐。未来政治发展或制度发展的主线是实现和保障中国共产党的执政党地位和实现人民群众当家做主地位的统一。要从建设有中国特色社会主义政治制度出发,通过渐进的改革,推进社会政治的民主法制建设,有效地实现加强中国共产党的执政党地位及其对社会发展的政治领导作用,同时充分实现社会主义制度下人民群众当家做主的地位。在此基础上,有效地调节和协调政治资源在经济、社会变革中的流动与重组,保障社会政治的

稳定和进步。同时，通过加快推动行政现代化，把经济、社会、文化、政治生活纳入社会主义民主法制体系中。

建立有中国特色的社会主义民主法制政治，需要重点抓好四个战略环节：一是上下结合，逐步推进民主政治建设；二是改善党的政治领导，加强党的建设；三是在完成地方机构改革的基础上进一步完善政府管理体制；四是健全和完善社会主义法治体系，把民主政治、党的领导、政府行政全面纳入法制化轨道，并进一步完善立法、司法和执法机制。

建设勤政、高效、廉洁的现代政府，是制度建设的枢纽。它对上关联着权力机构，对下关联着千家万户和基层。因此政府行政体制改革是未来政治体制改革和制度建设的主要环节。目前，要以机构改革为突破口，突出重点，围绕建设勤政、高效、廉洁的现代政府，带动民主与法制建设。通过精简机构，以降低行政成本；通过改革行政管理方式，以提高行政效率；通过机构重组，以建立科学、高效的行政管理体系。

党的领导地位和人民群众当家做主地位的统一，主要是通过人民代表大会制度和多党合作制度从制度上加以实现。要高度重视、加大力度加强和完善人民代表大会制度和多党合作制。

七、扩大开放，建立对外开放发展新体系

过去，深圳是通过开放全面促进改革和发展的。在未来跨世纪发展，在全国率先全面实现现代化中，仍必须继续坚持、扩大和深化对外开放。根据当前知识产业革命背景下国际产业循环新趋势，深圳下一步对外开放主要是从深圳的经济地缘性质（处于国际产业循环和国内区域产业循环接合部和转换带）和国内产业成长新趋势出发，建立联动国际产业循环和国内区域产业循环的对接、传动机制。一方面推动深圳自身的产业升级，另一方面强化和发挥深圳作为经济特区的对外对内辐射作用。

深化对外开放政策和对策主要包括六个方面：

一是制定联动国际产业循环和国内产业循环的产业政策，对外积极承接国际高位产业转移，对内通过继续扩大和拓展与国内经济技术合作，主动推进低位产业区域转移和资本扩张，参与国内区域产业布局重组。

二是进一步加强和深化与香港的经济技术互补和合作关系，形成深港联动结构，提高深圳在国际产业循环中产业传动转换能力。

三是借道香港，积极向欧美发达地区拓展经济技术合作关系，努力推动深圳产业与发达地区的高位对接。

四是加快建立和完善与国际产业和国际市场接轨的国民经济开放体制。特别是要加快形成中国加入世贸组织的对接政策，建立良好的对外开放秩序。

五是结合产业结构优化升级，优化出口商品结构，加快由最终产品主导出口转向技术产品、机器设备特别是成套设备等主导出口，努力促进对外贸易的健康发展。

六是建立和完善对外开放中的产业风险、金融风险的防范机制，保障经济安全。

八、构建有中国特色社会主义的精神文化体系

现代社会是多元化、开放性、自主性的社会。但是，社会越开放、自由度越高，越需要一个健全的、强大的、深入千百万人生活中的精神文化体系和价值文化体系。发展中国家在现代化过程中可能出现的另一个重大的战略失误，就是忽视建立具有本国、本民族文化特色的强大的精神文化体系和价值文化体系。目前在我国，适应于现代化进程、反映现代化要求、深入千百万群众生活中的精神文化与价值文化体系尚未真正确立。建立有中国特色的社会主义现代化的精神文化和价值文化体系，对于保障有中国特色社会主义现代化的发展方向，启迪人们的自由、自主、自觉的精神意志的觉醒和发展，促进现代化各项事业健康、顺利的推进，抵御西方腐朽文化的侵蚀，抑制现代化过程中的负面问题（如拜金主义、黄赌毒、极端个人主义与利己主义、秩序失衡以及各种腐败现象）的滋生，都有重要的战略意义。深圳是一个移民城市，具有多种类的文化基因，十分有利于有中国特色社会主义现代化的精神文化与价值文化的孕育和发展。

有中国特色的社会主义精神文化与价值文化体系是一种以马克思主义为指导思想的，以人类共同的社会理想为支柱，承传与超越中华民族传统文化，由社会主义的人文价值精神、科学理性精神、民主法制精神、现代市场经济伦理精神构成的现代精神文化体系。它立足于促进人的自由、自主、自觉的精神意志与自觉的人生观、高尚的人格的形成和发展，促进人的才能自由全面的发展和发挥，促进经济的持续增长与进步，促进社会的

文明、民主、和谐、稳定，促进中华民族文化与世界文化的交流、融合，并推动世界和平、进步与发展。

形成和确立有中国特色的社会主义现代化精神文化和价值文化体系，是现代化过程中最困难、最需要持久努力的战略任务之一。我们可能需要30～50年时间，才能真正确立和完善有中国特色社会主义精神文化和价值文化体系，并使它真正在现代化进程中发挥主导作用。但是，我们必须从今天开始努力，必须在处理短期问题、热点问题中贯穿着中国特色社会主义精神文化和价值文化的建设。把握未来、立足现实、建立机制、化虚为实，是促进有中国特色社会主义现代化精神文化和价值文化发生和发展的基本思路。深圳可以率先在这方面提供新的经验和示范。

要把有中国特色社会主义现代化的精神文化和价值文化体系建设起来，必须通过建立一系列文化变革和发展的新机制，真正化虚为实，立足实效。要努力发挥深圳市社会科学院在精神文化与价值文化的研究、规范、传播和发展中的作用。社会主义现代化的精神文化和价值文化体系的建立是一个长期的发展过程，必须形成一个以深圳社会科学院为核心，新精神文化和价值文化研究、规范、传播、提升的发生机制，要有一批高水平的文化思想学者；要形成在社会上深得民众仰效的新的精神文化和新的价值文化的示范阶层。现在的一个重大的社会文化危机，是社会丧失了真正获得广大民众仰效的示范阶层。这一示范阶层首先来源于共产党员这一政治群体，其次来自政府公务员，再次是知识分子阶层。尤其是教师特别需要有较高的精神人格。他们要有体面的形象、高尚的情操、博大的仁心、高度的社会责任感。要通过一系列的社会活动机制，促进新的精神文化和价值文化的成长和传播，要真正让新的精神文化和价值文化融入广大民众的生活中。要扭转小学、中学、大学等教育只重视知识传授，弱于"如何做人的教育"和健康的精神人格培养的情况，要使各类学校成为新的精神文化与价值文化教育、传播的重要基地，真正培育一代现代化新人。要赋予"企业文化""农村文化""校园文化""社会文化""机关文化""家庭文化"等以社会主义现代化的精神文化与价值文化灵魂，成为社会主义现代化精神文化与价值文化生长、传播的重要载体。要重视"窗口行业"在示范、传播新的精神文化和价值文化的重要作用，使"窗口"行业成为传播精神文化和价值文化的示范行业。要以全面提高人的主体文化素质、发展社会主义现代文化体系为目标，全面推动文化现代化，使深圳成为有中国文化特质的中西文化交融的发达的文化区。

九、以人为本，建设学习型社会

适应知识经济时代到来的要求，建立全民参与的现代学习型社会，不断地全面提高全体人民的综合素质，努力缩短与克服人的精神文化、综合素质成长落后于社会变革与现代化客观进程的矛盾，是建设有中国特色社会主义现代化示范市的重要任务。

后发现代化的一个重要特点是，在发达国家现代化先行示范效应作用下，发展中国家的现代化是高速推进的。发达国家用200～300年近10代人走过的历史进程，往往只需要用30～50年1～2代人就实现；加上人类知识爆炸，知识更新速度快，人的发展落后于现代化发展的矛盾将贯穿在整个现代化过程，并制约着现代化的发展方向、发展进程、发展水平、发展质量。我们的两难选择是：在人类科学技术和现代化文明日新月异高速发展的形势下，如果加速跟进世界先进水平，将有高达70%以上的人口不能适应这种发展，特别反映在无从就业上，并导致巨大的社会危机。如果照顾这些低素质人口而放慢现代化发展速度，又将面对发达国家甚至新兴工业化国家强大的先行发展压力，无法改变国家在国际社会中的地位，缩短国际竞争力与发达国家的差距。选择只有一个，那就是实施全民终身教育，建设一个强大的学习型社会。江泽民总书记曾经高瞻远瞩地指出，创新是中华民族的灵魂。这是非常深刻非常有战略远见的思想。如果我们有可能犯重大战略失误的话，其中最可能的一个战略失误是忽视或没有高度重视教育。

深圳人口素质相对于其他地区是比较高的，但是人口的总体素质与现代化进程不相适应的矛盾也是突出的。因此深圳完全可以先行一步，在如何迎接知识经济时代到来的挑战，建设一个充满活力、充满创造力、具有持续进步能力的高素质学习型社会方面创造新的经验。

所谓全民参与的学习型社会，一是全民性。全民参与，不论干部或一般群众，所有公民都有终身参加、接受教育的义务。二是多元性。建立由基础教育、学历教育、专业职业教育、在职教育、专门学校教育、单位培训等多层次、多形式的网络型教育体系。三是终身性。要建立完备的继续教育体系，每个公民都需要接受或进入终身教育体系，强化公民的知识更新能力、知识发展能力、知识创新能力和知识应用能力。要给所有的3岁以上的深圳常住居民颁发终身教育手册，建立居民终身教育档案。

建立学习型社会的重点、难点在农村。不提高农村广大群众的思想文化水平和知识素质水平，人力资源就会变成人口包袱，成为发展的巨大障碍。要通过农村基础组织、农村经济组织以及农村的社会团体，根据群众的工作、就业、生活和农村现代化的需要，形成和促进学习型社会计划的实施。

社会要加快形成和提供终身教育的环境、条件、机会。要解放思想、深化教育体制改革；要实行四条腿走路，即政府办学、社会力量办学、单位办学、个人自修一齐上；要推动教育产业化；要形成多元化、多层次教育投资体制，加快对学生实施教育贷款；要进一步形成市场化人才和劳动力流通制度，促进教育面向社会需要，促进学以致用；政府要研究和制定教育发展战略和政策，引导教育事业的健康发展。

要参考深圳的义工制经验，引导建立社会义教制。要引导知识资源集中的单位（如学校、科研机构、文化事业单位、机关等）采取可行的形式、机制参与全民教育、全民学习计划。努力让知识从知识分子阶层向非知识分子阶层扩散。这是一项成本低、战略收益大、对社会文明进步促进大的事业。关键是组织工作。可以由政府或非政府机构建立一个全民教育指导机构，制定全民教育指导计划，策划推动各种形式的全民教育或全民学习工程，总结推广先进经验。要倡导并支持乡村、企业、事业单位、机关、社团单位组织和建立各种群众性学习组织。要发挥党团组织在建立学习型社会方面的主导作用，党团员要成为学习的模范。

十、在现代化进程中改革、完善有中国特色的社会主义

依靠和发挥社会主义制度的优越性，加速现代化进程和通过全面推进现代化复兴社会主义，是统一的历史过程。因此，我们必须在推进现代化的同时，坚持社会主义，建立和完善社会主义制度。

我们必须排除来自"左"的和右的方面对坚持有中国特色社会主义道路的干扰，即既要防止固守传统社会主义教条和模式，用传统社会主义的教条来阻碍和否定社会主义自我改革、自我超越、自我完善，又要防止用资本主义现代化来否定社会主义的发展，把社会主义现代化导向资本主

义轨道。有中国特色社会主义现代化道路，是我国推动和全面实现现代化的根本道路。必须用千百万人的社会主义实践的历史经验和事实，去进行持久、广泛的有中国特色社会主义的教育，真正使有中国特色社会主义成为千百万人历史活动的灵魂。

（一）坚持和弘扬社会主义精神

现代化发展的新趋势愈益表明，只有社会主义和国际主义，才能解决人类面临的全球性问题。我们面临的一个可能的发展危机，是盲目地照搬西方现代化。因此，我们必须坚持社会主义的发展价值观，即通过创新现代化，谋求人民的共同富裕和社会的全面进步，促进人的解放和才能的自由全面的发展。必须用社会主义理想指导社会主义现代化；必须通过研究、创新、宣传、教育，保存和弘扬社会主义精神，使社会主义精神深入到千百万人的生活中去，有效地抵御资本主义精神冲击。

（二）坚持社会主义社会政策

随着多种经济成分的发展，如何把各种经济导入社会主义轨道，是我们面临的一个重大的制度挑战。要通过中国共产党的政治领导作用和政府对经济社会发展的主导作用，全面实施社会主义的社会发展政策。即在支持和鼓励各种类型经济发展，最大限度地创造社会财富的同时，通过社会主义的社会政策，如劳动就业政策、社会保障政策、社会福利政策、提供平等的教育机会政策、反垄断政策、促进互助合作政策、区域协调发展政策等，让最大多数人平等地共创、共享现代化的文明成果，抑制两极分化，把基尼系数控制在0.33以内。

（三）在经济利益多元化基础上发展社会主义社会关系

在社会主义初级阶段，随着各种经济成分的发展，在积累规律的作用下，将会迅速出现中产阶层或有产者阶层。我们能否在工业化、现代化过程中避免全面的社会阶级分化，继续发展和巩固社会主义的社会关系？这是建设有是中特色社会主义面临的巨大的政治挑战。一方面，我们需要采取和实施约束阶级分化，保障相对的社会公平的社会主义社会政策，如个人累进所得税制、遗产税制、社会公共事业和慈善福利事业捐献制等；另一方面，要向中产阶层、有产者阶层宣传社会主义理想和道德，使之成为有社会主义思想的新型的有产者阶层。要努力倡导和建立"人人为我，我为人人"的新型的社会主义社会关系。

（四）在推进现代化过程中建立社会主义的发展机制

这对于社会主义来说是带根本性的战略问题。资本主义在其发展中形成了它的以资本主义民主为核心的政治发展机制，以资本积累为核心的资本主义经济发展机制，以个人至上为核心的资本主义价值文化发展机制。我们要从社会主义初级阶段的现实出发，把个人对自己合理利益的关心与社会主义的整体利益结合起来，把提高人们的主体精神素质与创造人的全面解放和才能自由全面发展的社会条件结合起来，形成主体现代化与客体现代化互动的机制；以促进人的全面解放为目标，形成经济与社会协调发展、人与环境和谐共存、物质文明与精神文明共同进步的全面发展机制；建立社会主义发展的开放机制；建立保障社会主义社会关系和社会稳定的法制体系。

（五）中国保障共产党领导的人民民主专政的社会主义政治制度

在现代化发展进程中，如何有效地解决保持和巩固中国共产党的执政党地位和实现人民群众当家做主地位的关系，并不断实现二者的统一，这是我国政治发展与政治稳定的核心问题。需要在政治体制改革过程中创新和完善实现中国共产党执政党地位与人民群众当家做主地位相统一的政治发展机制。其中必须抓住四大政治战略要点：一是必须不断发展和完善共产党内的民主集中制，在发展党内政治民主的同时提高党的政治集中能力；二是通过民主政治的发展和广泛的民主政治教育，加快提高人民群众政治参与能力，形成良好的民主法制的制度文化；三是把共产党的政治领导与人民群众当家做主统一在社会主义法制的制度框架内；四是进一步理顺党的领导与人民代表大会制、人民政府的行政管理三者关系。

综上所述，在推进现代化进程中，巩固和发展社会主义社会关系和社会主义基本制度，需要在实践中正确处理好九大关系：①坚持现代化的社会主义方向和革新社会主义制度的关系；②发展非公有制经济和坚持社会主义社会发展政策的关系；③坚持中国共产党的领导和依法治市的关系；④坚持按劳分配和按要素分配，先富和共富的关系；⑤借鉴、吸收西方现代文明成果和坚持社会主义价值体系的关系；⑥把社会发展建立在个人利益关系基础上和坚持集体主义原则的关系；⑦发展市场经济和发挥政府主导作用的关系；⑧文化发展多元化和坚持共同社会理想的关系；⑨社会主义最高理想和现实社会政策的关系。

十一、突出重点，精心组织，开创跨世纪发展新局面

世纪之交，是深圳市推进由现代化原始积累阶段向全面现代化建设过渡阶段，是全面展开有中国特色社会主义现代化建设的关键时刻。在驾驭现代化发展全局时，要注意决策和操作的前瞻性、系统性和科学性，又要注意突出重点和针对性，集中解决一些重点、难点问题。主要包括两个方面：一是做好战略布局。在世纪之交，形成全面推进有中国特色社会主义现代化建设的战略布局，要突出抓好对全局至关重要领域、关键环节或战略支撑点。二是突破热点难点。要抓住当前经济社会发展中影响、干扰、束缚有中国特色社会主义优势的充分发挥和发展的重大负面问题，采取相对集中"打歼灭战"的方法加以解决。力争以新面貌、新形象、新基础跨入21世纪。

未来2～3年的主要任务是全力形成以技术创新、管理创新和市场开发战略创新为主要内容的产业创新机制。包括用高新技术和科学管理改造和武装传统产业；根据产业成长周期的更新规则，以高新技术的开发应用为先导，加快开发新产业群，继续优化产业结构，建立产业成长的梯队结构，保障国民经济的持续发展。

（一）进一步完善社会主义市场经济基本框架建设，集中解决新体制中的薄弱环节，以及对经济健康发展影响较大的环节

一是解决体制上不完善的地方，特别是加快市场经济新体制的法制化建设。二是进一步完善微观经济的体制构建，使企业成为相对自觉的市场经济活动主体。这包括提高自觉驾驭市场的能力和自觉按市场经济规则经营的自我约束能力。三是加大力度提高政府的宏观经济驾驭能力。这包括提高政府把握市场经济运行，指导调控市场经济发展的能力、政府管理市场经济的能力、抵御经济风险的能力和执行社会主义社会政策的能力。通过上述措施，基本上抑制住市场经济秩序失衡现象（如假冒伪劣、走私

逃税、权钱交易的经济腐败等)。

（二）进一步深化社会精神文化环境的综合治理

最近一两年，深圳市委、市政府通过巨大的努力，初步遏制了困扰我们多年的黄、赌、毒等泛滥问题。现在我们需要进一步通过深化社会精神文化环境的综合治理，建立和完善相关的法制化社会管理机制和自我管理的自律机制，以及通过营造新的社会精神文化环境，提高人们的情操，建立现代、健康的新生活方式，从思想基础和社会机制上防止黄、赌、毒等社会腐朽现象的滋生和蔓延，特别是阻止已被压下势头的黄、赌、毒的"回潮"。

（三）基本完成城乡环境的综合治理，促进环境文明、社会文明、精神文明的协调发展，奠定现代化城市的可持续发展的环境基础

下一步需要重点解决的问题：一是进一步治理城市环境，建设园林化花园式城市时，探索一条高素质、高功效、低成本、易维护的改善城市环境形象、提高城市环境质量的路子。二是迅速把特区外地区的城乡环境整治纳入市政府环境综合治理的轨道。要组织多领域专家研究制定全市城乡环境优化建设战略和规则，建立控制、管理城乡环境发展及维护机制，防止边改造、边破坏，全面提高特区外地区环境素质和可持续发展能力。三是形成由美化城乡自然生态环境到净化城市社会生态环境，到升华人们的精神世界，再到进一步促进城乡环境优化和维护这样一种现代文明良性成长的机制。

（四）基本形成和确立有中国特色社会主义民主法制的基本政治框架

目前，政治现代化进程相对滞后。未来2～3年，需要加大力度上下联动，双向推进政治体制改革，争取取得阶段性进展。一是积极慎重地在基层组织建设中扩大民主机制，提高公民的社会管理和公共事务的参与程度和参与能力，重点是镇及街以下的基层组织的民主建设。二是发展和扩大党内民主，进一步完善党内民主集中制。三是进一步促进政务和社会公共事务管理的公开性和透明度，吸引公民参与社会公共事务管理，监督政

府和政务部门的政务。四是加快用立法方式规范人们的经济、社会、文化行为。

（五）加快建设现代社会组织体系，初步形成规范的社会组织和社会生活模式的基础

发达的具有成熟理性的社会组织，是健全的现代社会的重要条件。在从传统社会到现代社会的变迁过程中，原来人们赖以生活的以血缘为纽带的村社社会组织逐步瓦解了，人在更广泛的意义上走向社会化，并进入社会重组中。作为这种重组的成果之一，是社会组织的发展。在传统社会主义模式中，人归属于某一单位，单位成为最基本和单一的社会组织形式，每个人都必须从属于某个组织，成为"单位人"。现在，随着市场经济的迅速发展，人口的大规模流动迁移，社会福利保障体制的改革，个人成为越来越自由的"自由分子"，出现了人的社会归属的真空。因此，适应人的社会化发展和社会变迁新趋势，促进多形式、多层次社会组织的发育，增强人们的社会归属感，建立规范理性的社会行为方式和社会管理模式，对于加快社会现代化，建立一个稳定的有组织的现代社会十分重要。

（六）加快确立有中国特色社会主义现代化的精神文化支柱

无论从为现代化的推进提供精神文化支撑，还是从当前社会主义现阶段面临的发展挑战和危机而言，加快形成和确立有中国特色的社会主义现代化精神文化支柱，都是至关重要的。各国现代化的经验与教训也表明，任何模式的现代化都必须有其精神文化体系，都有其"精神灵魂"，为现代化的顺利推进提供精神动力、确定价值取向、维持社会统一。社会主义的精神文化支柱，需要以马克思主义的历史观和社会主义价值观为灵魂，但它不是僵化的、反人类的，而恰恰是建立在对人类命运的关注、对人的终极关怀的最高理想情怀上的。这种精神支柱的核心，是以人为本，吸引广大人民群众从关心自己命运出发，关心人类自己的共同命运，追求人类的共同理想，共同建设美好的社会。

（七）加快完善社会保障体系

社会保障既是增加群众安全感，提高社会生活质量的重要内容，又是下一步深化改革的重要前提。深圳在这方面已做了多方面探索，并已初步

建立起基本的社会保障体制框架，对保障人民的安生和社会的稳定发挥了重要的作用。但是，社会保障体系仍不够完善，保障项目不够广泛和多样化。社会保障的自我运行、自我发展能力还较弱。特别是社会保障的社会化、产业化发展程度还不高。社会保障还要为即将到来的社会老龄化提前筹谋，要争取在3～5年时间内，社会保障系统有明显的发展。

（八）全面树立深圳综合新形象

城市形象是一个城市文明发展程度和现代化水平的重要反映，深圳作为有中国特色社会主义现代化示范市，必须高度重视城市形象的设计和建设。过去深圳已比较重视城市形象建设，特别是在近两年，良好的城市环境形象已初步形成，在消除影响城市形象的负面问题，如黄、赌、毒等方面也作了巨大努力，初见成效。在未来2～3年内，要抓住时机，趁热打铁，扩大战果，抓好八大重点形象建设，全面树立良好的综合的深圳形象。

（1）继续抓好环境整治和优化，树立青山绿水园林化、城乡结合一体化的现代生态深圳的环境形象。

（2）改善社会素质，提高社会发展质量，树立理性、公平、互助、亲和的现代情感深圳的社会形象。

（3）继续完善有中国特色社会主义市场经济机制，提高现代市场经济伦理水平，树立开放、公平、守信、规范、效率的现代信用深圳的经济形象。

（4）按照国际惯例更新管理观念，形成与国际接轨的行为规范和城市语言环境，树立国际城市的开放形象。

（5）抓好先进技术在城市环境形象建设、信息交流传递、城市管理等方面的应用，树立技术深圳的科学形象。

（6）大规模抓好人的思想道德教育，树立聪慧、谦和、友善、诚信、向上的现代人文深圳的人格形象。

（7）继续大抓服务行业、窗口行业、市政管理部门的职业道德建设，规范服务建设，树立现代敬业深圳的服务形象。

（8）继续深化行政体制改革，转变政府职能，树立为民、廉洁、勤政、高效的现代人民政府的公仆形象。

要通过全面树立深圳跨世纪新形象，促进全面现代化建设，顺利地把有中国特色社会主义现代化事业推向21世纪。

科学推进我国城乡二元结构转换
——建设社会主义新农村带根本性的战略选择

一、推进二元结构转换是建设社会主义新农村的基本任务和根本出路

建设社会主义新农村必须遵循人类社会发展基本规律，顺应当代人类文明演变总趋势。通过不断的社会变革推动传统社会持续走向现代社会，是自工业革命以来人类文明发展的大趋势。从已经发生的近现代文明变革看，从传统社会到现代社会的变迁，必然经历社会二元结构转换（从农业社会转向工业社会），三元结构转换（从工业社会转向服务社会），四元结构转换（从服务社会转向知识社会或信息社会），未来还将有五元结构转换，N元结构转换。党的十一届三中全会以来，我国通过改革开放全面起动了从传统农业社会向现代社会的伟大历史变迁。通过中国特色社会主义道路实现这一伟大历史变革，这是中国共产党和中国人民作出的重大历史选择。传统社会向现代社会变迁这一历史主题和实现这一历史变迁的中国特色社会主义道路的有机统一，决定了我国农村社会变革的历史格局和特殊模式。

改革开放27年来，我国快速由传统农业社会向现代工业社会转换，经济、社会结构发生了巨大变化。一是农业经济进一步加速向现代工业经济转换，从1978—2004年，第一产业净产值占GDP总量的比重由28.1%下降到15.2%；二是传统农业社会加速向现代城市社会转换，1978—2004年，农村户籍人口占全国总人口由82.1%下降到58.2%；三是农村居民生活快速提高，1978—2004年农村居民家庭恩格尔系数由67.7下降到47.2。与此同时，农村文化、政治生活也取得了巨大进步。从总体来看，沿海地区相当一部分地区初步实现了由传统农业社会向现代工业社会的转换。但从全国来看，要初步完成由传统农业社会向现代工业社会的转

换,实现工业化、城市化,仍需要经过二三十年的努力。在这一变革过程中,还将伴随整个社会的三元结构、四元结构等的转换。但实现二元结构转换仍是从传统社会向现代社会转变的主要任务。

目前,我国农村社会的变革和发展已经显露了一系列矛盾和问题,特别是"三农"问题。根子在二元结构转换的能力和方式上。现在,我国农村人口占全国总人口接近六成(58.2%),但农村生产总值却不足二成(18.7%)。这一方面表明农村劳动生产率低下,生产方式变革严重滞后;另一方面也表明过多农村人口滞留在农村和农业上,农村工业化和城市化的变革压力愈益增大。从另一个角度看,我国各地区,特别是沿海地区、中部地区和西部地区发展很不平衡,其实质是社会二元结构转换的不平衡;农村居民收入远低于城市居民收入,根子也在农村社会二元结构转换滞后上。未来的二三十年,既是我国工业化、城市化进程加快的重要时期,也是农村劳动力大规模产业转移的高峰期和关键期,如果能够抓住这个关键期加快推进农村社会二元结构转换,不但有利于加快我国工业化、城市化、现代化进程,而且有助于促进区域、城乡协调发展,全面提高我国工业化、城市化、现代化水平,为我国在整体上完成二元结构转换,全面建设富裕安康社会提供强大的物质基础和社会基础。

因此,无论从以往的发展经验或是未来的发展趋势看,建设社会主义新农村的基本任务和根本出路,就是继续加快推进农村社会二元结构直至N元结构转换,实现由传统农业社会向现代社会的变迁,包括经济、社会、文化、政治和人的全面现代化。建设社会主义新农村,必须牢牢把握这一历史主题和基本任务,必须坚持以经济建设为中心,坚持以发展现代生产力为根本,坚持以推进农村经济社会二元结构、三元结构、N元结构转换为主线,坚持社会大变迁中经济、社会、文化、政治,以及人与环境的互动变革和协调发展。脱离了这一历史主题和主线,就不可能驾驭建设社会主义新农村的历史方向和战略全局,就不可能推进农村经济社会的持续变革和发展,就不可能最后真正实现建设社会主义新农村的伟大历史任务。

未来十几二十年也是我国农村社会二元结构转换的关键机遇期。首先,在经济全球化继续深化的大趋势下,国际产业分工、国际资本流动、国际市场变动的总格局继续为我们加速国民经济工业化和城市化提供了十分有利的机遇。我们必须十分珍惜和把握好这一历史机遇。但是,我们又必须看到：随着新一批发展中国家和地区的经济崛起，国际产业分工和国际产业转移将多域化，发展中国家和地区争夺国际产业分工新机遇的竞争将愈加激烈；随着未来人民币的渐行升值，以及国际贸易竞争的进一步激化，我国广大农村在推进二元结构转换中参与国际产业分工的门槛将越来越高，困难将越来越大；随着我国国民经济总体发展水平的提高，以及资源日趋紧缺、环境承载能力相对下降，我国生产要素（如资源、土地、劳动力等）低成本优势将渐行弱化，国际资本在加工制造业方面利用我国生产要素低成本优势的可持续时间将不会太长。因此，国际产业分工重次"洗牌"的趋势将可能出现，留给我们的机遇期可能只有十来年甚至更短一些时间。可见，我们正处在加快推进工业化、城市化和现代化，加速农村社会二元结构转换的关键机遇期，错过这一机遇，我国农村社会二元结构转换将面临更加严峻的压力和挑战。当我们的工业化进程滞后于国际产业转移给我们的机遇时段时，我国农村社会二元结构转换就要面临难以逾越的国际比较优势屏障和内部社会变迁中矛盾摩擦升温的双重挤压，甚至导致严重的社会危机。对此，我们必须要有强烈的历史紧迫感，把握方向，抢抓机遇，加速农村社会二元结构转换和工业化、城市化、现代化进程。

二、我国农村在二元结构转换中面临的矛盾与问题

从传统农业社会向现代社会变迁中的二元结构转换，是一场深刻的社会结构变革。从经济方面看，是社会生产方式的革命性变革，它打破了农民世世代代单家独户与土地直接结合的传统小农经济生产方式，摧毁了农村居民的传统生活基础，促使农民、土地资源按现代大生产方式与资本及其他现代生产要素重新组合，实现了社会生产力的革命性变革。这既引起持续的产业变革，促使农村经济基础由传统农业经济为主转向以现代工业、服务业经济为主；也导致利益结构重组，多数农村居民将被从世代赖以生存的土地上分离出来，进入现代市场经济社会化大生产体系。从社会方面看，将逐步摧毁传统的乡村社会，逐步转向现代城市社会；传统乡村居民转变为现代城市居民。此外，也必将伴随着农村文化、政治的深刻变革和生态环境的剧烈变化。这一剧烈的社会变革既可能伴随着剧烈的社会阵痛甚至社会危机，让广大农民承担巨大的变革代价和痛苦，也可以通过

自觉的引导成为一个和谐、协调的社会变革过程,乡村居民以社会变革主人的身份自主参与这一社会变革进程,直接分享社会变革和进步的历史成果。300多年前,西方资本主义是通过如英国典型的"羊吃人"的对农民残酷剥夺和掠夺的方式,以农民和产业工人几代人的血与泪的痛苦为代价完成了资本主义大工业的原始积累和社会二元结构的转换。无疑,这种方式导致了严重的阶级分裂和阶级对抗,形成了资本与劳动、城市与乡村、工业与农业的对立。今天,我们也正在面临早期资本主义面临的相同的历史课题。我们能否在共产党领导下,依靠社会主义制度的优越性,走一条新型的中国特色的传统社会向现代社会变迁的道路,使广大农民、工人,包括其他社会主义建设者,而不是仅仅少数人成为这一伟大历史变革的主人和直接利益受惠者呢?这是我们共产党人面临的重大历史任务和重大历史挑战。党的十一届三中全会以来,我们在邓小平理论、"三个代表"重要思想和科学发展观指引下,已经初步探索出通过中国特色社会主义推进传统社会向现代社会变迁的新的道路、新的模式,并取得举世瞩目的巨大成就。

但是,我们也必须看到,在20多年的历史变革中,也逐步积累一些矛盾和问题,有些甚至还比较尖锐。这些矛盾和问题的发展和深化,正在影响甚至危及我国改革开放和现代化进程的健康、稳定地推进。一是土地所有权、支配权、使用权等方面的制度安排不完善,主体不明晰,难以适应社会变迁的要求。特别是政府往往以国家代表的身份随意处置土地的转让和使用,低补偿、强制性、大规模侵占农民土地。土地的产业转型的巨大利益往往落到资本手中,而农民的土地产业转型的权益往往得不到保障。土地问题已经成为现在农村社会矛盾的首要问题。二是在征用农民土地后未能稳妥有效地组织农村居民进行社会转型、产业(就业)转型、知识能力转型。由此出现两种主要情况:在沿海相对发达地区往往出现一批靠出租土地、房屋收益生存,游手好闲的寄生性"二世祖";在一些落后地区,则出现一批失去土地、就业无着的失地困难群体。三是未能在工业化进程中积极推动农村社会转型,农村城市化进程滞后,形成相对先进的城市文明和相对落后的乡村文明的强烈反差。四是农业生产方式变革远远滞后于国家工业化进程,生产效率低,导致农业生产低收益、无收益甚至负收益,严重影响农业生产的良性循环和发展。五是我国现行财政转移支付制度不能适应建设社会主义新农村的需要,农村、农民在政府财政和社会资源分配上被边缘化，不能公平、合理地共享国家提供的基本的公共品和服务品。农民的医疗、义务教育、老年农民养老、失地失业农民的最低生活需要等缺乏完善的社会保障。这是当前城乡二元结构中反差最大和反映最强烈的问题。农村公共品的缺乏，或主要由农民自我供给，给农民造成了沉重的经济负担和精神压力。

三、以科学发展观为指导，推进二元结构转换的制度创新

目前我国农村存在的一系列矛盾和问题，既是农村社会二元结构转换的反映，也是我国农村社会二元结构转换的制度安排和机制、政策设计还不完备的结果；同时，解决这些矛盾和问题既需要各方面条件的逐步形成，也需要有一个过程。因此，必须以科学发展观为指导，紧紧把握农村社会二元结构转换这一主线，推进制度创新和政策机制创新，构建保障农村社会二元结构和谐快速转换，促进城乡协调共享、发展进步的制度平台和机制体系。

胡锦涛同志最近强调：全面建设小康社会，最艰巨最繁重的任务在农村，加快推进现代化，必须妥善处理工农城乡关系。牢固树立和全面落实科学发展观。统筹城乡发展，实行"工业反哺农业，城市支持农村和多予、少取、放活"的方针。建设社会主义新农村，"要立足当前、着眼长远、统筹安排、科学规划"，"要从农民最关心、要求最迫切、最容易见效的事情抓起，不断让农民群众得到实实在在的好处"，做到"关心农民疾苦、尊重农民意愿、维护农民利益、增进农民福祉"。胡锦涛总书记的重要讲话，为我们推进城乡二元结构转换的制度安排和政策设计提供了行动指南和强大动力。

根据中央关于建设社会主义新农村的目标要求，我们要以科学发展观为指导，加快建立有利于逐步改变城乡二元结构的体制，实行城乡劳动者平等就业制度，建立健全与经济发展水平相适应的多种形式的农村社会保障制度，充分发挥市场在配置资源的基础性作用。推进征地、户籍制度改革，逐步形成统一的要素市场，增加农村经济发展活力，积极推进和深化农村经济和管理体制改革。坚持以经济建设为中心，协调推进新农村社会主义的经济建设、政治建设、文化建设、社会建设和党的建设。推动农村

走上生产发展、生态良好、生活富裕的文明发展道路。

第一，创新政府财政税收制度，建立规范的有利于增进农村居民利益、促进城乡二元结构转换的财政支付制度。中共中央《关于制定国民经济和社会发展第十一个五年规划的建议》（以下简称《建议》）中指出："要合理界定各级政府的事权，调整和规范中央与地方、地方各级政府间的收支关系，建立健全与事权相匹配的财税体制，调整收支结构，加快公共财政体系建设。完善中央和省级政府的财政转移支付制度，理顺省级以下财政管理体制，有条件的地方可实行省直接对县的管理体制。"这就为改革财政税收体制、建立规范的财政收支制度指明了方向。要把中共中央在《建议》中提出的"扩大公共财政覆盖农村的范围，强化政府对农村的公共服务，建立以工促农、以城带乡的长效机制"落实到实处。一是重新界定中央与省级财政事权、财权，变"收入上移，支出下移"为"收入下移，支出上移"。要把基层政权承担的各项公共服务开支纳入规范的财政体系。二是农村公共品的提供主要以国家和省级财政为主。三是要开展省级直接对县的管理试点，以减少行政层次，提高行政管理效率，更重要的是提高省级对县特别是贫困县的公共资源的配置效率。四是建立农业补贴机制，以扶持我国农业的发展。

第二，创新土地制度，规范土地征用、土地使用权流转，建立有利于促进二元结构转换、农村经济持续发展、农村居民收入持续提升，符合现代法制精神的土地制度，包括征地制度、土地产权流转制度。要把政策规定的土地承包经营权，法定为长期有效的具有物权属性的土地产权，使之明确农地在国家保持对农地拥有终极所有权的原则与前提下，农地以使用权为产权主体由农民永久使用和支配。国家征地必须引入市场机制，并且要严格限制政府征地权力的行使范围，政府强制性征地，只限于公共利益需要的公共建设，包括城市道路、国道公路、铁路、各种重要的社会设施等的用地。经营性项目、经济性开发项目不得启用政府强制性征地权，而要引入市场机制，由集体和农户直接参与平等谈判协商。同时应当允许和鼓励农民以土地使用权入股方式或租赁方式等，参与经营性建设项目的合作开发。建立征地和地权流转的协商交易机制、监督机制和司法裁决机制。政府要改变为招商引资增加GDP而竞相低价甚至免费出让土地的做法，土地出让补偿标准必须能保障农村居民的基本生活或就业的产业转移，并相应解决好失地农村居民就业和社会保障等问题。要形成一种新制度，凡是被征用了土地的农民，不论征用地性质是公益性还是商业性，失地农民一律纳入国家的养老、医疗保障体系，享受公共品服务。要推动农村土地集约化和农业产业化，鼓励拥有小量农地的农民出让土地使用权，转入第二、第三产业；同时，扶持、发展专业化规模化经营的家庭农场。

第三，创新农村公共品制度。要推进基层政权改革，依法建立农村居民分享基本公共品的国家保障机制。农村基层政权的改革是为农民提供基本公共产品的重要保障。也是二元结构转换的需要。目前，镇级政权机构设置的数量过多、过细、过散，乡镇存在着机构臃肿、财政入不敷出的问题。村委会虽不是一级政权组织，却履行着乡镇政府的职能，依靠农民供养。基层政权机构的队伍日益庞大，效率低下，已不能适应建设社会主义新农村的需要，也阻碍了城乡二元结构的转换。乡镇政权体制改革的思路是把乡镇机构改为市县的派出机构，按派出机构的职能确定机构和人员编制，把镇政权机构改为镇公所、办事处，作为市县级政权派出的，直接办事机构，不再设置镇政府、镇人大、镇政协、镇纪委等四套班子。镇公所只有行政办事权，不再是集"立法、行政、司法"于一体的政权体系。村委会要成为维护农民利益的代表和反映民意的代言人，作为市县政权派出机构的乡镇公所或办事处机构的桥梁，落实村委会组织法，实行村自治，使农村基层组织成为直接反映民意，并替农民说话的组织，切实保证乡镇一级机构改为市县的派出机构后，农村公共事务有效运行和农村公共产品的有效供给。

第四，制定农民权益保护法和提供农村主要公共产品服务的法规条例。现在国家正在酝酿制定物权法。应当把农民的土地使用权纳入物权领域，与国家和公民的其他物权一样，享受物权法保护。此外，制定农民权益保护法要侧重于保护农民土地承包权以外的其他权益。如享受基本社会保障的权利；要通过立法来保障农民享有公共产品服务的权益。规范和保护农民就业、迁徙的权利，及享有最本社会保障的权利；要通过立法使农村公共产品服务的供给实现大众化、常态化、法制化、制度化。

第五，加强政府对农村劳动力人口的职业培训，促进农村劳动力向国内外全方位转移。人力资源丰富是我国的一大资源优势，是我国一笔巨大的资源性财富。我国农村目前有 2.5 亿劳动力呈失业或半失业状态，而且每年农村新增劳动力 300 万人，但是，我国农村劳动力整体素质不高，80% 以上只有小学或初中毕业或未毕业的文化程度，未能适应当前工业化城市和现代化对人力资源的要求。要把这些人力资源优势转化为经济优势和产业优势，必须通过政府提供免费培训，辅导转业。政府要拨出专款建立各级培训系统和网络，帮助农民工掌握各种实用技术，为我国现代化建设提供更多掌握各种实用技术的职员和工人，为促进城乡二元结构的转换创造产业条件。劳动力转移要多层次全方位，既要立足于为本市、区、县、镇的经济发展提供培训和输送劳动力服务，又不能局限于一市一县一镇的需要，要面对和放眼全国和世界劳务市场，努力培训适应全国和世界劳务市场需要的具有较高职业技能和业务素质的劳动力，广泛开通进入国际劳务市场的渠道，扩大海外就业机会。大力发展劳务出口，既锻炼劳工，学习了海外技术和经验，又增加了外汇收入。要把发展海外就业作为加速农村劳动力转移、提高我国劳动力整体素质的一个重要渠道。

（2006年6月稿。本文发表于《广东社会科学》2006年第6期）

广东区域发展战略定位问题
——从被动接受国际分工到主动参与国际分工的战略转换

广东经济社会发展正处在重要的历史拐点上。科学认识和确定广东区域发展战略定位,对于制定正确的发展战略和发展政策,构筑广东经济地缘新优势和区域竞争新优势,拓展可持续发展战略空间,服务全国发展大局,具有十分重要的战略意义。

一、广东区域发展战略定位的新判断

"战略定位"较早源于商业战略决策,由杰克·特劳特于1969年提出,是企业战略决策的核心问题。区域发展战略定位对一个地区的长期发展具有特别重要的意义。区域发展战略定位要解决的是带有全局性、方向性、战略性的问题,它要回答清楚"我是谁?""我在哪里?""我从哪里来?""要到哪里去?"等问题。近代以来,广东的区位性质及其发展定位是随着国内外形势的变化和经济社会发展进程而变化的。西方工业革命以来,随着东方的衰落和西方的兴起,以及此后西风东渐格局的形成,广东因其特殊的地缘环境,在我国的社会变革和经济发展上扮演着重要而特殊的角色。虎门销烟拉开了鸦片战争和中国人民反帝、反封建救亡图存的序幕,广东一方面成为接受西风东渐的桥头堡,另一方面成为我国反帝、反封建民主革命的出发地。党的十一届三中全会后,随着战后东西方"冷战"的逐步消解和我国改革开放浪潮的来临,国家和民族的发展又一次处于命运攸关的历史时刻,广东又一次依托特殊的地缘地位,特别是毗邻港澳的地缘优势,成为中国改革开放的先行地区,为中华民族的崛起、社会主义的发展"杀出一条血路来"。广东人民没有辜负党中央和全国人民的期望,用了20多年时间为社会主义市场经济新体制的创立,为在东西对抗、西强我弱情况下的全面对外开放闯出了新路,提供了经验,推动了20世纪90年代后全国大开放格局和东西南北中区域经济群雄并起新格局的形成。在这一时期,广东在开放发展、参与经济全球化过程中,把握世界经济分工格局大变革、大调整的战略机遇，积极承接国际加工制造业的产业转移，迅速成为国际加工制造业基地；同时也成为在经济全球化格局下我国各地区国民经济工业化的先行区、示范区、辐射区。无疑，合理的区域发展战略定位既为广东20多年国民经济高速发展和社会快速变迁创造了十分有利的前提，也有效地服务于全国发展大局。

  进入21世纪，随着国际、国内发展格局的新变化和广东自身进入新的发展阶段，广东区域发展战略定位也面临新的挑战。必须与时俱进考虑广东区域发展新的战略定位，再创广东区域发展新优势。我们认为，根据当前及今后一段时间内国际产业发展新趋势、我国区域产业发展新格局，以及广东经济社会持续发展面临的新矛盾、新趋势、新任务，广东可以考虑下述区域经济发展战略定位：坚决实施经济国际化战略和后工业经济战略，深化粤港澳紧密合作，以大珠三角为核心，以泛珠三角为腹地，进一步共同构建以中场产业为龙头的国际加工制造业基地，以物流业为龙头的华南沿海国际商务服务基地，以信息产业、文化产业为龙头的华南知识产业聚集基地，全面增强广东作为国内经济与经济全球化对接接合部、转换桥的承接－辐射能力和国际竞争力，推动广东乃至相关地区由被动接受国际产业分工转向自主参与国际分工，实现广东新一轮产业转轨升级，建设经济强省。这一战略定位要求我们在进一步巩固、优化、提升广东作为国际加工制造业基地和我国加工制造业龙头地位的同时，相对超前呼应国际产业分工演变的有利时机和国内工业化、信息化发展的大趋势，发挥广东作为国际产业分工和国内区域产业分工接合部，国际产业大循环和国内区域产业大循环转换带的区位优势，实现三大战略转变：由传统开放战略向经济国际化战略转变，实现由被动接受国际产业分工向自主参与国际分工转变；由传统工业文明思维向后工业文明－知识文明思维转变，实现由工业经济向后工业经济的跨越；由生产型功能主导向创新服务型功能主导转变，实现由经济大省向经济强省的飞跃。广东应当通过深化粤港澳合作，主动承接国际产业新转移，发展以物流业为龙头的国际商务服务业，以信息产业、文化产业为龙头的知识产业，使广东，特别是大珠三角加速成为为国内（首先是泛珠三角区域）市场、国内（首先是泛珠三角区域）产业链与国际市场、国际产业链对接服务的区域性国际商务服务中心区，对接世界知识产业转移的转换带和国际信息生产、传输、服务中心区，实现由被动接受国际产业分工向自主参与国际分工转变，全面提升广东在国际产业体系中的战略地位和战略竞争力。由此，我们应逐步由工业经济战略思维向后工业经济战略思维推进，形成工业经济战略和后工业经济战略相衔接的二元战略思维，内源经济与经济全球化自主对接的开放战略思维。这一战略思维的转变，决定着未来10～20年甚至更长时期内广东国民经济的可持续发展，决定着广东在国际产业分工体系和国内区域产业分工体系中的战略地位；也将决定广东能否防止在国际、国内发展格局变动中被逐步边缘化。广东区域发展战略新定位应包括下述三个方面的重要含义：

一是空间战略定位。从空间上提升和优化广东在国际产业分工大格局和国内区域产业分工大格局中的经济地缘性质和地位。改革开放以来，广东是以承接国际加工制造业为主导，成为我国产业与国际产业体系对接的转换带和国民经济工业化的先行区。下一步，广东则要通过建立开放的国际商业服务（特别是生产性服务）区、国际知识产业聚集区，成为国内经济与世界知识经济对接、国内产业链与国际产业链对接的功能辐射区。

二是时间战略定位。从经济发展进程上推动广东产业体系由工业经济向服务经济、知识经济跃升，使广东成为在全球产业体系中我国国民经济加速向知识经济对接的先行地区。

三是功能定位。从区域经济功能上实现广东由生产主导型功能向创新服务主导型功能跃升，通过创新功能和服务功能的构建实现由经济大省到经济强省的转变。经济强省虽然要以一定的经济规模为基础，但更重要的是大规模形成和增强自主发展能力、服务辐射能力、经济先导能力、制度示范能力。

二、广东区域发展新战略定位的战略形势

上述广东区域发展新战略定位，首先是由国际国内发展形势新变动所决定的。从国际看，随着后工业社会的来临和知识革命的发生，在20世纪最后20年环大西洋经济圈的产业加速由产业链的中端（生产）向上端（研发）和下端（服务）转移，基本完成了由工业社会向后工业社会（服务社会、知识社会）的蜕变。环大西洋经济圈虽然离开了生产环节转向研发、服务环节，由物质经济转向非物质经济，但由于这两个环节支配、主导着全球产业链，因此环大西洋经济圈不仅没有丧失它们在全球经济体系中的支配地位，相反进一步强化了其对全球经济的主导能力。作为一个

非常有趣的历史事实是：20世纪80年代，虽然日本作为工业强国在加工制造业领域超越了欧美，特别是美国，而且叫嚷"日本也可以说不"。但是，随着知识革命的发生以及欧美国家抢占全球产业链的研发、服务制高点，完成由物质经济向非物质经济的蜕变，导致日本经济体在全球产业体系中地位的陷落。这一事实也反映在全球价值链的变动上。著名的微笑曲线揭示了这一利益变动新格局，即产业链上端（研发）和下端（服务）成了产业价值链的高端，综合收益最高；相反，中端（生产）被挤到国际产业价值链低端。现在，在广东的"两头在外"的产业链中，上、下端为国际资本掌控的情况下，国际资本至少剥了我们三层皮：技术专利费、超额销售利润和设备材料供给利润。

更需关注的是，随着我国加入WTO过渡期的结束，我国产业面临的更严峻的国际竞争将由生产领域转向商务（如物流、商业、金融等）领域和知识技术领域。在未来一段时间内，我们将首先决战商业模式，继而决战科技创新模式。现在，国际跨国公司正以其具有强大竞争力的先进商业模式进入中国，并有可能以此优势逐步掌控、主导国内市场，进而大规模掌控我们的产业体系。如果不能较快地建立起拥有强大竞争优势的商业模式，就有可能在未来不太长的时间内，我们不仅没能在国际产业链和国际市场中建立起我们自主的竞争优势，而且会使我们在过去20～30年时间里建立起来的产业体系尽入国际跨国公司的囊中（现在已现国内市场的国际商战硝烟了）。因此，我国沿海先行地区如果不建立新的战略思维，率先创新商业模式，抢占中国产业链与国际产业链对接的制高点，特别是构建国际商务服务业竞争优势，我们将可能导致难以弥补的战略失误。另一方面，发达国家一直垄断和支配着知识产业，即使是印度成为重要的国际软件生产基地，也只是国际知识产业链中的较低端的外包环节。我国具有良好的知识产业发展的资源和市场基础，但仍未形成强大的产业聚集能力。广东可以发挥产业聚集配套优势，推动知识产业在广东的大规模产业聚集，加快引领我国知识产业在产业层面上的聚集及与国际知识产业链的对接。

再从广东的角度看，广东的加工制造业，特别是劳动密集型产业，已经开始直接面对相对晚工业化国家（如越南）的比较成本优势挑战（据厂商反映，越南的要素成本约相当于珠三角的1/3），也面对国内相对落后地区比较要素成本优势的挑战。未来5～20年内，加工制造业作为广东国民经济增长的主力军或主导产业的作用将会逐步被降解。因此，我们应尽快建立工业经济战略与后工业经济战略并重的二元战略思维，迅速拓展广东经济社会发展新的战略空间。

从国内看，特别是从泛珠三角区域看，第二梯度、第三梯度地区已经开始进入工业化快车道。这一工业化浪潮必然要依托国内市场和国际市场两个市场，必然要吸纳国内资本和国际资本两种资本。由此，正在形成国际产业与国内产业、国际市场与国内市场、国际产业循环与国内产业循环在沿海地区的大对接。我们必须高度关注这一战略态势。其他省、区的工业化起飞不仅仅是对广东产业发展的挑战，更重要的是给广东产业结构优化升级提供了新的战略机会和战略空间；他们的工业化必然对沿海先行地区提出更广泛的服务需求，特别是生产性服务需求。广东必须要以新的战略应对新的发展形势。

从沿海地区看，全线开放正处于新的升级期。以上海为龙头的华东地区正在进入以产业国际化为特征的新的工业化。上海在前几年就实行"退二进三"，发展以物流业为龙头的生产性服务业，打造东方国际商业之都。以京津大融合为龙头，华北地区进入新的成长阶段。天津正迅速成为华北地区乃至更广阔区域连接世界经济、对接经济全球化的枢纽和通道。福建配合中央的维护台海和平、促进国家统一的大局，加速打造海峡西岸经济带，推动海峡两岸经济的合作和融合，并借此推动福建经济发展进入新阶段。广西、云南紧紧把握中国-东盟（10+1）自由贸易区全面启动的战略机遇，配合国家的周边国际战略布局，推动向东盟的开放和合作，使它们成为中国对东盟开放合作的桥头堡和大通道，并以此为动力推动本省（区）经济的新腾飞。特别是广西，正在致力推动构建泛北部湾经济区，争夺我国大西南出海大通道的战略高位。可以预见，一个大西南区域大开放和国际大开放新格局正在广东西边酝酿形成。

在此格局下，广东不能仅仅满足于自我守成，陶醉于GDP的高增长，必须跳出广东看广东，确立全球发展视野和全国发展大局意识；必须超越短线思维模式，确立长远战略意识，正确解决广东区域发展新的战略定位问题。当前，广东特别需要警惕的是，满足于国际加工制造业基地的荣耀，自困于传统工业化发展思维，忽视新的国际产业链的形成及其进一步演变的新趋势，而陷于自我边缘化的困境中。必须看到，知识产业、文化产业、现代商务服务产业等非物质经济产业已经成为世界强势产业和经济发展主流，而加工制造业等物质经济正在被相对边缘化，成为弱势产业。政治学家查德·罗斯克兰斯教授把世界上的国家分作两类，一类是依靠制造业过日子的"体力国家"，一类是依靠研发、设计、营销过日子的"脑力国家"。不言而喻，现在正在形成"脑力国家"主导世界经济、支配"体力国家"的新格局。最近，韩国《朝鲜日报》经济部部长朴正薰就提出，韩国要用"脑力"战胜中国的"体力"；用韩国的"头脑"指挥中国的"身躯"。印度人也提出，让中国成为世界工厂，印度要成为世界办公室。我们正在看到，继20世纪末国际产业分工格局大调整形成的环大西洋知识经济圈和亚太工业文明圈大裂变后，现在在新兴工业化国家中又展开新一轮国际产业竞争，导致脑力经济和体力经济的新裂变。广东如何正确把握国际产业分工变化新趋势，确立新的战略定位，抢占国际产业分工和国内区域产业分工制高点，这是决定下一发展周期广东兴衰的重大战略抉择。

当然，工业化是我国经济成长的必经阶段，而且我们仍然在国际上拥有制造业的巨大优势。但是，在新形势下我们必须要摒弃传统的制造业思维，建立全新的国际产业发展新思维。一是在推进国民经济工业化的同时，要自主把握国际产业发展战略机遇，主动切入国际产业链强势环节，逐步构筑经济国际化的自主产业基础和能力。否则，虽然我们的经济高速发展了，GDP堆头大了，但国民经济体系的国际依附性更严重了。二是要善于把工业化战略与后工业化战略结合起来，力图形成二元复合竞争优势，即把"脑力经济"和"体力经济"有机融合，形成既超越单纯"体力经济"，又超越单纯"脑力经济"的复合优势。由此，广东面对新的国际竞争挑战，必须超越旧的"GDP增长"思维模式，确立国际产业竞争思维新模式。

此外，广东还要进一步考虑在国际产业大循环和国内区域产业循环的总链条中，如何与第二、第三梯度地区形成异构互补、共赢发展格局，避免同构竞争、互损格局的出现。必须看到，解决这一问题的矛盾主导面在先行发展的广东，并取决于广东的战略定位和战略走向。如果广东能够用10～20年或者更长的时间，实现由工业经济向后工业经济的过渡，这不仅使广东经济发展进入一个全新的境界，而且形成与第二、第三梯度地区异构互补发展新格局，必将有利于辐射和推动第二、第三梯度地区的经济发展，更好地服务于全国发展大局。

三、广东区域发展新定位的战略价值分析

考虑广东区域发展战略定位,必须实现最大战略价值。所谓战略价值,就是通过合理的战略定位和战略抉择,寻求全局利益、长远利益的最大化,并保障战略利益的持续增长。上述我们对广东未来区域发展定位,基于下述战略价值考虑:

第一,有利于构筑广东未来区域发展地缘战略新优势,实现由经济大省向经济强省的飞跃;由被动接受国际产业分工转向自主参与国际产业分工,推动由国际加工制造业基地向区域性国际物流商务基地转换,这将大大提升广东在国际产业链和国内区域产业链中的地位和作用,把区域经济的客观地缘优势转变为现实的地缘经济竞争优势,为产业结构持续升级和国民经济持续成长奠定良好的区位条件。

第二,有利于广东依据产业成长进程和规律率先加快广东产业结构升级,拓展广东经济发展产业空间。特别是在经济全球化与我国经济大开放的背景下,广东可以不需要等待国民经济工业化完全成熟再转入后工业经济,而是可以借助国际国内产业、市场空间,适度超前错位进入后工业经济,使广东获得巨大的战略利益。

第三,有利于加速推动广东产业向国际产业价值链和国内产业价值链高端转移,获取巨大的、直接的产业利益。而根据目前国际、国内经验和理论分析,产业价值链高端位于产业链的上端(研发)和下端(服务),而中端(生产)则处于价值链低端。

第四,有利于广东经济发展服务于国家发展战略大局。一方面可以通过广东区域性国际商务服务体系支持我国产业自主切入国际产业链;另一方面可以通过与内地第二、第三梯度地区错位互补发展,为它们的工业化起飞提供服务支撑。

第五,有利于广东加快构建高质和谐社会。广东区域发展定位的转换必然带来产业结构的升级优化,引致社会人口结构进一步向中产阶层主导的人口结构转换和优化,大大提升人口结构素质,为构建和谐社会奠定良好的人口基础,同时也会有力地促进社会环境和文化环境的改善和优化。

第六，有利于协调经济发展与环境保护的矛盾，促进可持续发展。把国民经济增长的主导产业由第二产业逐步转向第三产业，加工制造业由低端环节向中场产业转移，可以在保持国民经济持续高速增长的同时，减轻和缓解经济发展对环境和资源的压力。近两年广东在保持经济高速增长的同时，实现能耗和环境污染的相对下降，主要原因是产业结构的优化，而非技术进步使然。如果广东能加速由工业经济向后工业经济升级，将会从根本上解决经济发展与资源、环境的矛盾。正如我们今天所看到的欧美在工业化之后环境的根本性改善。

第七，有利于广东支持再造港澳地区新繁荣。维护港澳地区的稳定和繁荣，是广东的一个重要任务。前20多年，广东通过与港澳地区形成的"前店后厂"的产业分工，支持和促进了港澳地区的产业升级和经济繁荣。但目前这种产业分工模式已经走到尽头。必须通过粤港澳合作，构筑更强大的国际商务服务中心区，在全国更大范围内，特别是在泛珠三角区域构筑"前店后厂"的大区域产业分工格局，并争取辐射东南亚，创造粤港澳地区新繁荣。

四、实施广东新战略定位的主要对策思考

第一，采取产业立体延伸拓展策略，推动由从国际加工制造基地到国际商务服务基地的过渡。广东未来构建国际商务服务中心区，并不是要简单地退出或淘汰加工制造业；相反，是要在巩固、优化、提升加工制造业的基础上，通过产业横向和纵向延展，逐步"长入"国际商务服务业和知识产业，并使国际商务服务业和知识产业成为国民经济成长的主导产业。未来广东可能存在一个长达一二十年的国际加工制造业基地与国际商务服务中心区逐步换位的过渡期。因此，广东在一个较长的时间内，还需要实施好工业高度化战略。在新区域战略定位下，我们宜实施工业高度化战略与后工业经济战略互补互促的双星战略，以保障广东国民经济持续增长和产业结构快速升级。

广东的国际加工制造业基地也需要优化、升级，主要方向是向加工制造业的中场产业、龙头产业、基础产业聚集，力图在国内和东南亚加工制

造业圈中昂起产业龙头。

第二，进一步深化粤港澳合作。深化粤港澳合作，是实现新的战略定位的支点。特别是香港拥有巨大的国际商业服务的实力和优势，广东只有和港澳联手，才能更快地形成相应的国际商务服务业体系和能力。这里有两个问题：一是在国际商务服务业领域，粤港澳既可能进入同构竞争，也可以形成优势互补，共构合力新优势。我们宜避开同构竞争，寻求互补合作。二是如何深化粤港澳互补合作，这需要我们对国际物流商务链进行全面、系统、深入的分析研究，形成操作层面思路，并作相应的制度安排。

第三，广东内部区域板块的战略布局。实现广东区域发展的战略定位，需要对广东内部各板块进行合理的区域分工和战略布局，形成内部互补合力。有以下几个要点：一是粤港携手构建以珠江口港口群为主枢纽，湛江港、汕头港为支点的沿海港口（海港、空港）物流带和国际商务服务产业带。二是依托沿海港口物流带拓展和建设以能源、材料、装备制造业和中场产业为骨干的临海国际加工制造产业带。三是在次沿海地带建设集约化加工制造业基地（如河源模式集约化工业基地，要防止加工制造业在次沿海地区和山区遍地开花）。四是在汕头、梅州、韶关、肇庆、湛江等地建设沟通与内陆兄弟省区经济联系的物流、商务二级枢纽。五是重视和加快培育一批大型现代国际性物流、商务企业。

第四，增强广东新战略定位的竞争力。

一是优先打造广东软实力，增创广东软实力新优势。必须看到，面向未来发展，与广东硬实力优势相比，与港澳地区及沿海其他地区（如华东、华北地区）相比，广东软实力不具有明显优势，甚至相对落后。但没有强大的软实力优势，是无法支持广东产业结构向产业链上、下两端拓展的。必须看到，不仅发展知识产业需要良好的软实力，而且现代国际商务服务产业也是高科技产业、高智慧产业（如发展第四方物流、现代金融业等等，是非物质性高科技产业），需要高度的智力资源、丰富的组织资源、广阔的思维视野和良好的文化环境。因此，要引起各级领导和全社会高度重视，共同参与打造广东软实力。

二是优先推动制度创新，强化制度供给能力。必须看到，虽然广东在体制改革、制度创新方面在全国仍有一定先行优势，但相对于发达国家，相对于向产业链两端延展的需要，我们的制度供给明显不足。产业链中端的物质生产环节在直接生产过程是相对封闭的，只在产前、产后与市场对接时是开放的、社会化的，而产业链上端（研发）、下端（服务）的直接生产过程本身就是开放的、社会化的。因此，如果没有完善的法制化、制度化、理性化的社会制度环境，生产成本、交易成本和商业风险就会非常高，甚至使研发、服务过程无法正常运行。目前，我们的党委、立法、行政、执法等机构还没有形成明晰的制度供给概念和意识，这是很可怕的。建设法制社会必须有强大的制度供给能力。我们必须加快解决制度供给不足问题。什么是制度供给不足？例如，一方面，经济社会生活很需要信用资源；另一方面，社会信用资源严重缺失，这肯定是制度供给出了问题。又如，现在经济社会生活出现平等、公正、正义缺失，成为引发社会矛盾的根源，这也肯定是保障社会平等、公平、正义的制度供给出了问题。现在我们在经济社会运行中出了问题时，往往满足于用临时性手段、应急性措施解决，而不重视进一步从制度供给层面上解决问题。这需要我们高度重视制度供给问题，要加快提高立法机关制度供给能力。要解决制度供给不足问题，还必须加快理论供给和文化供给，这是实现有效制度供给的必要基础。

三是要努力从"船老大"变为"远洋船长"。自主走向经济国际化，对于广东各级领导，甚至对于企业驾驭国际发展能力都是新的考验。原来我们是在珠江里驾小船，两岸情况、航道水势、目标方向等均目所能及，凭"船老大"的经验就可以驾轻就熟了。现在船开到了珠江口，要驶向太平洋、印度洋、大西洋了，我们面对的将是看不到陆地的茫茫汪洋，凭"船老大"的经验不行了，东南西北找不着方向了，也不知道洋流风势如何，目的地在哪。现在，广东的经济成长之船已经到了伶仃洋上，这需要我们各级党委、政府，还有各企业、事业单位的领导者要迅速从"船老大"变成有世界目光和经验的"远洋船长"。几十年的实践表明，广东人"小脑"发达"大脑"不足，务实有余，理性不足。这既是优势，又是劣势。它既成就了广东改革开放20年的辉煌，但也成为阻碍广东迈上历史发展新台阶的障碍。今后广东应在保持"小脑"发达的同时，要补"大脑"不足，让"大脑"也发达起来；在继续保持良好的务实精神的同时，强化理性精神。如此,广东走向新的历史辉煌必有望矣!

参考文献:

[1] 王志刚工作室. 找魂——王志刚工作室战略策划10年实录. 北京:东方出版社,2006.

[2] 陈文敬. 经济国际化:广东未来经济发展的必然选择. 南方网理论频道(www.southcn.com),2007.6.29.

[3] (韩国)朝鲜日报. 2007-07-09. 新浪财经(Sina.com.cn),2007.7.12.

[4] 广东省统计局. 广东统计年鉴. 北京:中国统计出版社,2005,2006.

[5] 广东年鉴编纂委员会. 广东年鉴. 广州:广东年鉴社,2005,2006.

广东经济国际化战略转型研究

广东经济社会的成长正处在新的历史起点上。经济国际化是广东经济社会发展迈上新台阶的牛鼻子，是实现科学发展的重要前提。我们必须根据当前和今后一个时期世界经济发展的大走势和大格局，高瞻远瞩地制定经济国际化战略，使广东真正成为我国提高国际竞争力、实现中华民族伟大复兴的主力省。

一、广东经济成长新阶段和经济国际化战略

如何认识经济国际化战略在广东经济社会发展新阶段的地位和作用？我们能否不选择经济国际化战略呢？实施经济国际化战略，不是由主观随意决定的，而是由社会经济成长一般趋势和一般规律决定，是由当前广东经济社会发展进程和所处阶段的特征决定的。我们必须审时度势，把握机遇，坚定推进经济国际化战略和发展转型。马克思、恩格斯在研究资本主义发展基本趋势和历史特征时就指出，资本主义大工业的发展不是个别国家的历史现象，而是世界发展总趋势；随着社会分工的不断扩大和社会生产力的持续发展，一国经济必然走向国际化，世界经济必定走向全球化。可以说，经济发展的全球化并不是20世纪末的事情，而是自英法工业革命以来的世界大趋势。现代市场经济必然超越个别国家界限，发展成为全球体系，任何国家（地区）都必然或先或后被卷入这一体系。马克思、恩格斯并据此提出了无产阶级革命的世界性问题。进入20世纪，随着资本主义由自由竞争向垄断竞争过渡，列宁在《帝国主义是资本主义的最高阶段》中，科学地分析了一国经济发展如何走向世界扩张的规律。经济发展从一国走向世界，这是一条客观规律，任何国家都概莫能外，也不会因制度差异而有所例外。

战后新兴工业化国家的发展经验也证明了这一规律。从日本到"亚洲四小龙"，以及其他国家，都无例外。这些国家一般都经历了从内聚推动工业化起飞到外扩走向世界，实施经济国际化这样一个历史进程。经验

表明，工业化和现代化要经历一个很长的历史过程；在初步实现工业化起飞，完成现代化的原始积累后，要保持工业化、现代化的持续进程，就必须坚决地推进经济国际化，拓展发展的国际空间，并通过经济国际化推动产业升级，提高国际竞争力，实现经济体系高端化。经济国际化不仅为本国本地区的经济持续发展提供了巨大的国际空间，也为经济持续走向高端提供了巨大的推动力。

当然，战后所有成功推动工业化起飞的后发工业化、现代化国家的发展，往往从一开始就采取了开放发展的模式。但是一般在前期主要是通过开放接纳国际资本的输入和国际产业的转移，借助外力推动工业化起飞；同时通过国际资本输入和国际产业转移，引进国外先进技术、先进生产方式，实现全面的经济变革。在进入工业化中级阶段，特别是工业高度化阶段时，都逐步实施经济国际化战略，由引进内聚型发展转向外溢扩张型发展。如韩国在20世纪90年代开始实施向外扩张的经济国际化战略。

改革开放后，我国沿海地区主要是通过境外资本和产业的梯度转移推动工业化起飞的。进入21世纪，随着我国相当沿海地区初步实现工业化起飞，一部分省、市开始提出经济国际化战略。如广东省的广州市最早提出国际化战略。1993年，广州提出了建设现代化国际大都市的思路，并连续召开三届广州建设现代化国际大都市的国际研讨会。又如江苏省1994年也在全国率先提出经济国际化战略。21世纪初，上海以经济国际化战略为导向，全面调整和提升全市产业结构，实行"退二进三"，建设现代化国际大都市。2001年，大连市第九次党代会提出实施区域共同发展的国际化战略，加速城市经济的国际化进程。2002年，山东省委在七次党代会上提出经济国际化战略。

广东是全国开放度最高的省份，外向依存最高时达170多，现在也在150左右。广东利用毗邻港澳的优势，采取开放发展的模式，引进外资、技术，接受国际产业转移，实现了国民经济工业化起飞。但是，必须看到，这是一种被动接受国际产业分工的开放经济，特别是相当一部分产业是两头在外，技术、品牌、资本、材料等在外，市场、销售在外，生产环节在内。从某种意义上说，我们是国际生产线末端上的生产车间，处于国际产业链、业务链和价值链的低端。这样一种格局，虽然在经济起飞的前期是一种无奈的选择，而且对国民经济工业化起飞也起了巨大的推动作用。但是，我们必须看到，这种发展模式带有相当程度的经济殖民性和寄生性，有其巨大的局限性。同时，我们也不应甘心长期屈身于国际产业链和国际价值链的低端，耗尽自己的稀缺资源和廉价劳动力为世界打工。美国政治学家理查德·罗斯克兰斯曾把世界上的国家分为两类：一类是"脑力国家"，即靠研发、设计、营销、服务谋发展的知识型国家；另一类是"体力国家"，即靠出卖体力的加工制造业生存的国家。显然，从战略上说，"脑力国家"处于国际产业链的优势区位上，并相应获得较大的战略利益。"体力国家"则处于劣势区位上，受高端区位国家支配。实际上，工业化、现代化先导国家及其国际资本集团都极力利用其先发优势占据国际产业链和价值链的优势区位，极力把后发国家挤压在国际产业链和价值链的低端，并从中获取巨额财富和战略利益。如何改变自身在国际产业链上的劣势地位，是事关新兴经济国家前途命运的重大战略问题。2007年，韩国《朝鲜日报》经济部部长朴正薰到中国考察采访后，就提出两个重要结论：一是韩国要在体力经济方面战胜中国是不可能的，中国拥有强大的体力经济竞争优势；但是，韩国可以发展自己的脑力经济，"居高临下地利用中国，即以我们这个'头脑'指挥中国这个'身躯'"。印度则在前几年就说，让中国人做"世界工厂"吧，印度要做"世界办公室"。无疑，我们正面临着一个重大抉择：我们是要永远让别人当白领、金领，自己当蓝领，做世界工厂，耗尽资源、人力廉价为世界打工，还是要加速提升国际竞争力，改变和提升我国在国际产业链价值链中的区位？

　　改变我省在参与国际产业分工中的不利地位，是今后我省经济社会发展的重大战略问题。特别是把我省放在全国发展大局中看，如果广东继续被动接受国际产业分工，继续被挤压在国际产业链和价值链低端，广东就无法继续发挥先行地区作用，就无法承担全国经济走向世界，全面提升我国国际竞争力主力省责任。在新的历史起点上，广东必须为全国走向世界再"杀出一条血路来"。显然，要保障我省经济社会的持续发展，就必须适应世界经济演变大趋势和我省经济社会成长新阶段的需要，就必须与我国的大国崛起进程相适应，推动经济国际化的战略转型，即由被动接受国际产业分工转向自主参与国际分工的战略转变，由国际加工制造业基地向世界级多功能区域经济中心转变。

　　目前，经济全球化在继续深化。经济全球化是一场国际竞争或国际比赛，并不是对所有的国家都有好处。经济全球化只能对那些勇于对外开放，并采取正确的战略和制度安排，迅速提升自己国际竞争力的国家有好处；相反，则会造成巨大伤害和损失。现在，为什么世界上还有那么多国家坚决反对经济全球化，但又有那么多国家坚决支持并参与经济全球化呢？这就是因为一些国家做好了准备，采取了正确的战略和制度安排，并通过参与经济全球化获得了巨大战略利益；而一些国家没有做好准备，缺乏参与经济全球化的能力，并受到经济全球化的伤害。前30年，中国对外开放，参与经济全球化，取得了巨大战略利益。但是在下一轮发展中，中国如果不能实现由被动接受国际产业分工转向自主参与国际产业分工，经济全球化将可能使我们遭遇巨大伤害和损失，并可能导致发展进程的中断。我们应吸取中南美洲国家发展的教训。

二、国际经济格局演变趋势与广东经济国际化战略转型

实施经济国际化战略转型，必须要科学把握经济全球化的基本格局和演变趋势。这是制定正确的经济国际化战略的前提。

第一，经济全球化的继续深化和国际依存度的持续提升。经济全球化是世界大工业发展和人类现代化进程的必然趋势。有如下含义：一是指发端于欧洲的近现代工业化、城市化、现代化由原生地区向世界各国（全球）扩散的过程。第二次世界大战后，这一扩散过程迅速加快，亚洲、中南美洲、非洲陆续卷入工业化、城市化、现代化进程。二是指工业化、城市化、现代化在全球的扩散普遍采取了各国高度互相开放的形式，由此导致各类生产要素、资本、信息、商品在全球流动和产业的国际大循环，逐步形成全球统一的国际市场和国际产业分工体系。这一进程在20世纪最后20年明显加快，并在21世纪进一步深化。作为经济全球化进程的产物，是各国经济发展国际依存度的提升，以至于任何一个国家都无法离开全球经济体系而能独立生存和发展。最近发生的源起美国的金融海啸和经济动荡进一步表明各国经济的相互高依存性。作为经济全球化的另外一种表达形式，就是各国经济发展的国际化，即经济国际化。任何一个国家的经济发展都卷入了经济全球化进程，即一国经济发展的国际化。同时，经济国际化与工业化、城市化、信息化、现代化融合一体，构成新兴经济发展的总进程。

第二，世界经济变革的基本走势和经济国际化战略方向。21世纪是一个持续变革创新的世纪。从历史经验和现在已经显露的各种重大变革端

倪看，21世纪世界的变革创新有几个重大趋势：一是知识革命继续深化，并导向人文文化革命。在知识革命的持续深化中，世界经济发展主流继续由工业经济转向知识经济，经济增长由以物质经济为主向非物质经济为主转型。知识经济作为强势经济的地位将进一步加强；相反，工业经济将进一步被边缘化和低端化。二是经济持续增长对创新动力的依赖性将不断加强。无疑，今天西方发达国家的经济增长基本依赖于科技创新引发的产业革命和市场扩张，同时依赖于经济全球化的持续变革引起的世界经济容量的扩张。对于新兴经济而言，其经济增长也开始越来越依赖于创新的推动。三是在第四次新技术革命推动下，世界经济在20世纪最后10年进入第五长波周期上升期，造就了近20年的经济繁荣。目前的全球金融危机表明，这一上升期发生了重大的制度性摩擦和创新动力转换。第四次新技术革命有五大领航技术：信息技术、生物工程技术、新材料技术、航天技术、海洋技术等。目前，信息技术创新引起的IT产业革命对经济扩张的爆炸性影响已经逐步衰减，同时近20年来经济全球化引起的国际产业分工大调整、大布局过程也基本完成（当然还会继续深化），由经济全球化形成的经济增长的巨大推动力也逐步衰减和释放完毕。下一轮世界经济的增长将需要新的科技创新并引发新一轮产业革命和市场扩张。这轮扩张将很可能是信息技术、生物工程技术、新材料技术、航天技术等融合形成的以提高人类生活水平和质量为目标的人类生命科学技术产业革命，并引致新的市场需求扩张。四是人类面临的生态冲突危机、社会冲突危机和文化冲突危机，将加速推进生态产业革命和文化产业革命，这也将是我们特别需要关注的领域。

第三，人类财富生产方式变革和经济国际化的核心问题。经济全球化的最本质特征是人类财富生产方式的变革，或人类财富生产、流通、交换、分配的全球化，并形成人类财富生产的全球统一体系。人类财富生产的全球化有几个重要的特点或趋势：一是人类财富生产、交换、分配、消费全球一体化；二是生产流程、业务流程细分化；三是生产、业务流程分工国际化；四是由此形成了国际产业链、国际业务链、国际技术创新链、国际金融链、国际价值链等，以及相关联的业务分包、外包、代工和物流供应链；五是形成全球财富生产、流通、分配、消费的国际体制和秩序。

在已经形成的新的全球财富生产、流通、分配、消费体系的运行中，呈现四大趋势：一是产业分工优势链环呈两端化趋势，即在研发（上端)、生产（中端）、增值服务（下端）基本分工环节中，上端研发和下端增值服务成为强势环节，中端生产环节被边缘化和弱势化。二是与此相关形成国际价值链微笑曲线，即上端研发、下端增值服务处于价值链的高端，而中端生产则成为价值链的低端（30年来我们就是被国际资本挤压在产业链和价值链低端的）。三是制造业生产链强势环节中场化趋势。四是由此形成了不同国家在国际产业链所处地位的差异性，并影响着各个国家在世界上的战略地位和战略利益。

第四，国际经济关系格局演变和经济国际化的战略指向。在经济全球化和知识革命的推动下，21世纪国际经济关系格局将向着几个方向继续深化：一是在人类财富生产方式大变革中基本形成了国际产业分工新格局，即以欧美为主体的环大西洋知识经济圈和以新兴经济为主体的亚太工业经济圈。这两个文明圈既相互依存又相互矛盾的互动决定着世界经济总进程和国际经济关系基本格局。二是"金砖四国"的崛起，将推动国际关系由美国独大单极支配格局走向多极均衡新格局。美国和西方走向相对衰落、新兴经济将不断崛起，成为主导世界经济格局的重要力量。在21世纪上中叶，美国、中国、日本、欧盟、俄罗斯、印度、巴西七极均衡格局将取代美国为首的七国发达经济集团支配世界格局。三是太平洋西岸新月形经济带的崛起。太平洋西岸新月形经济带包括东北亚、东南亚、南亚大陆（包括印度）、中国等构成的新月形经济带，人口超过30亿。未来20～30年，是这一经济带经济由人均GDP 3000美元左右上升到12000～15000美元的高成长时期，年产GDP达40万亿～50万亿美元。这一地区将成为继环大西洋经济圈后新的经济中心（生产中心、商业中心、财富中心、金融中心、中产阶级聚集中心、知识科技创新中心等）。中国的崛起将与西太平洋新月形经济带的崛起互动共进。粤港澳处在西太平洋新月形经济带的地缘中心，具有十分重要的战略意义和巨大的地缘经济优势，由此构成广东经济国际化战略转型的基本战略格局，并决定广东经济国际化的战略指向，即面向全球，构建西太平洋新月形经济带的区域中心枢纽和世界级经济区都会圈。

第五，中国走向世界及广东的责任。中国的崛起不是一国的孤立事件，而是21世纪世界发展的重大事件；中国的崛起必然是国际的、世界的。中国崛起中的文明复兴也必然是人类文明的重大变革和新的复兴，首先是与亚太地区的崛起互动共进。广东在中国与世界关联的地缘格局中所处的特殊区位，以及改革开放30年来广东在全国形成的先发优势和排头兵地位，决定了广东在中国的崛起进程中负有特殊的使命，发挥特殊的作用。广东只有坚决推进经济国际化战略，根据世情、国情、省情变化果断推进经济国际化战略转型，才能继续发挥先行区、排头兵作用。

三、广东经济国际化战略转型基本思路

综上所述，经济国际化是广东经济社会持续科学发展的必由之路。当前，广东经济国际化的战略态势和基本矛盾集中表现为高开放度和低自主力的矛盾。开放度高，但开放层次不高，开放区域单一，开放定位不清，开放水平不高，可以说处在开放的低端阶段。未来广东经济国际化战略转型的主要指向就是从被动接受国际产业分工转向自主参与国际产业分工，并努力改变和优化广东的国际经济地缘地位。

我们的目标是：经过未来20～30年的发展，通过参与和支持太平洋西岸新月形经济带的崛起，成为新月形经济带重要的区域性国际经济中心和有实力的、繁荣的世界级经济区和都会圈，成为中国走向世界的南方战略主力区；同时，通过实施经济国际化战略，全面提升国际竞争力，拓展经济社会持续发展的国际空间，促进和平发展、和谐发展、科学发展，实现中华民族的伟大复兴。

为此，在科学发展观指引下，广东经济国际化要实现全面战略转型。具体来说要实现十大战略转变：

一是由主要利用国际市场、资源求发展向谋求国际竞争优势地位转变。在前30年，在基础薄弱、资源短缺的情况，我们的对外开放主要是吸纳国际资源、利用国际市场强化发展动力，快速完成国民经济工业化起飞的任务。但是，在初步完成工业化起飞后，广东经济国际化战略重点应从强化国际竞争性，转向以国际战略竞争为导向，通过经济国际化战略，全面提升我省和我国在全球经济体系和国际分工体系中的战略地位，建立持续发展的良好的国际环境，实现国际战略利益最大化。

二是由国际加工制造基地向多元化国际中心区域转变。30年改革开放，广东特别是珠三角已经成为国际加工制造业基地，具有强大的产业配套能力。但是，广东继续坚守国际加工制造业基地，已经不能适应经济全球化发展的新格局和国际竞争新局面，不能真正提升广东国际竞争力，优

化和提升广东国际经济地缘地位，也不能适应我国大国崛起走向世界赋予广东新的使命和作用。我们必须适应国际、国内经济发展新趋势、新要求，向多元化国际区域功能中心转变。我们必须以积极的战略竞争姿态面向世界，否则将可能"一失足成千古恨"。除加工制造业外，我们还必须大力发展国际物流业、国际金融业、国际服务业、国际知识产业等，使广东成为以生产制造为基础、以服务功能为主体的强大的国际区域经济中心。

三是由国际产业链低端向国际产业链中、高端转移。这是下一轮经济国际化战略转型的重要标志。现在，衡量一个国家或地区国际竞争力的重要标志，就是其在国际产业链和业务链中所处的地位。目前广东省虽然开放度很高，但开放水平不高，竞争力不强，一个重要反映就是广东省的产业往往处在国际产业链、国际业务链的低端，自主支配力不强，受制于人，经济收益低。为此，我们要力争经过10年、20年努力，实现产业流程和业务流程的高端化。

四是由国外资本主导向本土企业主导转变。真正的经济国际化，是本土经济主体国际化；真正的国际竞争力，是本土经济的国际竞争力。必须看到，前30年广东省的经济开放，主要是国际（境外）资本的进入和国际产业的转移。我们主要是通过提供产业聚集空间和低成本要素配合，引入境外资本和产业。今天，我们则必须在以往发展基础上，着力培育本土经济的成长并向国际扩张，造就一大批我们自己的跨国企业、跨国公司和国际商战人才队伍。同时，在实施经济国际化战略中，通过优势能量在本土的聚集提升，使本土成为国际经济体系重要的功能枢纽区。

五是由注重经济直接收益为主向注重战略利益为主转变。以往无论企业或政府，发展外向型经济的主要目标是获取直接经济收益，更多地关注赢利。这在现代化原始积累阶段是必然的、正常的。但在今天，必须使经济国际化或对外开放成为我们谋求全球战略利益的方式和手段。政府必须清晰理解和把握我国、我省经济国际化的战略利益，并以此引导地方经济和企业的对外开放。

六是由引进内聚为主向以内聚为基础、外扩为主转变。一般而言，发展中国家和地区的开放经济发展都经历了引进来实现经济能量的内聚，到走出去实行经济扩张的战略转变。现在广东开放经济发展已经进入这一转折点，我们必须坚决地推进开放经济由内聚型向扩张型转变，实现开放经济的全面新飞跃。

七是由侧重单一国际区域开放为主向多元国际区域开放转变。以往广东省的开放在一定程度上是自发的，是国际（境外）资本的选择结果，因此广东省对外开放的国际空间相对偏狭窄。如引进境外资本以中国的香港、台湾地区为主，其他区域比例不大。对外出口以欧美及中国香港地区为主。下一轮的开放需要以中国的港、台地区为基础，南下太平洋、东接东北亚、西连欧美，向全球各区域全方位开放。

八是由依靠比较优势为主向依靠竞争优势为主转变。前30年，广东省的对外开放主要是依靠比较优势，特别是依靠低成本要素优势和地缘优势。但是，随着全球化格局的进一步演变和广东省自身成长引致的各方面条件和环境的变化，比较优势正在逐步衰减。要保持经济的持续发展，特别是经济国际化战略的持续推进，必须要把经济国际化战略由依赖比较优势向依靠竞争优势转变，要通过技术创新、生产方式创新、商业模式创新和战略创新，全面培育国际竞争优势。

九是由物质经济为主向物质经济、非物质经济并重转变。

在全球形成环大西洋知识经济圈和亚太工业经济圈这一基本国际分工格局下，现在我们主要是通过发展物质经济（第一、第二产业特别是加工制造业）参与国际分工和国际竞争，特别是以我们的物质经济参与欧美的非物质经济国际分工。而这一发展格局已经导致资源匮乏和生态大破坏。今后，我们将在巩固物质经济竞争优势的同时，更加注重发展非物质经济，并努力形成在非物质经济领域的国际竞争优势和发展能力。

十是由国际单打竞赛向国际团体竞赛转变。前30年广东省的开放经济主要是由各地市县镇各自为政、单打独斗，甚至造成内部相互竞争、"自相残杀"的局面。这不利于在外强我弱长期存在的情况下广东省经济国际化战略的推进。下一步，我们必须由单打独斗转向国际团体竞争，即通过区域全面整合，形成区域团体竞争优势，协同走向国际。如推动包括港澳在内的大珠三角经济一体化，推进泛珠三角区域合作，推进两广合作，共同面向世界，打造大区域国际竞争团体优势。在这方面，广东应努力发挥团体竞赛的主导作用，全面促进大区域合作。此外，还要配合国家战略推进东北亚、东南亚、拉美国际区域合作，发挥我国在国际团体赛中的主力作用。

为此，我们特别需要面向世界，实现由弱势区域策略思维向大国崛起战略思维转变。我们既要充分注意我们落后的一面，实力还不强的一面；也要充分关注国际力量对比正在发生的变化以及中国作为大国崛起之势，并以大国战略引领经济国际化战略转型。推动经济国际化战略转型，必须全面依靠创新，形成经济国际化五大战略支点，即技术创新、商业模式创新、制度创新、战略创新和构筑国际人才高地。

在推动经济国际化战略转型时，广东必须确立经济国际化地缘战略（四级）。

（1）以广佛经济圈、港深经济圈、珠澳经济圈为三角支点，构筑大珠三角经济圈和大都会圈，使大珠三角都会圈成为我国经济国际化战略的华南支点。

（2）以大珠三角大都会圈为龙头，以粤东、粤西为两翼，以粤北为近腹，形成全省沿海全面开放大格局。以珠江口港口群为枢纽，构建广东沿海港口群和临海一线经济带。

（3）以泛珠三角区域为腹地，面向海洋，使广东成为中国经济体系与世界经济体系，特别是对接中国-东盟自由贸易的接合部、转换桥、大通道。

（4）实行全地缘经济开放，使广东成为北承内陆、南出东南亚、东连日韩、西接环大西洋的太平洋西岸新月形经济带的区域性国际枢纽区。

四、广东经济国际化战略转型的策略与对策

推进经济国际化战略转型，必须从现实情况出发，采取一系列政策与对策，凝聚力量，打破制约，破解难题，务实推进。

第一，推动经济国际化战略转型，必须有效结合和发挥政府与市场的作用。一方面，加速完善市场经济体制，并与国际市场经济体制接轨，最大限度实现国内市场经济活动与国际市场经济的无障碍流动；另一方面，必须保留和改善政府在国内外市场经济活动中的引导作用，由此保障市场经济运行的国际化活力和宏观调节力。

第二，推动经济国际化战略转型，必须在继续争取高端国际资本支持的同时，特别关注经济国际化的本土战略主体。从根本上说，经济国际化最重要的是本土人口、本土经济主体的国际化，是本土人口、本土经济主体参与国际分工和国际竞争，而不仅仅是让别人进"家"里来投资、生

产、经商；国际竞争力首先是本土人口、本土经济主体的国际竞争力。经济国际化是否成功，最重要的不是GDP的增长或出口额的提升以及外汇储备的持续增长，而是本土人口参与国际分工和竞争能力的持续提升。只有实现这一根本性转变，才能说我们已经具备了经济国际化的能力，初步实现了经济国际化。否则，开放经济的发展与经济殖民化没有更大的区别。

第三，必须关注构建经济国际化战略转型的微观经济支点。推进和执行经济国际化战略转型，推动企业商业模式创新和生产方式创新（包括技术创新）至关重要。二者均在实际上决定经济国际化战略主体推动战略实施的能力和实现程度。以技术创新、品牌创新为中心的生产方式创新，在相当程度上决定了我们参与国际产业链分工并走向高端的能力。而通过商业模式创新，构造有竞争力的国际市场进入能力和主导能力，最终决定经济国际化战略转型的成败。在国内市场国际化的情况下，商业模式的竞争力也决定本土企业在国内市场的国际竞争力。因此，我们必须高度重视并引导企业推进商业模式创新。

第四，推进经济国际化战略转型，必须高度重视金融发展和金融国际化。推进经济国际化战略转型的一个重大约束是我们的金融不发展或金融滞后。目前，我们的金融产业发展尚处在幼稚期，金融创新仍未真正全面推开，金融服务实体经济还显得十分落后；服务经济国际化战略，差距更大。而没有金融的充分发展和国际化，就没有真正的经济国际化。而且，当今世界，财富分配权决定大国命运；财富分配权首当其冲取决于金融力。因此，在今后相当一段时期内，都必须把金融作为极端重要的产业加以发展。

第五，推进经济国际化战略转型，必须持续推动产业优化升级，构建现代产业体系。经济国际化战略转型的承担者是产业，并通过产业的变革、发展来加以实现。与经济国际化战略转型方向相适应，今后广东应高度关注产业的变革和优化。一是着力发展加工制造业的中场产业，提升本省产业参与国际产业链分工的战略力和主控力；二是大规模发展以国际供应链为依托的国际商务服务业，全面提升国际商业活动能力和国际市场主导力；三是大规模发展创意产业（含工业设计和商业设计等）、知识产业、文化产业，形成强大的创新能力；四是大力发展国际生产集成商、商务集成商，特别是国际供应链集成商，发展第四方国际物流产业，由此全面提升广东省产业国际集成能力。

第六，推进经济国际化战略转型必须加快推进制度创新。从我国和广东省实际和战略利益出发，面向全球经济体制，全面创新经济体制。从制度上提升广东省经济与世界经济接轨能力和水平，并通过良好的制度安排提升广东省企业和产业的竞争力；通过制度创新推动文化创新，全面提升国际竞争软实力。

（2008 年 11 月 11 日）

提速或降速转型：区域竞争新格局下的挑战
——粤苏发展比较*

一、问题的提出

2013年初，在我省召开"两会"期间，一个现实问题刺激着大家的神经：标兵在前，追兵已近。追兵就是标兵。江苏经济总量与广东的差距不足一年的增长量（如江苏2011年的GDP总量49110亿元，还高于2010年广东GDP总量46013亿元；江苏2012年的GDP总量54058亿元，高于广东2011年的53210亿元）。2013年开春，网上热炒的一个话题是：江苏2012年GDP破5万亿，即将赶超广东成为中国第一经济大省。同时，江苏也是中国大陆第一个人均GDP突破1万美元（10734美元）的省份（比广东8655美元多2000美元，并且差距不断拉开）。同样，天津的GDP与广州的差距也不足一年的增长量（2012年天津GDP为12885亿，明显高于广州2011年的12423亿元，而天津的年增速远高于广州）。

非常大的可能是，在第十一届省委任期内，广东将丢失从1992年起坐了21年的中国第一经济大省的位子；江苏将重新夺得1989年丢失的第一经济大省地位。广东能否继续保持第一经济大省地位问题本身并不重要，但其中包含着重大的政治意义，彰显着不同发展模式及体制的优劣。同时，此问题也提出了一个广东转型升级的战略选择问题：是稳速转型还是失速转型、降速转型。如汽车弯道转弯，是降速转弯还是保持较高速度转弯。一般从常识上看，应当是降速转弯，而不能高速转弯，也不能失速转弯。但目前广东的转型升级面临着新的形势，需要我们超越常识对转型升级战略作出新的判断和选择。从党的十八大到十九大，是我国、我省经济社会发展全面转型升级的关键时期。能否顺利推进转型升级，跨越

---

*注：此文发表于省参事室《参事建议》（特刊）。

"中等收入陷阱",决定着这一时期以及未来发展的成败。同时,在我国区域发展百舸争流的形势下,是以较高速度稳速转型还是降速转型甚至失速转型,这也是摆在省委、省政府面前的严峻挑战。仅从广东自身出发考虑转型升级战略选择,还是在观照世界、中国两个发展大局中考虑广东转型升级的战略选择,争取转型升级与保持速度的统一,实现弯道超车,这需要我们审慎考虑。

发展转型升级是当前及今后不二选择,我们不能有一丝一毫的动摇,但摆在广东面前的有几种转型发展形态或几个前景:①高速下的转型升级;②失速、降速下的常规转型升级;③稳速下的转型升级(常态变革);④降速下的非常规转型升级(发展形态创新,质的大跨度变革);⑤稳速下的非常规转型升级(发展形态创新,质的大跨度变革)。为了保持高速增长而延误转型升级,必是重大战略失误,最后也会陷入发展失速;但在转型升级中,在一个时期内发展失速或明显降速,也并非理想。这个严峻的问题就摆在广东新一届省委、省政府面前。如果未来5年在推进转型升级中导致一个时期的发展失速,也可能是一种失败。广东能否输得起?

从理想上说,广东应把握国际、国内变革新趋势,争取在较高发展速度或稳速发展下的非常规变革转型升级。但从目前情况看,广东发展形势并不如人意,甚至令人担忧。

一是发展速度明显下滑。从统计数据看,广东从1996年(治理整顿后)至2001年,一直保持10%～11%的匀速增长;从2002年起发展开始提速;2003—2007年长达5年保持14%以上的高速增长;2008年为转折点,增长速度开始逐年下滑(见表1、图1);2012年回落到8.2%,在全国31个省市中增速位列倒数第二。这是改革开放30多年来未曾有过的颓势。面对颓势,省政府把2013年GDP增速确定为8%。

表1　2000-2012年广东GDP年增长速度　　(单位:%)

时间	2000	2001	2002	2003	2004	2005	2006	2007	2008	2009	2010	2011	2012
增速	11.5	10.5	12.4	14.8	14.8	14.1	14.5	14.9	10.4	9.7	12.4	10.0	8.2

图1 广东省2000-2012年GDP增速变化

从当前面临的市场形势和投资趋势看，如不采取有力对策和措施，广东经济增速下滑的势头将可能延续，在全国率先落入中速增长区间。

二是在全国发展格局中的地位持续下降。改革开放前，广东属于发展相对落后的省份（1980年GDP排在各省市第7位）；改革开放后，广东借助率先改革开放的先行优势迅速发展起来，成为我国最具活力、成长最快的省份和第一经济大省。但进入21世纪，随着我国的全方位改革开放，特别是2008年后出现的发展疲态，广东在全国经济发展格局中的地位开始明显下降（见表2）。

表2 广东各项发展指标在全国比重的变化（单位:%）

时间 项目	2000	2001	2002	2003	2004	2005	2006	2007	2008	2009	2010	2011	2012
人口（户籍人口数）	5.9	5.9	6.1	6.2	7.0	7.0	7.1	7.2	7.2	7.5	7.8	7.8	-
GDP	10.9	11.3	11.2	11.7	11.8	12.3	12.5	12.1	11.9	11.8	11.5	11.3	11.0
财政收入	14.2	14.9	14.1	13.4	12.1	12.1	11.9	11.8	11.6	11.2	11.1	10.5	
财政支出	10.3	10.1	10.0	9.9	9.0	9.1	8.4	8.1	7.7	7.1	7.3	7.1	
存款余额			13.6	13.6	13.5	13.5	13.4	12.6	12.4	11.8	11.8	11.6	-
出口	36.9	35.8	36.4	34.9	32.3	31.3	31.2	30.3	28.3	29.9	28.7	28.0	28.0

续上表

实际利用外资	27.7	25.4	30.2	33.7	16.5	20.5	20.9	20.5	20.7	21.7	19.2	18.8	-
社会商品零售总额	-	-	11.9	12.2	11.5	11.7	11.9	11.9	11.8	11.2	11.1	11.0	10.8
职工工资总额	9.7	9.7	10.1	10.4	10.6	10.6	10.4	10.1	9.8	8.4	9.5	9.3	-
高校学生	-	-	5.2	5.3	5.5	5.6	5.8	5.9	6.0	6.2	6.4	6.6	-
二产	10.7	10.9	11.2	12.0	12.6	13.2	13.2	12.8	12.6	12.4	12.3	12.0	-
三产	12.8	13.3	13.2	13.5	12.9	13.1	13.5	12.9	12.7	12.6	12.1	11.9	-
固定资产投资	9.6	9.4	9.2	9.1	8.5	8.1	7.4	7.0	6.3	5.9	5.8	5.4	5.0
其中：内资	-	-	-	-	-	6.1	5.9	5.6	5.3	5.3	4.9		
港澳台资	32.2	35.0	35.6	33.5	30.9	26.5	25.2	23.7	21.9	19.1	18.0	16.3	-
外资	10.7	15.8	15.5	15.5	12.7	14.6	11.9	11.4	10.5	9.9	9.7	9.7	-
主要港口吞吐量	-	-	15.8	15.3	15.6	16.6	17.0	16.9	16.1	14.9	14.9	13.7	-
邮电业务量	-	-	16.1	16.5	18.3	17.4	16.6	15.5	15.0	14.5	14.7	13.3	-
电冰箱	-	-	19.8	23.8	31.5	20.1	18.4	18.4	16.9	17.8	20.1	16.2	-
彩电	-	-	40.4	48.1	48.4	49.4	48.9	43.0	45.2	41.3	37.9	39.8	-
计算机	-	-	28.4	26.3	24.5	20.6	19.1	18.7	8.3	5.7	14.6	13.8	-
汽车	-	-	-	-	-	7.3	7.6	8.9	9.4	8.2	8.6	9.1	-

从上述较系统地反映宏观经济动态的主要数据看，广东除人口、汽车产量、在校大学生数量在全国的比重稳定上升，职工工资总额等占比相对稳定外，其他各项指标占全国比重都趋于持续下降。这不仅表明广东在国家国民经济中的地位、重要性持续相对下降，而且也表明广东的整体经济发展持续低于全国速度，很可能再经过十来年时间就由先进变落后，不可

逆转地陷入相对衰落，终结广东"排头兵""先行区"的辉煌历史。

三是发展动力相对疲软。发展状态最重要的是看投资。更让人担忧的是，与其他兄弟省市比较，与整个国家生机勃勃的发展态势比较，广东率先显出发展动力相对疲弱的状态。这可通过社会固定资产投资在全国地位变化趋势集中反映出来（见表3）。

表3　广东社会固定资产投资占全国比重的变化（单位:%）

时间 项目	2002	2003	2004	2005	2006	2007	2008	2009	2010	2011	2012
固定资产投资	9.2	9.1	8.5	8.1	7.4	7.0	6.3	5.9	5.8	5.4	5.0
其中：内资	—	—	—	—	6.1	5.9	5.6	5.3	5.3	4.9	
港澳台资	35.6	33.5	30.9	26.5	25.2	23.7	21.9	19.1	18.0	16.3	
外资	15.5	15.5	12.7	14.6	11.9	11.4	10.5	9.9	9.7	9.7	

从上表看，无论从内地投资、港澳台投资或外资投资占全国比重看，广东都明显呈现持续下滑态势。其实，早在21世纪初开始，台湾电机电子公会就连续多年对中国大陆投资环境进行问卷调查，其结果显示，广东投资环境优势在持续滑落，趋于相对恶化。这可能涉及广泛的主客观因素的变化。2009年，广东省社会科学院亦曾就广东投资发展环境问题与外国驻广州领事馆总领事座谈调研，普遍反映广东投资环境相对长三角趋于弱化或恶化。广东的经济发展动力明显弱于江苏、山东、天津甚至辽宁等。

四是转型进展不尽如人意。党的十七大后，广东省委、省政府就千方百计着力推动经济发展转型升级，但并不太尽人意。这也表明经济发展转型升级将是一个较长的过程，不可一蹴而就。一是发展转型中出现明显的降速甚至失速现象（如上分析）；二是投资环境、发展环境未见明显好转，未能真正再造投资发展环境新优势；三是与江苏、山东、天津等省市比较，并未显现产业发展新优势，甚至表现出相对劣势，创新能力并未相应提升（既与转型升级要求不相适应，也落后于先进兄弟省市）。

需要关注的是，广东发展似有强弩之末的疲态或逐渐转入失速险境。这需要引起我们的警惕。原来党的十七大后，省委、省政府选择了相对（或容忍）降速，以换取转型升级机动空间，从而从容推进转型升级的战略思路。但现在从结果看，转型升级未尽人意，并需要一个较长的时间，同时又已付出降速的代价。广东转型发展已经进入背水作战险境。目前形势已经不允许继续降下速度去转型升级，而需要"速度"与"转型"的结合，争取以较高速度推进"稳速转型"。一是转型升级需要一个较长的时间，不是三两年就可以一蹴而就的，转型升级将是一个长达8年、10年甚至更长时间的持久战，不能容忍过长时间的降速、失速转型；二是区域竞争，百舸争流，目前形势已经不允许广东继续降速从容转型；三是广东是国家改革开放的一面旗帜，今天依然在全国改革开放发展中具有先行探路的"排头兵"责任（习总书记在党的十八大后先行来粤视察，给广东提出"三定位两率先"要求），发展疲态的渐显将使广东丧失发展体制及模式创新的先发优势，广东肩负的责任不允许继续降速从容转型；四是我国仍处在重要的战略机遇期，理论上仍存在较高速度发展的可能性。目前沿海一些省市，特别是中西部地区发展提速表明，中国仍处在较高速度发展区间，国际竞争，时不我待。

二、广东转型中的降速原因分析

广东在发展转型中出现的降速甚至失速征兆，既有国际国内大形势背景，又是广东自身小形势使然；既有一系列客观原因，也有各种主观因素。从大形势看，世界金融危机后，世界经济进入第五长波周期的下滑期，国际市场收缩，对高外向度的广东负面影响明显；我国传统发展模式已经不能继续，环境、资源、社会矛盾、市场、生产要素成本快速上升等约束因素迅速加大，面临发展转型升级的紧迫压力。此外，广东率先发展，经济规模基数大，保持高增长率压力巨大，等等。但从另一方面看，广东发展转型中的降速也有一些令人深思的因素、原因。从客观上看，我国、广东经济社会发展仍处在重要的战略机遇期，存在一系列有利因素与环境。如新兴市场经济，包括我国仍具有巨大的发展前景与空间，我国人均GDP才5000多美元，距离发达水平还有几万美元的上升空间，即使较发达的广东，人均GDP也仅在8000～9000美元，成长空间巨大。无论国际、国内，资本投资潜力巨大，特别是广东，金融机构存贷率不足65%，民间财力雄厚。中国幅员辽阔、人口众多，区域发展差异大，互补性强，市场潜力巨大。从理论上讲，中国仍将有一个长达一二十年的高速或较高速发展的可能性空间。争取转型发展与高速发展统一的可能性是存在的。至于"广东经济基数大，降速是必然的"这种说法有一定道理，但也可再商榷。其中一个可比的个案是江苏转型中的稳速发展，值得我们借鉴。为什么广东在转型发展中出现明显的降速现象，江苏却保持着强劲的发展势头和较高速度的发展呢？我们可从横向比较分析中找到差距、找到原因、找到信心、找到出路。

第一，从粤苏经济发展态势比较中可以看到，转型中保持高速增长是可能的。江苏经济总量仅比广东少5%，2012年成为我国第一个人均GDP超过1万美元（比广东整整高出2000多美元）的省份，经济增长速度虽然也相对有所下降，但仍保持强劲增长势头（见表4）。从2004年起，江苏经济增长速度一直高于广东；未来几年，江苏经济增长速度计划在10%以上，而广东下调为8%。

表4　2000—2012年粤、苏、鲁GDP增长速度对比（单位:%）

省份＼时间	2000	2001	2002	2003	2004	2005	2006	2007	2008	2009	2010	2011	2012
广东	11.5	10.5	12.4	14.8	14.8	14.1	14.8	14.9	10.4	9.7	12.4	10.0	7.5
江苏	10.6	10.2	11.6	13.6	14.9	14.5	14.9	14.9	12.7	12.4	12.7	11.0	10.1
山东	10.3	10.0	11.7	13.4	15.4	15.0	11.5	14.2	12.0	12.3	12.3	10.9	9.8

第二，从粤苏资本投资态势看，投资仍是保持经济持续增长的主动力。从经济增长直接动力看，出口、消费、投资"三驾马车"中，前两者与广东基本相同，比较稳定，但投资方面，江苏、山东一直都比广东活跃和强劲（见表5、表6）。

表5　2000—2012年粤、苏、鲁社会固定资产投资比较（单位：亿元）

省份＼时间	2000	2001	2002	2003	2004	2005	2006	2007	2008	2009	2010	2011	2012
广东	3145	3484	3851	4813	5870	6978	7973	9294	10869	12933	15624	16843	19308
江苏	2570	2823	3450	5233	6557	8165	10069	12268	15301	18950	23184	26693	32088
山东	2531	2789	3483	5315	6971	9307	11111	12538	15436	19035	23281	26750	-

表6　2000－2012年粤、苏、鲁全社会固定资产投资增速比较（单位:%）

省份＼时间	2000	2001	2002	2003	2004	2005	2006	2007	2008	2009	2010	2011	2012
广东	7.1	10.8	10.5	25.0	22.0	18.9	14.3	16.6	16.9	19.0	20.8	7.8	14.6
江苏	5.2	9.9	22.2	51.7	25.3	24.5	23.3	21.8	24.7	23.9	22.3	15.1	20.2
山东	14.0	10.2	24.9	52.6	31.1	33.5	19.4	12.8	23.1	23.3	22.3	14.9	－

从2005年起，广东的固定资产投资增速明显回落，江苏、山东迅速超越，并把广东远远地抛到后面。2011年，广东与江苏、山东全社会固定资产投资差距分别为1∶1.58，1∶1.59，2012年差距分别为1∶1.66，1∶1.57。党的十七大以来的2008—2012年间，江苏全社会固定资产投资增长率大体高于广东5～6个百分点，差幅达1/3。今天的投资决定着未来的发展。这几年粤、苏、鲁固定资产投资的差距不断拉开，可以预见，至少未来5～7年内，江苏、山东将会在经济上进一步加快赶超广东。近20年来，广东、山东、江苏一直在我国区域经济发展中位列前三。2009年，江苏把山东"甩在身后"，跻身第二位，与广东的距离越来越小，未来3～5年内，江苏超越广东上升为第一位似成定局。

这里，我们必须要把握一个辩证法，即生产与消费关系的辩证法。马克思在《政治经济学批判导言》中，在论述生产过程中生产、交换、分配、消费的辩证关系时指出，生产产生消费、消费产生生产。在我们强调扩大内需、增强消费对国民经济健康发展中的拉动作用时，不可忽视或忘记投资对国民经济发展的推动作用，特别是我国人均GDP还只有5000多美元，经济发展和现代化建设远未成熟时，在强调扩大内需对国民经济的发展作用时，千万不要忘记投资对国民经济持续发展的前导作用，况且扩大内需本身就包括投资内需。经济发展转型升级本身，就必须包含着投资的转型升级，没有投资的转型升级，不可能有经济发展的转型升级。对此，我们千万不能陷入理论与政策的误区中。

第三，从广东、江苏资本投资的巨大差异看，不断改善和优化投资环境，是实现转型发展与高速发展统一的基础。

与江苏、山东相比较，广东金融机构存贷比一直偏低（见表7），广东存贷率一直低于江苏、山东10个百分点以上，这反映广东运用金融资源的能力以及金融创新方面不如江苏、山东，也间接反映广东投资环境劣于江苏、山东。

资本的本性是趋利避害,哪里有钱赚就到哪里,哪里利润率高、风险低就到哪里。其实,广东投资态势相对落后之势早已显露。近几年来,广东有一个明显的情况,就是"三个过度外流"。金融过度外流、财政资源过度外流、资本不合理过度外流。此外,还有人才外流、收入和市场外流(候鸟经济模式的外来工收入外流、外资收入外流)。同时,外部投资(与江苏、山东、天津等对比)相对减弱。其重要原因是投资环境、商业

表7　粤、苏、鲁银行存贷差比较（单位:%）

项目\时间	1995	2000	2005	2011
中外机构本外币存贷率				
广东			61.00	64.00
江苏			71.35	74.34
山东	79.86			
中资机构人民币存贷率				
广东	77.52	69.30	57.97	60.07
江苏			69.98	72.83
山东			78.23	75.91

机会的聚集度等的差异。早在21世纪初,台湾电机电子工业同业公会("电电公会")就应台商需要,每年对中国沿海地区各省市投资环境作问卷调查分析。他们根据城市竞争力、投资环境力、投资风险度和台商推荐度四大指标对各省市投资环境进行评价。非常遗憾的是,对广东特别是珠三角的评价相对于长三角特别是江苏一直不尽如人意,长三角地区特别是江苏一直处于领先地位。可以说,一个地区的投资问题从根本上说是投资环境和商业机会问题。这包括基础设施、制度体制、政府服务、物流金融商务服务业、产业配套聚集、生产要素供给、商业机会、文化环境等等。所以,广东需要进一步反思投资环境建设。应当说,历届省委省政府都较重视投资环境建设,特别是着力构建市场经济体系,但为什么相对于长三角特别是江苏却一直不如人意呢?不解决这一带根本性问题,广东相对衰落是不可避免的。关键是政府。据我们长期调研了解到的反映,我们的政府没有长三角的开放和思想解放,服务意识和发展动力不如长三角强。如

昆山市的"马上办"就得到台商的广泛好评。

第四，从广东、江苏投资动力差异看，优化市场经济主体，不断强化发展动力是关键。

从一定意义上说，市场主体的成长和发育水平，决定一个地区国民经济成长的实力、活力和水平。广东改革开放先行一步，经济运行市场化程度高，市场主体快速形成和成长。但是，进入 21 世纪，沿海其他地区加快改革开放步伐，市场主体成长得更快，水平更高。特别是江苏，市场经济主体构成比广东均衡，发育水平已现后来者居上之势（见表 8）。

表 8　粤、苏社会固定资产投资主体构成比较（2011 年）（单位：亿元）

省份 项目	广东		江苏	
	绝对数	占比（%）	绝对数	占比（%）
总额	16844	—	26315	—
内资	14399	85.5	23012	87.4
国有	4418	26.1	5004	19.0
集体	694	4.1	1133	4.3
股份联营及其他	6277	37.2	6550	27.3
私营个体及其他	3011	17.9	10327	36.8
港澳台投资	1528	9.1	1368	5.2
外商投资	917	5.4	1935	7.4

从上表看，江苏投资主体中，内资非公有投资占了总投资的 2/3，广东则为一半左右。港澳台及外商投资中，江苏以外商投资为主，广东仍以港澳台投资为主。无疑，非公投资更能体现市场经济内在要求和动力作用，更具有发展的持久性。2000—2011 年，江苏民营经济（私营个体及其他，不含港澳台及外商）在社会固定资产投资中的比重从 32.6% 上升到 64.1%，增加了一倍；同期，广东则由 32.8% 提高到 55.1%，低于江苏 9 个百分点。从 GDP 产出主体看，2011 年广东民营经济实现增加值 23336 亿元，占全省 GDP 的 43.9%，江苏民营经济实现增加值 25767.60 亿元，占全省 GDP 的比重达 53%，整整高出广东 10 个百分点。江苏民营经济比广东活跃。大力发展民营经济，是保持市场经济活力和持续发展能力的重要基础。

第五，从广东、江苏的创新能力差异看，不断强化创新能力是经济刚健运行和持续发展的根本。

2011年,国内三种专利申请受理数和授权数广东分别为196272件、128413件;而江苏则分别以348381件、199814件,高出广东77.5%和55.6%,反差强烈。国家知识产权局的统计数据显示,2012年上半年,江苏专利授权量以9.6万件位列全国第一,为同期广东专利授权量的两倍左右。由此可推断,2012年江苏投资增量远大于广东,固然存在相当一部分行政主导性低效投资,但也存在一部分企业盈利能力转好后的追加投资以及以创新为导向的新增投资。同时,民营经济是最具创新活力的经济成分。

技术市场成交额的变动也明显反映广东的相对落后(见表9)。

表9 2006-2011年粤、苏技术市场成交额增长比较(单位:亿元)

时间 省份	2006	2007	2008	2009	2010	2011
广东	107	133	202	171	236	275
江苏	68	78	94	108	249	333
广东:江苏	1.57	1.77	2.15	1.58	0.94	0.83

从上表也看出,江苏技术创新的活力迅速上升,而广东则在相对衰落。特别是世界金融危机后,江苏技术创新活力快速上升。这是否从一个侧面反映江苏的转型发展比广东更富于活力和后劲呢?

三、稳速转型的战略选择

(一)推动"降速从容转型升级"向"竞争性提速转型升级"战略转变的必要性

从党的十八大至十九大的5年间,是广东发展转型升级,跨越"中等收入陷阱",由中等收入发展阶段迈入高收入门槛的关键时期,也是广东能否在全国发展转型升级中继续保持排头兵地位,当好深化改革开放和科学发展排头兵的关键时期。正确把握好转型升级与稳速(或较高速度)发展关系是成败的关键。广东不仅要着力推动发展转型升级,而且必须加快转型升级,同时实现较高速度发展。这是广东改革开放以来面临的空前的新挑战。不能有力回应这一挑战,将延误转型升级的战略时机,丢掉第一经济大省和改革开放先行区、科学发展排头兵地位,成为广东在全国改革开放新进程和百舸争流区域发展大格局中走向相对衰落的历史转折点。我们不能把速度与转型对立起来;必须认识到,速度也是科学,没有一定速度的发展不是增创新优势的"科学发展",是没有竞争力、没有说服力、没有前途的"科学发展"。因此,广东只能背水一战,在未来5年只能选择把较高速度发展与转型发展结合起来的发展新思路。根本的是转型升级、科学发展,关键的是发展速度。

这里我们需要看一下未来5年(2014—2018年)区域发展竞争态势。首先看GDP排在第二位的江苏与广东的竞争关系(见表10)。

表10 未来5年(2014—2018年)粤、苏GDP增长比较(单位:亿元)

省份	增速(%)	2012	2013	2014	2015	2016	2017	2018
广东	8	57000	61560	66485	71803	77548	83752	90451
江苏	10	54000	59400	65340	71874	79061	86968	95665
江苏	11	54000	59940	66533	73852	81976	90993	101002
广东	9	57000	62130	67722	73813	80460	87702	95595

表中,我们以党的十九大前后的2017、2018年为时间节点,分别取广东增长率8%(广东"十二五"规划指标),江苏增长率10%(江苏在党的十八大后的规划指标),以及广东力争的增长率9%、江苏可能的增长率11%进行测算。结果显示,如果广东按规划增速指标发展,未来5年江苏如增速为10%,将在2015年超过广东成为经济第一大省,到党的十九大时的2017年,将反超广东3000多亿元;如增速为11%,江苏将在2014年超过广东成为经济第一大省,到2017年将反超广东6000多亿元。如江苏增速为10%,广东要在2017年保住经济第一大省地位,增速必须不低于9%,但仍将在2018年失去经济第一大省地位。如江苏增速为11%,广东增速必须在10%以上,才能在2017年保持经济第一大省地位。可见,广东未来发展压力超强,广东在未来要争取两位数即10%以

上的增长速度，才比较有把握保持经济第一大省地位。至于山东，2012年与广东仍有近7000亿元的发展差距，赶超并未迫在眉睫，但亦不可掉以轻心，山东有可能在2018—2020年间超越广东，广东有可能跌落到第3位。

从上分析可见，两年前制定的《广东十二五发展规划纲要》已经落伍了，已不适应新的形势发展需要，应在全面调研、分析、论证基础上进行适当修编。

(二) 广东转型升级中提速发展的困难和严峻形势

广东要争取两位数的增速发展与加快转型升级相统一的发展新格局，困难很多，难度很大。一是未来5年世界经济仍处于长波周期下行期，难有根本好转，这对外向度最高的广东来说，影响很大。二是依靠市场内需快速拉动增长可能性不大，国内市场需求不会爆炸式增长，同时还有各兄弟省市的快速发展并进入同构竞争，国内市场开拓空间有限。三是广东从2006年以来社会固定资产投资增长速度一直在江苏、山东之后，落差竟达40～70%。在投资效应滞后的作用下，广东前几年的投资劣势将转化为未来几年的发展劣势。四是广东生产要素成本竞争激烈，土地资源相对于发展需要几近枯竭，劳动力成本继续快速上升，投资扩张约束因素太大。五是综合投资营商环境竞争优势在相对减弱。可以说，广东要实现转型升级与保持两位数增速的统一，压力空前巨大。六是现行国家财税体制严重制约广东发展，削弱广东的综合竞争力。此外，还有一系列不利因素和矛盾。以上分析看来，广东要在未来5～10年内保持经济第一大省地位，几乎难于上青天。

(三) 争取转型升级中提速发展的有利条件和因素

广东争取两位数稳速发展也存在一系列有利条件、环境和因素。一是我国发展仍处在重要的战略机遇期，世界正在酝酿新的科技-产业大变革，提供新的扩展空间和机会。二是我国仍处在高速发展区间，特别是中部和西部地区正进入高速发展期，即使在近一两年经济增长相对疲软时，GDP仍保持11%～15%的年增长率，未见衰退迹象。三是世界新兴市场具有巨大发展潜力，发展势头仍很强劲。目前主要是受发达市场拖累，我们如能成功调整对外经贸布局，加强与新兴经济国家的经贸合作，外向型经济仍可有所作为。四是供给-需求结构错位，存在巨大需求空间有待开发，特别是在公共产品、公共服务领域供不应求局面仍很严重。五是投资潜力大，仅从金融机构资金运行来看，存贷比明显偏低，民间亦有较雄厚财力，但受金融创新滞后严重约束，需要与中央协调，争取金融创新的更大空间。六是存在一系列主观因素不适留下的空间和潜力。广东无论从体制机制改革创新、政府服务水平、思想观念更新、民间发展意愿等等，都有很大潜力。七是从总体看，广东的市场环境仍具有先发优势，毗邻港澳仍是广东独特优势，有待进一步挖掘。八是党的十七大以来，省委、省政府着力加快东、西、北部地区发展，这些地区的加速发展势头正在形成。

（四）战略选择

权衡有利和不利因素、比较优势和比较劣势，以及面临的形势，广东应调整转型升级、科学发展的战略思路和策略，即由"降速从容转型升级"向"竞争性提速转型升级"的战略转变。力争实现转型升级与较高速度发展的统一。这里需要确立几个重要战略理念：一是推进发展方式转变毫不动摇。任何放弃推进发展转型升级的选项都是重大的战略失误。二是坚持又好又快发展，着力保速、提速发展不动摇。目前和未来发展形势已经不允许我们按部就班、降速从容转型发展了，必须要让全省上下紧张地动员起来，开展一场转型升级、提速发展的大竞赛。三是提倡跳起来摘果子的方针，思考问题、制定目标应放弃保守从容的心态和理念，要以积极姿态千方百计谋划又快又好的发展。四是确立转型升级打持久战的思想。必须如实看到，转型升级不是一次行动、一个行为，而是与时俱进贯穿于未来发展全过程；即使要实现当前的转型升级任务，也不可能一蹴而就，需要两三个甚至更多的"五年计划"。由此，就需要调整我们的战略思维，需要在推进转型升级中瞻前顾后，综合协调，用更大的时间、空间获取转型升级的机动性。五是必须坚持发展速度与转变方式、发展质量、发展水平相统一。广东面临的更大挑战，是有可能在发展速度上掉下来，发展方式转变、发展质量、发展水平提高方面也落后了。这是彻底的失败。这是我们在未来5年发展中需要特别避免的情况。

此外，考虑到未来5年广东提速10%以上发展难度极大，因此在着力提速转型发展、力争保持第一经济大省地位的同时，也应考虑另一战略选项，即放弃保持经济第一大省地位，着力在发展形态、发展方式、发展质量、发展水平、发展效果、发展体制等方面领先，走出一条更具广东特色的幸福和美、科学发展的创新性路子。这需要作进一步深入研究与论证。当然，这一战略选项的实现也并非易事，这涉及干部队伍和人民群众整体素质的全面提升，发展愿景目标的超前设计，体制政策保障体系的全面创新，有限资源的合理高效配置和利益格局的合理调整，等等。

四、若干对策建议

在转型升级发展中力求稳速发展，确非易事，难度极大，需要我们遵循规律，发挥智慧，创新思路，采取有力的政策、举措。在此，特提出几点参考建议。

（一）解放思想，统一认识，激发活力

必须看到，采取稳速、高速转型战略，客观上难度很大，约束条件、因素多，非一两个绝招就能奏效。广东与江苏发展的最大差距是干部群众精神状态的差距。突破困局的最大筹码是人，必须把全体党员、干部、群众动员起来。在未来改革发展中功败垂成全赖各级党委、政府，方方面面和广大党员、群众的思想认识、精神状态。依靠和发挥人的因素，也是我党长期以来取得革命与建设成功的根本法宝。省委应把解放思想、统一认识、激发全体党员和广大群众活力、创造力作为开创稳速、高速转型发展的关键和头等工作，抓紧抓好。舍此，无以跨越"转型失速陷阱"，无以避免在未来5年丢失第一大经济大省地位的厄运。

解放思想，统一认识，一是统一把坚定不移推进转型升级科学发展与保持较高速度、又好又快发展统一起来的思想认识，进一步丢掉小富则安、小进则满的保守思想；二是统一对发展形势的判断认识，既要看到困难和挑战，又要看到机遇和有利条件，树立必胜信心，丢掉畏惧挑战、丧

失信心的畏难情绪；三是统一在新时期进一步坚持党的群众路线的思想认识，只有依靠全体党员和广大群众的积极性、创造性和艰苦奋斗精神，才能开创新局面，丢掉无所作为、得过且过的思想；四是统一进一步深化改革开放，依靠改革创新开创发展新局面的认识，丢掉不敢闯、不敢创的慵懒观念；五是统一进一步坚持党的领导，发挥各级党委统筹全局作用的认识，进一步加大力度提升各级党委领导、组织、协调全局的能力，丢掉幻想或推卸责任的心态。

（二）创新体制、政策、举措，进一步创造敢想、敢闯、敢创的干事氛围，着力改善和提升投资营商环境，全面提振发展信心

调动和激发方方面面的积极性、创造性，关键是体制、政策。近几年广东发展速度和发展活力、发展后劲逊于江苏，恐怕关键是思想解放不到位，体制改革相对滞后，干事、创业、营商环境、体制模式缺乏优势。建议动员各级党委、政府、各个部门进行一次广泛的投资环境大调研，实事求是分析问题、找出原因，采取有针对性的、能"解渴"的切实措施，改革体制，创新机制，激发活力。

（三）增量存量并举，在大力抓好增量扩张的同时，着力挖掘、开拓存量，挖掘潜力（包括产业、供需、资金、土地、人力、内外市场等）

面向未来，面向提升发展后劲，抓好重大项目、重要领域开发建设，不论对于长远发展，还是当下发展都十分重要。但是，光注意抓新项目、大项目，对于未来5年发展已远远不够，一些举措可能是远水难救近火。因此，除了着力抓好新的项目、新的领域开发建设外，应特别着力于存量的挖潜、提升，力收近水救近火之效，而且这也是促进发展转型升级的重要方向。要摒弃讲转型升级就只关注增量，只着力于搞新项目、新领域，忽视存量改造、挖潜的片面性。要力创用"近水""现水"救急火、近火。建议在全省进行一次挖潜创新、转型升级大调研，在此基础上，有针对性地推进制度政策创新，释放存量潜力，激活各方活力，推动一次全省

上下挖潜创新高潮,来一次发展大振兴。

(四)全力盘活全社会资本

优化社会资本配置,盘活资本存量,激发资本活力,是快速提升发展速度、开创经济发展新局面的关键环节。目前,广东资本存量和潜力大,但存在明显的社会资本配置不合理、错位的情况。现在,供需错位形成的发展空间仍很多。可考虑通过推进国有资产的优化配置带动全社会,特别是民营资本的优化配置。要通过全社会资本的优化配置,释放资本潜力这一举措,提振社会资本信心和发展积极预期。建议委托专门部门就盘活全社会资本,优化社会资本配置,激发资本活力进行一次系统调研、分析,提出一套切实有效盘活、激活社会资本的方案和政策。

(五)加大力度推进各级政府自我改革、完善、提升

改革开放以来,特别是党的十七大以来,省委、省政府花了很大气力推动政府行政体制和管理方式改革,但与江苏等兄弟省市相比,差距明显。建议省委、省人大、省政府统一部署,要求各级政府、各个部门围绕省委、省政府新的发展思路,进行一次全面系统的自我检查,同时委托专门机构进行全面系统调研、分析,系统提出深化政府行政体制和管理方式改革、服务作风转变的意见。时不待我,建议此项工作不宜按部就班推进,宜采取边调研、边检查、边整改、边创新、边收效的方法。

(2013年3月26日稿)

广东应对经济紧缩,提速发展的潜力与对策
——存量挖潜倒逼转型升级分析*

当前及今后一段时间内,无论从国际或国内看,经济形势都不太乐观,处在一个微妙敏感的时期。从国际看,虽然时而现出回温的亮光,但从基本趋势看,仍将处在中长期紧缩低迷徘徊状态,即处于第五长波周期向第六长波周期过渡,长达十来年的发展低谷期。欧美国家将长期困于制度弊端特别是政府债务困扰,新兴经济受其拖累,需要新一轮科技产业革命解救。乐观的专家认为,到2020—2025年,世界经济才会真正走出低谷,进入下一轮繁荣期。其间,将会酝酿新一轮改变人类生产方式和生活方式的新的科技产业革命(这里,需要把科技产业革命酝酿期的"冒烟"与科技产业革命形成后的"井喷"区别开来)。因此,期待近期内(如三几年)有一个宽松的国际经济环境是基本不可能。对此,我们应当要有足够的思想准备。

从国内看(特别是沿海发达地区),我国仍有广阔的发展前景和保持较高速度发展的可能(林毅夫持此观点,我是同意他的观点的)。但目前和今后一段时间,我国经济社会发展由低收入向中等收入转变的阶段渐行终结,旧的发展方式与格局已经走到尽头,正在转向中等收入向高收入发展新阶段的转轨、转型。这一转轨、转型也非三几年可以完成,将经历两三个甚至更多的五年计划方能完成,特别是需要把转型升级与即将到来的世界新一轮科技产业革命结合起来。在此转型期面临旧的"发动机"动力渐消、新的"发动机"动力未上来导致的发展减速、失速的尴尬局面,存在掉落"中等收入陷阱"与"失速魔咒"的风险。此外,广东省还面临着国内各省市区百舸争流发展竞争,先行态势丧失,落实"三定位两率先"任务落空的压力。

在此形势下,我们要力图保持经济持续快速稳健发展困难重重,特别

---

*注:本文为笔者在2013年省人民政府参事决策咨询会上的发言稿,得到有关领导充分肯定。

是面临一系列压力：转型升级压力、民生压力、社会矛盾凸显压力、政府财政压力、国际市场收缩和国际竞争加剧压力、"中等收入陷阱"挑战压力等等。同时，一系列发展刚性约束因素愈益凸显：市场紧缩约束、土地资源枯竭约束、环境保护约束、低碳约束、劳动力成本快速上升约束、体制不适约束、金融滞后约束、创新能力不足约束等等。加上2009年以来我国一些过度反金融危机政策造成的负面问题，还将继续困扰我们，压缩我们的政策回旋空间。从长远看，前途光明，充满希望；从短期看，困难重重，压力巨大。而且处理不好，有可能使经济发展掉入"失速魔咒"（如日本失去的20年），并引发各类或大或小的经济、社会、政治危机。

但事物从来就是两面的、辩证的。困亦是机，危亦是机，如能比别人更好地化解"危""困"，就可化逆境为超越之机。（如赛车进入弯道，对每个车手都是困、都是逆，但如把握好了，却是弯道超车的最好时机，此时勇者胜、智者胜。）面对未来5~10年国际国内经济发展下行压力，是采取积极进取姿态，化解好"危"，利用好"机"，化"危"为"机"，弯道超车，还是采取被动防守姿态，无所作为，是对决策者的一次严峻考验。在世界和国家新的发展格局下，特别是在区域发展百舸争流的态势下，广东要落实"三定位两率先"，就只能背水一战，采取积极进取姿态应对挑战，加快转型升级，力争提速发展，开创科学发展新境界。要把经济发展转型升级与提速发展统一起来，用提速发展倒逼加快转型升级，通过加快转型升级实现提速发展，当好实践科学发展观排头兵，再创广东发展新辉煌。

把转型升级和提速发展统一起来的一项重要工作是着力"内涵发展"，挖掘内外发展潜力，通过改革创新、转型升级把发展潜力转化为加快发展的动力。大项目、大增量、保增速，大家都比较关注了，也是必需的。但从推动转型升级角度看，着力"内涵发展"更加重要。应对经济下行挑战，把转型升级与提速发展结合起来，涉及很多领域、很多环节、很多举措。这里重点提出六点看法和建议。

一、加快推进新型城市化，释放巨大潜在供给与需求

人们常提"有效需求不足"，其实这是伪命题。中国经济发展还远未成熟进入有效需求不足的发展阶段（只存在结构上供求错位问题，发达

国家经济发展很成熟了，宏观经济决策可以需求学派理论为基础，中国经济发展远未成熟，宏观经济决策宜以供给学派理论为基础)，中国经济发展的主要矛盾是"有效供给不足"。其中一个特别值得关注的领域是城市化，它蕴藏着巨大的供给与需求潜力空间。当前需要注意三点：一是广东已经进入二次城市化或再城市化阶段，即把工业文明城市推向后工业文明城市，城市的转型升级潜藏着数以万亿计GDP的发展空间；二是前30年城市化走的是传统城市化道路，造成巨大的城乡二元反差，即相对繁荣的城市和相对衰落的乡村，应通过推进城乡一体双向城市化，克服传统城市化造成的城乡二元冲突，并从中释放更庞大的供给与需求；三是世界正在酝酿新一轮科技产业革命，其主要特征是怎样生产、怎样生活，主要趋势是智慧化、生态化、人文化，如果把新科技产业革命与新型城市化结合起来，不仅为新型城市化提供革命性影响和广泛的想象空间，也将为新的科技产业革命开拓巨大的需求市场，支持企业抢占新科技产业革命先机。推进新型城市化，既是释放巨大供求潜力的总开关，也是迎接新科技产业革命的总接口。加快推进新型城市化，是我们未来5～10年跨越世界经济低谷期和我国转型升级徘徊期，跨越"中等收入陷阱"，避免落入"失速魔咒"，实现又好又快发展牵一发动全身的牛鼻子。

推进新型城市化，首要任务是城乡一体联动，推进双向城市化，对30年工业化时期形成的相对落后、过时的城市与乡村进行全面的改造、转型升级，创造更适于人的生存和经济社会持续发展的新城乡形态。全面推进城乡一体的交通道路、信息通讯、供水供电等基础设施建设和社会公共服务均等化，推进城乡商务、住宅的改造升级，将释放巨大的供求空间，带动数十年产业发展，并促进产业均衡布局和新型产业体系再构。

推进新型城市化必须具有前瞻性，体现智慧城市、生态城市、人文城市的新发展方向，加快建设智慧、生态、人文、繁荣、城乡一体化的美丽城乡，同时通过新型城市化发展推动生产方式后工业化，创造后现代文明新生活，展开伟大的"中国梦"。

推进新型城市化产生的巨大发展需求必然带动金融改革、创新，带动投资体制改革、创新，带动土地开发、管理体制改革，从根本上突破城乡发展二元对立旧局面。同时，必然带动科技、教育、文化新变革，促进城乡人口素质的均衡发展和提升。

我们要自觉把握二次城市化和当前世界酝酿的科技、产业、文化大变革的千载难逢的机遇，果断推进新型城市化。新型城市化战略思路可以概括为：以人为本，把二次城市化与世界新的科技产业革命和我国发展转型升级融合起来，以"生态化、智慧化、人文化"为支点，以城乡一体双向城市化为基本路径，面向21世纪、面向中华民族复兴，全面创新中国特色社会主义先进城乡文明，为广东率先全面建设小康社会和基本实现现代化探索一条可操作的新路径。同时，为我省逆势而上，跨越世界经济发展低谷和"中等收入陷阱"，实现又快又好发展提供新动力。

推进新型城市化，涉及今后20～30年的发展，甚至是决定广东全面建成小康社会、基本实现现代化基本格局的重大战略选项，同时也必然为近期发展注入巨大供求动力和活力，应尽快作全面谋划。同时，采取切实措施，把战略选项转化为行动。一是要总结典型，提供范例；二是要科学规划，统筹协调；三是要培训队伍，形成良好执行力；四是要定好政策和游戏规则，保障有序推进；五是要出好措施，保障落实。我省全面推进新型城市化可考虑1年做好开局，4年初见成效，10年脱胎换骨，形成美丽城乡新形态；同时注意与落实珠三角规划纲要以及建设珠三角世界级城市群相衔接。

二、发展智慧产业，把智能产业发展与原产业体系改造结合起来，把产业转型升级推上更高台阶，创造后工业文明新型生产力体系和新型产业体系

信息革命的深化必然导向智能化、智慧化，以云计算、移动智能为宏平台的智能化、智慧化浪潮正山雨欲来风满楼，将在未来10年、20年导致人类生产力、生产方式、生活方式一次新的大变革。军事上的智能化、智慧化、无人化战争渐成雏形，正在引起战争概念和战争形态的全面革命，并必然导向民用领域，引起生产方式、生活方式大变革。后碳化、云计算、大数据、移动智能、安全性、PC与移动智能的结合导致的广泛终端功能的开发，使IT新形态正呼之欲出；民用智能、智慧技术加速开发应用，3D打印制造、智能机器人、智慧生产线、智慧物流商务、智慧管理系统、智慧家居、智慧社区、智慧乡村、智慧城市正在快速兴起，必然推动智慧创意产业、软件产业、系统集成、智慧金融以及各种智慧中介业

的兴起，形成全新的生产方式、生活方式、交往方式、管理方式。

智能化、智慧化与产业转型升级，生产力和产业体系变革升级融合起来，将极大地释放原产业体系新潜力，开拓产业发展新空间。智能化、智慧化技术的大规模开发应用，一方面全面改造和创新各产业生产力和技术体系，形成全新的产业形态；另一方面导致一大批高科技产业群，特别是创意产业（智慧化、智能化技术应用的解决方案研究，软件开发，移动智能系统开发、运营和管理，精密制造、新材料开发应用，新能源技术开发应用，等等）的出现。广东应当发挥工业化和信息化先行优势和庞大的产业集群优势，果断率先投入智慧化浪潮。必须特别注意，取得变革先机对未来新型产业体系竞争力的形成至关重要，必须赶快谋划。

一是摒弃以往突出做什么的思维方式，转向着眼怎样做，立足于推动各产业生产方式变革和现代化、智慧化。同时，在考虑新科技成果开发应用时，要把过去突出某些领域创新的孤立思维转向大系统集成创新思维上，即由关注点上变革转向大系统变革。由此，政府应在战略方向导向和大系统集成协调上发挥主导作用。现在，很多决策者为保增长，往往把注意力集中于上大项目、新项目，而忽视了世界正在发生的变革给我们带来的巨大的新机遇。我们必须把眼睛转向大变革。在行将到来的大变革中，单纯依靠市场力量将慢人一步，发挥政府的战略预见性和主导作用，将可使企业抢占变革先机。

二是有别于欧美发达国家创新路径，采取"逆向创新"战略。即主要不是采取"由高到低"，由高端核心技术创新向低端（终端）应用技术创新延伸的方式（欧美路径），而是倒过来，采取"由低到高"，从终端应用技术创新逐步向中端、高端核心技术创新上升的路径。"逆向创新"战略新思维立足于把技术创新与市场开发高度统一起来，抢占技术应用前沿市场，再逐步向上游高端核心技术拓展，形成与欧美不同的新竞争优势。这一战略路径很可能在下一轮科技产业革命中，特别是加快IT新形态形成中获得新优势。

三是大综合创新。新一轮科技产业变革不是局限于某一新技术群的变革，而是涉及第四次新技术革命启动的信息技术群、智能技术群、生物工程技术群、新材料技术群、新能源技术群、生态技术群、航天-海洋技术群、人类生命科学技术群等的技术-产业大综合创新，其趋势是以智慧化为主导的智慧化、生态化、人文化的高度融合，并统一于新型城市化和后工业文明的构建。新的大综合创新将让政府主导型市场经济更能发挥优势。

四是着力推进技术创新技术群的集成化，包括信息技术、智慧技术、新材料技术、新能源技术、生物工程技术、系统工程技术等融合起来。为此，要全面改造科技工作体系，重构全省创新体系。要着力于用技术开发构建新型城乡形态、新型生产方式、新型商务方式、新型交往方式、新型管理方式、新型生活方式。当前，我们需要检讨我省的科技工作路线与科技厅的工作思路和部署。

顺应上述创新路径，将不仅为当前跨越发展低谷创造巨大的发展空间，同时将可形成保障广东未来30年以上可持续发展的新的创新动力体系。

这里还要顺便提一个问题，即"走出去"的问题。此问题要慎提，要吸取日本教训。在经济发展低谷走出去，可获得巨大战略利益，但也可能导致本土经济体系因大出血而虚弱化。走出去必须要以本土经济为主，内外联动，强我主体。要注意资本立场与社会立场、政府立场的差异性；政府要站在社会、站在广东长远发展大局上把握好走出去、引导好走出去。走出去必须有利于广东产业结构、产业链的优化和国际化，必须有利于本土经济国际竞争力的提升和可持续发展能力的强化。

还要慎提调结构。调结构是转型升级的重要举措，这不应怀疑。但也要注意另一种倾向，做猴子摘桃子的蠢事，摘一个丢一个。不要把转型升级更多地简单化为淘汰落后产业、企业，引进新的产业、企业。实际上，没有落后的产业和落后的企业，只有落后的产业生产力和落后的企业生产力。要把转型升级的注意力更多放到引导市场主体变革生产方式、创新生产力上。调结构是政府容易干的事，什么给干，什么不给干，发个文件、行使权力就可以了；发展生产力则是政府指导下全社会的行动，特别需要通过市场经济、通过市场主体行动才能实现，不会那么容易吹糠见米，这需要有长远一些的眼光。转型升级一定要最终落实到不断提高企业可持续发展竞争力上，落实到不断提高广东人民的发展能力、自立能力、创造能力上。

三、加快推进体制改革创新，着力解决货币转化为资本遇到的梗阻

随着经济社会发展开始由中等收入水平向高收入台阶推进，社会财富快速扩张，我们正在由财富时代进入新的资本时代。据最新报道，我国广义货币供应量已经超过100万亿元（单是2012年3月末至2013年3月末1年间，广义货币供应量就由89.5万亿剧增到103.6万亿元，增加了14.1万亿元），这一方面表明我国货币（财富）转化为资本不顺畅；另一方面又反映我国拥有巨大的可支配财富，经济可持续发展具有巨大潜力。跨越"中等收入陷阱"，保持国民经济持续快速发展的关键是着力推动货币转化为资本。必须看到，现在存在从意识形态、体制制度、金融体系、市场构建、资源及市场垄断等大量的广泛的梗阻货币转化为资本的问题、矛盾。必须通过改革的深化突破，核心是进一步解放和发展民营经济。

这需要我们对邓小平理论来个再认识。邓小平早年就强调，社会主义初级阶段的根本任务是发展生产力。发展生产力必须采取资本形式，必须解决货币转化为资本的问题，即鸡生蛋，蛋孵化出母鸡，母鸡再生蛋，如此循环不息。但今天小平同志的话常常被各种新话语掩盖了。我是广东最早提出可持续发展的学者，更是可持续发展生产力论者，强调可持续发展必须建立在持续变革发展的生产力上；任何离开生产力发展的各种政策最后必然会失败。不管是以人为本问题、生态问题、民生问题、科学发展问题，最后都必然落实到先进生产力的创新、构建与发展上，才有前途。发展生产力，必须摒弃偏见和传统思维，坚持实事求是。我们要发扬改革开放前奏的安阳改革精神。我们不仅要发展一般的市场经济，而且必须发展保障以资本为基本形式的社会生产力健康、持续发展的市场经济。但必须看到，今天仍存在从意识形态到体制、政策等各种束缚货币转化为资本的弊端、问题。我坚信，如果我们不能成功跨越"中等收入陷阱"，落入"失速魔咒"，一定是在货币转化资本、转化为先进生产力的体制上出了问题。

今天，在货币转化为资本的体制上已经堆积了一系列弊端和问题，急需进行新一轮改革。广东能否继续发扬敢于第一个吃螃蟹的精神，率先破解这一体制障碍？广东"三个定位两个率先"能否落实，恐怕关键是解

决社会生产力，特别是先进生产力发展问题，关键是解决货币转化为资本，资本与知本结合的体制问题。广东应率先探索，破解难题。

关于体制改革，特别要强调的是需要突破改革的传统路径依赖，把改革由着眼于利益、权力结构调整（具体又表现为着眼于机构体系的重构——如当前大部制改革）转向法制化建设轨道，即用依法治国（省）思维统领改革全局。这是一个非常重要的问题。我们都想追求一种充满活力而又和谐有序的发展格局，但这种格局只有在完备的法制体系、良好的法治实践上才能形成。广东应在通过法制建设加快构建和完善社会主义市场经济体制、社会管理体制方面进行先行先试。我们要下决心加快法制建设，整肃法治秩序，从冤假错案纠错开始，要让全世界看到，广东是中国法制相对最完善、法治秩序最良好的良治之省，成为对资本、知本、人才最具吸引力的地方。建议省里有一个有实力、有能力的专责工作小组进行系统研究、全面规划，并在省委统揽下，由人大主导加快推进法制建设。

四、挖掘土地存量潜力，支持国民经济持续发展

广东的稳速或提速发展，遇到的最大的客观约束是土地资源在可持续发展界限内已经趋于枯竭。这几年的"三旧改造"，可以说挖地三尺刨了一遍。广东要保持国民经济较高速度持续发展，必须突破土地资源刚性约束。目前，广东土地增量供给已没有太大余地；土地资源最大的潜力是土地存量的再开发。应着力思考土地资源存量潜力的挖掘与释放。目前，在国内虽然我省土地资源利用效能相对较高，但仍很低。2004年国家颁布的工业项目建设指标中，各行业容积率控制下限普遍在 0.5～0.8 之间，即便深圳工业用地平均容积率也仅为 0.91，而香港主要工业园区土地容积率都在 2.5 以上。我国城市土地产出效率普遍偏低，即便城市土地利用效率最高的深圳，1980—2000 年，GDP 每增长 1 亿元人民币，建设用地要相应增长 24 公顷；而香港仅需 0.2 公顷。2012 年深圳土地 GDP 产出为 6.5 亿元/平方公里，分别是上海的 2.05 倍，北京的 6.13 倍，在国内城市中已处于领先水平，但仅是香港 14.8 亿元/平方公里的 44%。从全省看，土地经济产出率更低，2011 年 GDP 产出为 1.2 亿元／平方公里。土地经济产出率低，也留下了巨大的挖潜空间。如 2005—2011 年，我省每平方公里土地 GDP 产出就由 0.67 亿元提升到 2011 年的 1.2 亿元。现在

仍存巨大潜力。如果广东把土地经济产出率提高到深圳的一半左右（即3.3亿元／平方公里），即可提供数以10万亿元计的GDP拓展空间，如提高到目前深圳水平，前景更是可观，可保障广东经济可持续发展20～30年。因此，当前和今后相当一个时期内，广东要实现又好又快发展，关键在挖掘土地资源潜力，必须从现在开始就着力谋划土地资源的内涵开发。

全面提升土地资源开发利用的经济效率，既是微观经济行为，更是宏观经济行为；应以二次新型城市化为统揽，以全面创新为根本动力，以优化和提升产业结构为主要环节，以生产力创新、生产方式创新、物流商务模式创新为主要着眼点，以土地资源管理体制创新为保障，全面促进土地资源利用的科学化、集约化、内涵化、高值化，努力实现土地资源的可持续开发利用。

目前，我省土地资源（包括用地指标）异常奇缺与土地资源利用效率低、开发慢并存，也存在土地闲置死角（据调研中反映，很多工业园区除投资强度、经济开发强度低外，可开发而未开发的土地达到40%以上）。建议组织力量进行一番系统清理，提出加快、集约、高效开发利用的思路和政策。

未来广东经济的可持续发展主要建立在土地集约化利用和土地资源内涵价值提升上；这是一个涉及长期发展的重大战略问题，建议省在近期内组织专门力量展开全面调查研究，进行系统清理，摸清家底，在此基础上形成土地资源内涵开发、发展的战略指导意见（规划）。

五、加快金融创新，支持提速发展

广东金融发展潜力巨大。2011年，金融机构存款余额达86849亿元，占全国的10.7%。但是，货款余额仅有52167万亿元，占全国的9.5%，比存款占比低了1.2个百分点，存贷比为60.1%，低于全国的67.7%，全社会固定资产投资仅占全国的5.5%。全社会固定资产投资与贷款余额之比仅为32.3%，低于全国的56.8%，近15个百分点，也低于江苏55.8%，近14个百分点。这表明广东是金融资源大量外流的省份，并未在省内得到充分运用。据有关方面反映，仅2012年广东金融资源流出省外就高达12000亿元。广东存在3个过度外流，即金融过度外流、财政过度外流、资本过度外流。这里有4个基本原因：一是广东企业货币转化为资本的能力与巨大的金融资源存量相对不足；二是金融创新与金融发展与实体经济发展要求相比严重滞后；三是经济体制与金融体制改革严重滞后，阻碍了金融的创新发展以及与实体经济的融合；四是省委、省政府对金融工作长期领导不力，最根本原因是自20世纪末金融危机后我省领导层存在明显的金融恐惧症，"谈金色变"。没有金融强省，何谈经济强省？金融创新与发展落后，最后会拖全省发展后腿，这是需要引起我们高度关注的问题。

广东拥有巨大的金融潜力有待挖掘和发挥。首先是金融体制潜力。金融体制改革创新严重滞后极大地约束了金融能力的发挥。至少近10年来中央的金融改革政策、一些兄弟省的金融改革实践明显跑在了广东的前面，广东改革先行者形象已经不见踪影。现在广东金融机构，特别是地方金融机构（地方银行与地方金融企业）普遍对本省的金融体制改革创新很有看法，金融工作困难重重；地方政府与企业、特别是民营企业也对本省的金融工作普遍不满。释放金融潜力首先就要加大金融体制改革和金融创新的力度，重点是加快落实2011年国务院批准的《广东省建设珠江三角洲金融改革创新综合试验区总体方案》（以下简称《总体方案》），省政府应作专门部署。2012年7月，省金融办召开新闻发布会，对外公布了上述总体方案和省政府的部署，应加快落实。建议省里专门就金融工作作一次全面系统调研，进一步提出落实《总体方案》，加快金融改革创新的战略思路，起动广东金融改革创新工程。

广东另一个金融潜力是粤港澳金融合作，空间仍很大。未来人民币将加快国际化步伐，广东如何与港澳合作，把握好机会，应作进一步探讨。要借助前海、南沙、横琴3个支点，加快推进金融开放和金融创新。

广东有一批高成长的地方银行，如南粤银行、东莞银行、广州银行等，在艰难中奋力打拼。它们是广东地方金融发展的希望所在，但体制政策不适严重约束其发展，需要进一步探索金融体制改革。建议在进一步加强省与央行和国家商业银行互动合作的同时，着力培育地方银行和各类投融资机构，省政府与地方金融机构要多沟通，形成共识和合力，共同打造金融强省。要加大力度扶持一批富于成长性的地方银行加快发展，把控风险与促发展结合起来，被动控风险最后会酿出大风险。

六、整肃精神状态，再唤改革发展热情

从一定意义上说，事在人为。一个地方、一个单位，人的精神状态很重要。现在需要注意到，在广东从干部到企业家，"小进则满""小富则安"的情绪依旧在弥漫，与20世纪八九十年代有一个明显的落差，也与先进兄弟省有明显落差。我们到江苏调研时其中一个明显的感觉，就是江苏的干部、企业家的精神状态明显好于广东的，他们依旧保持一种如广东八九十年代那种敢闯奋进的精神。

下一步广东要迎接新挑战，精神状态是关键，激发改革发展热情最重要。江泽民同志20世纪末来广东视察时，就针对广东存在的"小富则安""小进则满"的情况强调，要富而思进，要争创新优势，更上一层楼。今天看来情况并未解决，而且似乎更厉害了。今后广东如果衰落了，最根本的肯定是广东人精神的衰落。大胆改的少了，弱了；理想情怀放下了，更多讲私利谋实惠。过去，因广东人重在谋事、淡化当官意识而为兄弟省的朋友称道。今天却有了明显蜕变，想干事的少了，琢磨如何升官的多了……我们确实应好好自我解剖一下，从上到下分析一下，要有针对性地开展思想引导，要进一步调整、优化用人政策。广东有一种好传统，就是务实作风。但今天要慎提"务实"，现在我们要警惕在所谓"务实"下面掩盖着的精神退化。要辩证地讲务实，要防止用务实之名掩盖丢掉理想情怀、丢掉进取精神之务实。务实精神必须要与理想情怀、进取精神统一起来，才有进步意义。

在目前和未来一段发展困难时期，特别需要有一种进取精神和开拓精神，要把务实精神与理想情怀统一起来。最近，笔者到东莞清溪镇调研，一位老镇委书记退而不休，克服各种困难障碍带领群众把破旧的农村改造为花园式的新村庄，其精神十分感人。但这样的富于理想情怀、无私奉献、苦干实干的干部少了。我们不仅要树道德性先进典型，更要有一种富于理想情怀、勇于创新、积极进取的典型，要多给予关注与宣传。要重唤广东人的改革奋进精神。要唤起正能量，消除负能量，转化消极能量。如果广东人真正始终保持那种积极改革、创新奋进的精神，广东一定不会衰落。

要把在困境中加快发展转化为倒逼机制，唤起奋进精神，抢抓战略机

遇,推动创新思维,加快转型升级。我们既要有序推进,但又不要按部就班,从容而行。要以只争朝夕的状态和行动突破困境。如果我们很好地把握了世界经济两个周期的低谷过渡期和我国转型升级转换期的战略机遇,率先突进,就可再创广东未来30年新辉煌;如果被动防守,按部就班,就会错过战略机遇,导致广东未来30年的相对衰落,甚至落入"中等收入陷阱"而一失足成千古恨。这届党委、政府负有重大的历史责任。

此外,要科学地把握和处理好政府与市场的关系,我们不要过度相信人为的主观意志,坚信市场经济客观规律会开辟自己前进的道路。同时,要积极地发挥政府的自觉作用,特别是在全局、宏观、方向、战略层面上政府的主导作用。政府要逐步退出微观管理,要善于通过法制建设逐步建立起现代经济社会自控制、自组织、自修复系统,营造既富于活力又和谐有序的发展局面。

(2013年7月19日终稿)

附录

梁桂全主要著述目录

一、专著

[1]《发展战略学》,福建人民出版社1989年版。

[2]《变革与探索》,广东人民出版社1997年版。

[3]《起飞的轨迹——广东经济发展实证分析》(与沈贵进等合著),广东人民出版社1992年版。

[4]《走向战略时代》,广州出版社1994年版。

[5]《广东经济可持续发展研究》(与庄容开合著),广东人民出版社1998年版。

[6]《跨世纪发展的历史使命——深圳建设有中国特色社会主义和率先基本实现现代化示范市研究》(合著),广东经济出版社2000年版。

[7]《改革开放20年的理论与实践(广东卷)》,中国大百科全书出版社1998年版。

[8]《泛珠三角区域合作:走向大战略》,广东人民出版社2004年版。

[9]《广东现代化进程》,广东人民出版社2000年版。

[10]《建设幸福广东100问》,南方日报出版社2011年版。

[11]《兼容 创新 发展——重大理论问题与现实问题研究》(另载《广东社会科学》2002年增刊)。

[12]《关于正确认识和处理新时期社会矛盾的若干理论思考》,广东省社会科学院。

二、论文

[1]《六论思想解放》,《南方日报》2008年2月18、19、20、21、22、23日连载。

[2]《我国现阶段股份经济初探》(与郑炎潮合著),中国社会科学出版社(未定稿)1982年1月号。

[3]《论我国现阶段生产价格形成的必然性和可能性》,《贵州金融研究》

1981 年第 11 期。

[4]《也谈社会分工是商品生产存在的唯一条件》,《江汉论坛》1983 年第 9 期。

[5]《从控制论看计划控制与商品经济的关系》,《社会科学动态》1982 年第 23 期。

[6]《试论商品经济组织和功能的控制特点》,《哲学社会科学通讯》1983 年第 1 期。

[7]《信息革命:第四次和第五次》,《现代哲学》1986 年第 1 期。

[8]《广东经济:90 年代的严峻挑战》,《学术研究》1990 年第 1 期。

[9]《信息的哲学探讨》,《华南师范大学学报》1984 年第 3 期。

[10]《关于必要劳动和剩余劳动的划分》,《经济问题探索》1984 年第 3 期。

[11]《价值规律若干定量分析试探》,《哲学社会科学通讯》1984 年第 2 期。

[12]《社会主义创新与社会主义命运》,《学术研究》1998 年第 12 期(另载中国人民大学复印报刊资料《社会主义研究 D1》,1999 年第 2 期)。

[13]《略论我国生产力现代化的原始积累》(与张硕城合著),《经济开发》1985 年试刊。

[14]《经济成长新格局与广州中心城市功能的再造》,《开放时代》1991 年第 6 期。

[15]《亚洲金融风暴的成因及其对广东经济的影响与对策》(与郁方、王军慧合著),《广东社会科学》1998 年第 3 期。

[16]《有中国特色社会主义和可持续发展》,《岭南学刊》1996 年第 5 期。

[17]《可持续战略:迈向 21 世纪的广东》,《新南方》1994 年创刊号。

[18]《创新现代化:广东率先基本实现现代化的历史出发点》,《港澳经济》1999 年第 11 期。

[19]《差异·互补·共赢——广东泛珠三角区域合作战略》(与游霭琼合著),《广东社会科学》2005 年第 1 期(另载《中国调查》2005 年 5 月刊,2005 年 6 月、7 月合刊)。

[20]《以"三个代表"重要思想为指导,构筑社会主义政治文明的理性

基础》,《广东社会科学》2003 年第 4 期。

[21]《广东区域经济发展的深层思考》,《广东社会科学》2007 年第 5 期（另载《新华文摘》2007 年第 21 期）。

[22]《珠三角发展定位的战略思考》（合著）,《广东社会科学》2009 年第 5 期。

[23]《完善社会主义市场经济体系的若干问题》,《广东社会科学》2012 年第 3 期。

三、决策研究报告

[1]《民营经济研究》（与张江合著），2001 年 6 月。
[2]《关于坚持和发展马克思主义的思考》（与温宪元等合著），2002 年 3 月。
[3]《世界经济形势变动对广东的影响及对策研究》，2001 年 12 月。
[4]《美国次贷危机对广东经济的影响》（与郁方、郑德呈等合著），2008 年 8 月。
[5]《广东科学发展分析研究》，2009 年 1 月 15 日。
[6]《广东扩大内需战略研究》（与游霭琼合著），2009 年 9 月。
[7]《广东"三促进一保持"战略研究》，2009 年 12 月。
[8]《新形势下加快转变侨务工作方式的建议》（与陈健、游霭琼合著），2010 年 10 月。
[9]《解放思想、迎接挑战，以排头兵精神全面创新发展思路》，2008 年 2 月。
[10]《关于加快我省地方金融发展的若干看法和建议》，2008 年 12 月。
[11]《我省制订"十二五"规划需要关注的几个问题》，2010 年 12 月。
[12]《十八大后广东科学发展战略思考》（与游霭琼合著），2013 年 1 月。
[13]《提速或失速转型：区域竞争新格局下的挑战》，2013 年 3 月。
[14]《广东应对经济紧缩，提速发展的潜力与对策》，2013 年 8 月。
[15]《以资本输出为抓手，推动开放经济战略转型升级》，2014 年 7 月。
[16]《"新常态"下我省宏观经济发展的战略思考》，2015 年 7 月。